칼레

릴

발랑시엔

아미앵

르 아브르

루앙   수아송

캉   랭스   메스

브레스트   알랑송   파리   샬롱 쉬르 마른

생말로   베르사유   낭시   스트라스부르

렌

로리앙   오를레앙

낭트   투르   디종   브장송

부르주   돌

푸아티에   물랭

라로셸

로슈포르   리모주   리옴   트레부

리옹

생에티엔

보르도   그르노블

아비뇽

몽토방   님   아를

바욘   오슈   툴루즈   엑상프로방스

포   몽펠리에   마르세유   툴롱

페르피냥

아작시오

앙시앵레짐 시기의 프랑스

Liberté

프랑스
혁명사
10부작

01

대서사의 서막

혁명은
이렇게
시작되었다

Liberté — 프랑스 혁명사 10부작 제1권
대서사의 서막 — 혁명은 이렇게 시작되었다

2015년 12월 14일 초판 1쇄 발행
2019년 11월 25일 초판 3쇄 발행

지은이 | 주명철
펴낸곳 | 여문책
펴낸이 | 소은주
등록 | 제406-251002014000042호
주소 | (10911) 경기도 파주시 운정역길 116-3, 101-401호
전화 | (070) 8808-0750
팩스 | (031) 946-0750
전자우편 | yeomoonchaek@gmail.com
페이스북 | www.facebook.com/yeomoonchaek

ISBN 979-11-956511-0-8 (세트)
       979-11-956511-1-5 (04920)

이 도서의 국립중앙도서관 출판시도서목록(cip)은 e-CIP 홈페이지(http://www.nl.go.kr/ecip)에서 이용하실 수 있습니다(CIP 제어번호: 2015031352).

이 책은 마포 디자인·출판 진흥지구 협의회(DPPA)의 출판지원사업의 도움을 받았습니다.

• '리베르테Liberté'는 '자유'라는 뜻으로 혁명이 일어난 1789년을 프랑스인들이 '자유의 원년'이라고 부른 데서 따온 시리즈명입니다.
• 여문책은 잘 익은 가을벼처럼 속이 알찬 책을 만듭니다.

Liberté

프랑스
혁명사
10부작 01

주명철 지음

대서사의 서막

혁명은
이렇게
시작되었다

여문책

사랑하고 존경하는 벗이자 스승인
아내에게

차

례

제 2 부 루이 16세와 마리 앙투아네트

제 3 부 루이 16세 즉위부터 전국신분회 소집까지

왜 2015년의 한국에서 프랑스 혁명에 대해 쓰려고 하는가? 누군가 이렇게 묻는다면 딱히 흡족한 대답을 들려줄 수 없으리라. 단지 내가 그동안 공부했고 한국의 독자에게 필요하다고 생각하는 일이기 때문이라고 가장 먼저 대답하리라. 그리고 우리의 정치 현실에서 실제로는 보수세력을 자처하는 수구세력이 역사적 사실을 자기네 입맛대로 해석하는 모습을 보면서, 한 예를 들자면 '5·16 군사정변'을 틈만 나면 '혁명'으로 미화하는 모습을 보면서, 일단 프랑스 혁명이라도 제대로 이해할 수 있는 책으로써 '군사정변'과 '혁명'은 분명히 다르다는 사실을 독자가 깨달을 수 있게 해주면 좋겠다고 생각했다. 군사정변은 소수의 이익을 추구하면서 전체주의를 지향하고 혁명은 전체의 이익을 추구하면서 자유를 지향한다. 두 가지가 비슷하게 보일 때도 근본 원칙에서 확연히 다른 것이다.

5·16 군사정변을 혁명이라고 말하는 사람은 러시아 혁명이나 중국의 문화혁명이 아니라 프랑스 혁명과 산업혁명을 생각했을 것이다. 그러나 5·16 군사정변에 성공한 사람들은 '혁명공약'에서 "반공을 국시의 제1의"로 삼는다고 했으니, 프랑스 혁명의 '자유, 평등, 우애'의 이상과 아주 먼 목표를 제시했음을 알 수 있다. 더욱이 박정희는 자기가 만든 10년의 체제를 부정하면서 독재를 더욱 강화하는 '유신체제'를 만들지 않았던가. 이것을 과연 '혁명'이라 부를 수 있을까?

물론 박정희가 통치하던 기간에 한국 경제가 크게 성장했음을 부인할 수는 없다. 그러나 성장의 결과가 진정한 발전으로 연결되었다고 말할 수 있는가? 어린이가 자라 어른으로 성장할 때 인격도 덩치에 맞게 함양해야 진정한 발전이듯이 경제규모가 커지는 것에 그치지 않고 모든 구성원이 그 혜택을 입고 삶의 질을 향상시킬 수 있을 때 진정한 발전이라고 말할 수 있다. 1960년대부터 지금까지 한국 경제는 분명 눈부시게 성장했다. 그럼에도 지난 대선에서 '경제 민주화'를 실현해야 한다고 주장하는 정치인이 있었다는 사실을 지적하지 않을 수 없다.

일제강점기도 나쁜 시절만은 아니었으며, 그 근거로 대한민국 경제가 눈부시게 성장한 배경에 일제강점기의 산업화가 원동력이 되었다고 주장하는 수구세력도 있다. 나는 이렇게 간단히 되묻는다.

"우리나라를 식민지로 만든 일본은 근대화한 나라였나? 자기도 근대화하지 못한 나라가 어찌 식민지를 근대화시킨단 말인가?"

근대화의 가치 가운데 산업화도 중요하지만 근본적으로는 민주화의 가치가 더욱 중요하며 산업화와 민주화가 결합해야 단순한 경제성장에 그치지 않고 진정한 발전으로 연결될 텐데, 우리를 지배하던 일본은 산업화는 했을지라도 민주화하지는 못한 나라였다. 그런 나라의 지배를 받던 시절의 우리 민족의 암담한 처지는 말할 것도 없고, 대한민국 정부를 수립한 지 100년이 가깝고 단독정부를 수립한 지 70년이 가까운 우리나라가 오늘날까지 경제규모에 걸맞지 않은 민주화 수준에 머물러 있다는 사실을 먼저 부끄러워해야 한다. 합리적 질문마저 수구세력에게 불리하면 곧바로 '종북' 딱지를 붙이는 현실이 어디에서 비롯되었는지 따져보면 그 뿌리가 남북분단 너머 일제강점기에서 뻗은 것임을 알 수 있다.

　5·16 군사정변에 성공한 사람들이 혁명공약을 내걸었다고 할지라도, 또 그들이 대한민국의 경제를 눈부시게 성장시키고 나라를 발전시켰다고 주장하는 수구세력이 틈만 나면 5·16 군사정변을 자신들이 이상적으로 생각하는 '혁명'으로 미화하려 할지라도, 실제 5·16 군사정변을 일으킨 세력이 경제성장을 가져와 대한민국의 위상을 드높이는 데 이바지했다고 하더라도, 그들은 결코 모든 나라가 추구해야 할 민주주의의 가치를 실현할 의지를 가지고 있지 않았기 때문에 프랑스 혁명과 비교하기는 어렵다고 생각한다.

　오늘날 프랑스 혁명을 연구하는 사람들의 성향은 크게 셋으로 나눌 수 있다. 그들이 1793년의 '공포정'을 해석하는 방법과 관련된 성향이다. 진보적 역사가는 공포정은 국내외에서 혁명을 반대하는 세력에 맞서 혁명과업을 온전히 수행하기 위해 한시적으로 실시한 정책이었다는 일종의 '상황론'을 주장한다. 그러나 보수적 역사가는 공포정에서 볼 수 있는 국가적 폭력의 씨앗은 이미 1789년의 이상을 실천하려는 의지 속에 들어 있었다는 일종의 '이념론'을 주장한다. 오늘날은 상황론과 이념론의 어느 쪽에 치우치지 않고 제3의 길을 모색하는 역사가들이 공포정의 다양한 측면을 연구해 프랑스 혁명의 해석을 풍부하게 했다.

　나는 상황론과 이념론을 우리의 정치 현실에 적용해보면서 진보와 보수의 기준이 프랑스의 경우와 달라질 수 있음을 본다. 5·16 군사정변을 평가할 때, 우리나라 보수(라 쓰고 수구라 읽는) 세력은 프랑스의 진보적 혁명사가들처럼 주장하고, 진보세력은 그 나라의 보수적 혁명사가들처럼 주장하기 때문이다. 다시 말해 한국의 수구세력은 5·16 군사정변과 독재체제(공포정)를 '북한의 위협'이라는 상황론을 앞세우면서 경제성장을 강조하고, 민주화를 열망하는 진보세력은 5·16 군사정변의 혁명공약에 이미 독재체제를 만드는 씨앗이 들어 있었다는 이념론을 주장한다. 실제로 '반공이념'은 오늘날까지 살아남아 정치적 반대자를 종북이라고 억압하고 있다.

이러한 현실에서 나는 내가 할 일을 찾았다. 내가 해야 할 일은 '자유, 평등, 우애'라는 높은 이상을 내걸고 실천하려는 프랑스 혁명도 모두에게 고통스러운 과정이었고, 그렇게 해서 겨우 틀을 갖추고 조금씩 실현한 민주주의의 가치를 지키는 일이 얼마나 소중한가 생각하는 기회를 마련하자는 것이다. 프랑스 혁명을 다룬 저서와 역서가 이미 여러 가지 나와 있고 나도 청소년을 위해『오늘 만나는 프랑스 혁명』이라는 작은 책을 내놓았지만, 평소 아주 기본적인 줄거리라도 자세히 알려줄 수 있는 책이 필요하다고 생각하던 차, 몇 년 전부터 구체제와 혁명의 역사를 최소한 열 권 분량으로 써야겠다고 결심했다. 역사는 살면서 기억하고 생각하고 꿈꾸고 행동하는 인간의 기록이다. 인간은 기록을 통해 다른 사람의 경험을 배우고, 또 자신이 무엇을 할 수 있을지 아는 동시에 창조적으로 행동한다. 그것이 인류의 발전을 가져왔다. 따라서 우리는 언제라도 프랑스 혁명에서 많은 교훈을 얻을 수 있다.

지금 내 심정을 시합 날 아침을 맞은 마라톤 선수, 아니면 곧 울릴 출발신호를 기다리는 마라톤 선수의 심정과 비교할 수 있을까? 마라톤 선수가 수없이 연습한 뒤 시합에 나갔다 해도 결국 첫걸음부터 두 시간 이상 전력질주해야 완주할 것이며, 탈진해도 끝까지 달려야 한다고 생각할 때 어찌 두렵지 않겠는가. 나도 이 글을 쓰는 시점이 바로 출발선을 건너 종착점까지 달려야 할 시점이며, 따라서 계획대로 실행한다면 원고지를 거의 1만 장 이상 채워야 하는 긴 여정에서 겨우 첫발을 떼었을 뿐이니 어찌 앞길이 두렵지 않겠는가?

그럼에도 가야 할 길로 정한 이상 시간이 얼마나 걸릴지는 몰라도 끝내 완주하려고 다짐하면서, 잠시 이 책과 더불어 이후 연속물의 배경이 될 이야기를 정리해본다.

　1789년 7월 14일, 파리의 민중은 바스티유 요새로 갔다. 왕이 파리로 불러 모은 군대와 맞서려면 탄약과 무기가 필요했기 때문이다. 그들은 바스티유 요새를 지키는 군인들과 한바탕 싸운 뒤 요새를 정복하고 악명 높은 감옥의 문을 열고서 갇힌 사람들을 풀어주었다. 그들은 바스티유 사령관 로네 후작Marquis de Launay을 붙잡아 시청으로 끌고 가면서 모욕하고 괴롭히고 학대했다. 로네는 차라리 죽여달라고 간절히 애원했다. 그들은 그제야 비로소 그를 죽였다. 그러고 나서 머리를 잘라 창끝에 꿰어가지고 시내를 돌아다녔다.
　그날 파리에서 동남쪽으로 20여 킬로미터 떨어진 베르사유의 숲에서는 루이 16세가 부르봉 가문의 왕들이 대대로 즐기던 사냥놀이를 했다. 왕에게는 '큰 즐거움le grand plaisir'과 '작은 즐거움le menu plaisir'이 있었는데, 사냥은 전자에 속했고 연극이나 오페라는 후자에 속했다. 그는 사냥을 마치고 궁으로 돌아가 사냥수첩에 "한 마리도 잡지 못함Rien"이라 쓴 뒤 밤 10시 넘어 잠을 청했다. 조금 뒤 파리에서 민중이 바스티유를 정복했다는 소식이 베르사유궁에 도착했다. 궁부의 의상담당관인 라 로슈푸코 리앙쿠르La Rochefoucauld-Liancourt 공작은 왕을 깨워야겠다고 생각했다. 그는 아직 잠이 덜 깬 왕에게 파리에서 들어온 소식을 전했다.
　"전하, 민중이 바스티유를 점령했습니다."
　왕은 곧 이렇게 물었다.
　"점령이라고 하셨나요?"

"예, 전하, 민중이 바스티유를 점령하고 사령관을 죽였습니다. 그들은 사령관의 머리를 창끝에 꿰어 들고 시내를 활보했습니다."

"반란인가요?"

왕이 되묻자 공작은 곧바로 이렇게 대답했다.

"아닙니다, 전하, 혁명입니다."

루이 16세는 파리의 소식을 듣자마자 1,000년 왕국의 전통에서 흔히 일어났던 반란을 생각했다. 그러나 그의 측근인 대귀족은 왕에게 전혀 새로운 사건인 혁명이 일어났다고 일깨워주었다 한다. 겨우 반세기 전까지만 해도 이 일화가 프랑스 혁명이 탄생하는 순간을 극적으로 보여준다고 생각하는 사람들이 있었다. 과연 그들이 생각한 대로 라 로슈푸코 리앙쿠르 공작은 1789년 7월 14일에 파리에서 일어난 사건이 반란이 아니라 혁명이라고 판단할 만큼 통찰력을 갖춘 사람이었던가? 사건이 일어났다는 소식만 듣고서도 그것을 혁명이라고 단정 짓는 능력. 그것도 오늘날 정치학자들이 생각하는 뜻으로 혁명이라고 말했다니 얼마나 놀라운가!

그러나 의심이 든다. 과연 이 일화가 사실을 전하고 있는가? 오늘날보다 의사소통이 훨씬 느린 18세기에 중대한 사건이 일어났다는 소식만 듣고서도 그 사건의 성격을 곧바로 짚어내는 능력을 갖춘 사람이 있다면, 그는 필시 범상치 않은 인물이었음이 분명하다. 그러나 이렇게 생각해보자. 라 로슈푸코가 실제로 루이 16세에게 혁명이 일어났다고 말했다 할지라도 현대의 학자들이 생각하고 규정하는 혁명을 생각했을까? 그가 살던 시대에 혁명이라는 말이 존재했음은 분명하지만, 과연 오늘날 정치학자나 역사가가 프랑스 혁명에 적용하는 의미로 쓰는 말이었을까? 그럴 리는 없다. 아무도 겪어보지 않은 사건에 대해 이러쿵저러쿵 말할 수는 없기 때문이다.

우리는 근본적인 문제부터 되짚어야 한다. 혁명에 새로운 의미를 덧붙인 사람은 라 로슈푸코 공작이 아니라 현대의 학자들이다. 공작은 그 시대의 언어로 혁명을 말했을 뿐인데, 현대의 학자들은 바스티유 함락 이후에 어떤 변화가 일어났는지 아는 상태에서 프랑스 혁명을 개념화했고, 그것을 왕이 반란이냐고 물을 때 곧바로 혁명이라고 대답한 공작의 말에 그대로 투영했다고 볼 수 있다. 그러므로 오늘날 우리와 그때 사람들이 똑같이 혁명이라는 말을 쓴다고 해도 개념상의 차이는 무엇인지 알아야 한다. 프랑스 혁명 200주년을 앞두고 이러한 질문에 답이 나왔다.

실제로 장 마리 굴모J.-M. Goulemot는 1571년 마키아벨리가 쓴 『티투스 리비우스의 첫 10권에 대한 논고*Discorsi sopra la prima decada de Tito Livio*』의 프랑스어 번역본을 세심히 연구했다. 16세기부터 18세기까지 원전의 내용이 바뀌지 않았음에도 1571년의 초판 번역서에는 '혁명revolution'(또는 revolutions)이 전혀 나타나지 않던 데 비해, 1664년 번역판에 한 번, 1691년 번역판에 두 번, 1782년 번역판에 스물다섯 번 이상 나타났으며, 18세기의 번역자는 앞 세기의 선배 번역자가 다른 말로 옮긴 낱말을 '혁명'으로 자주 옮겼고, '천체의 운행'이라는 원래의 뜻이 아니라 '정치적인 변화'라는 뜻으로 썼다. 또 그의 연구를 이어받은 키스 베이커Keith Baker는 혁명이라는 말이 오늘날 우리가 프랑스 혁명을 생각할 때의 의미로 발전하는 과정을 추적해 하나 아렌트가 라 로슈푸코 리앙쿠르 공작의 말을 인용한 순간이 '프랑스 혁명'이 탄생하는 순간이 아니었음을 밝혔다. 그러므로 공작이 1789년 7월 14일 밤 '혁명'을 말했다면 그 말은 이미 18세기 사람들이 아는 말이었음이 드러났다. 이렇게 혁명이라는 개념 자체에도 역사가 있다.

루이 16세의 사냥수첩에 대해서도 한마디 해둘 필요가 있다. 종래의 역사가들은 루이 16세가 7월 14일 사냥터에서 베르사유 궁으로 돌아가 "한 마리도 잡지 못함"이라고 썼다는 사례를 인용하면서 그가 철부지였다고 말하는 경향이 있었다. 그가 사냥에서 한 마리도 잡지 못했다고 해서 무능하다고 단정할 수 있는 것일까? 프랑스 혁명 전후의 상황을 고려해보면 루이 16세는 그 나름대로 현실에 대처하는 능력을 갖추고 있었다. 모든 상황이 변화했고 또 급변하던 순간 프랑스에서 그 누구도 한 치 앞을 내다볼 수 없었는데, 왕이 모든 것을 제대로 이끌지 못했다고 비난하면서 무능하다고 하는 것은 지나치다. 절대군주정에서 비록 왕의 역할이 막중하다 할지라도 프랑스 혁명이 일어난 책임을 모두 루이 16세의 무능 탓으로 돌린다면 당시 현실을 올바로 이해하지 못하게 될 것이다.

1989년 1월 프랑스에서 주간지 『누벨 옵세르바퇴르』의 독자를 대상으로 "프랑스 혁명에서 가장 기억할 만한 사건은 무엇인가?"라고 물었을 때, "바스티유의 정복"이라고 대답한 사람이 가장 많았다 한다. 그 질문을 던진 시점은 프랑스 혁명 200주년을 기념하는 행사를 준비하던 때였다. 사실상 프랑스가 1789년을 혁명의 원년으로 삼는다든지 7월 14일을 국경일로 기린다든지 하는 데서 프랑스인이 오늘날까지 1789년에 민중이 바스티유를 정복한 사건을 중시한다는 사실을 알 수 있다. 그렇다면 실제로 1789년 7월 14일에 민중이 바스티유 요새를 공격하고 악명 높은 감옥의 문을 열어 거기 갇혔던 사람들을 풀어준 사건이 '혁명' 그 자체는 아니었다 할지라도 과연 가장 중요한 혁명적 사건이었던가? 또는 그 사건이 혁명이라는 폭탄을 터뜨리는 도화선이었던가? 이 질문에 한마디로 "예", "아니오"라 대답하기란 어렵다.

이쯤에서 짚고 넘어갈 말이 있다. 독자에게는 '바스티유 정복'이라는 말보다 '바스티유 함락'이라는 말이 더 친숙하겠지만, 나는 '정복'의 주체는 행동하는 인간이고 '함락'의 주체는 대상이라는 점, 그런데 역사는 살고 생각하고 행동하는 인간의 이야기라는 점을 강조하고자 '바스티유 정복'이라고 쓴다. 그러나 그 시대 사료에서 '함락'이라는 뜻으로 쓰는 사례를 소개할 때는 '정복'을 고집하지 않겠다.

아무튼 '바스티유 정복'은 프랑스 혁명사에서 반드시 짚고 넘어가야 할 상징적인 사건임에 틀림없다. 1790년 7월 14일, 바스티유를 정복한 첫 기념일에 프랑스인은 국민화합을 꾀하는 행사를 대대적으로 준비해 성대히 치렀다. 그리고 오늘날 프랑스는 그날을 가장 중요한 국경일로 기린다. 그것은 '전제주의의 상징'을 민중의 힘으로 뒤엎은 사건으로서 '자유의 상징'이 되었기 때문이다. 그 사건은 19세기에 빅토르 위고가 생각하기에도 매우 중요한 역사적 전환점이었다. 1859년 7월 14일에 그는 이렇게 노래했다.

7월 14일이다.
이날, 이 땅 위에
자유가 잠에서 깨어나
우레 속에서 웃었다.
C'est le quatorze juillet.
A pareil jour, sur la terre
La liberté s'éveillait
Et riait dans le tonnerre.

이날, 민중은 한탄했다
과거를, 이 검은 침탈자를.
파리는 멱살을 잡았다
사악한 바스티유의

Peuple, à pareil jour râlait
Le passé, ce noir pirate ;
Paris prenait au collet
La Bastille scélérate.

이날, 운명은 판결을 내렸다
프랑스에서 밤을 쫓아내라고.
그래서 영원은 빛나리니
희망의 곁에서

A pareil jour, un décret
Chassait la nuit de la France,
Et l'infini s'éclairait
Du côté de l'espérance.

그런데 1789년 7월 14일을 실제로 경험한 사람들도 과연 이날의 사건이 자기 나라의 역사에서 가장 잊지 못할 사건이 되리라고 생각할 수 있었을까? 이 같은 질문을 던지는 이유가 있다. 1789년 7월 14일에 흥분한 군중이 바스티유 사령관 로네 후작을 시청으로 끌고 가면서 온갖 모욕과 학대를 퍼붓다가 시청에 거의 다다랐을 때, 전직 요리사 데노Dénot가 주머니칼로 그를 찔러

죽였다. 사람들은 로네의 머리를 잘라 창끝에 꿰어 들고 행진했다. 1792년 데노는 몇 년 전에 자신이 로네를 살해한 행위를 돌아보면서 "애국심이 넘치는 행동"이었다고 자랑했지만, 1789년 7월 15일에는 신문이 바스티유 함락 사건을 별로 중요하게 다루지 않았다. 이 사건이 특별한 의미를 갖는 것은 무엇보다도 계속해서 그에 못지않게 중요한 사건이 터졌고, 그와 함께 신문 같은 매체가 바스티유 함락 소식을 거듭 보도하면서 더욱 확실하게 부각시키며 상징적인 의미를 덧칠했기 때문이다. 그러므로 '프랑스 혁명'은 처음부터 우리가 생각하는 것 같은 혁명이 아니었으며 시간이 흐르면서 수많은 사건이 얽히고설키면서 일어난 변화를 개념화한 것이라고 말할 수 있다.

그렇다면 프랑스 혁명의 시작을 언제로 잡을 것이며 또 그 끝은 언제로 잡을 것인가? 우리는 역사를 쓸 때 '기원', '단절'에 대한 강박관념에 사로잡힌다. 민중이 바스티유 요새를 점령하는 과정이나 그 뒤에 일어난 사건은 옛날식의 폭력을 보여주면서도, 또 전혀 새로운 양상의 폭력도 보여주었다. 그러므로 거기서 역사가 전후로 갈리며 새로운 시대가 시작되는 것을 보고 싶어하는 것이 아닐까? 또는 바스티유 함락 이전에 이미 6월 17일 제3신분 대표들이 주도해 국민의회를 선포하고, 3일 뒤 죄드폼(일종의 실내 테니스코트)에서 선서를 하여 국민의 대표로서 확고한 의지를 보여준 사건에서 혁명의 시작을 보고 싶은 사람도 있을 것이다. 이렇게 프랑스 혁명을 이해하는 방식이 그 기원을 말하는 방식을 결정한다는 사실을 어찌 부인할 수 있으랴.

그런데 혁명의 끝을 언제로 보느냐의 문제는 시작을 정하는 문제보다 더 어려울지 모른다. 나폴레옹이 등장하는 시기까지? 아니면 프랑스 혁명이 물려준 과제를 해결하려고 노력하는 19세기의 어느 시점까지? 좀더 구체적으로 제3공화국을 수립할 때까지? 마르크스주의자들이 생각했던 것처럼 러시아 혁명과 연결되는 것으로? 그도저도 아니면 우리가 자유와 평등을 실현하지 못했기 때문에 아직도 끝나지 않았다고 봐야 하는가? 혁명의 끝을 결정하는 문제는 이처럼 프랑스 혁명이라는 급진적인 변화를 장기적인 변화 속에서 어떻게 규정하느냐의 문제와 연결되어 있기 때문에 아주 복잡하다.

    '프랑스 혁명사 10부작'이라는 연속물을 기획하면서 시작과 끝을 정하는 문제에 대해 생각할 필요가 있었다. 지금으로서는 프랑스 혁명의 배경인 구체제(구제도, 앙시앵레짐)부터 프랑스 혁명기의 여러 가지 사건을 중심으로 1794년 7월 말의 테르미도르 반동까지 다루고 싶다. 연속기획물의 제목인 '프랑스 혁명사 10부작'의 성격에 맞게 혁명의 연대기를 좇아 중요한 사건을 이야기하고자 한다. 그리하여 제1권에서는 혁명이 일어나기 전 정치·경제·사회·문화의 모든 측면, 이른바 구체제를 집중적으로 살핀 뒤 1789년 혁명의 첫 단계에서 중요한 역할을 한 전국신분회 소집까지 다루려 한다. 그리고 제2권에서는 1789년 전국신분회가 첫 회의를 열 때부터 루이 16세와 가족이 파리에 정착할 때까지의 과정을 다루겠다. 제3권과 제4권은 1790년, 제5권과 제6권은 1791년, 제7권과 제8권은 1792년, 제9권과 제10권은 1793년부터 테르미도르 반동까지 서술하려는 것이 지금의 계획이다.

'앙시앵레짐'이란
무엇인가

제 1 부

1
왕*은 죽었다,
왕 만세!

1774년 5월 10일 화요일 오후 2시, 루이 15세가 세상을 떴다. 두어 달 전에 예순여섯 번째 생일을 지낸 그는 늘 젊은 이처럼 여자를 가까이했다. 죽기 얼마 전에도 그는 베르사유 궁전 아래쪽에 있는 트리아농 마을의 방앗간 집 딸을 데리고 잤는데 그때 천연두를 옮았다. 그의 증조할아버지인 루이 14세는 다리 살이 썩는 병을 앓으면서도 오랫동안 버텼지만 그는 4월 30일 병에 걸려 겨우 열흘 만에 숨졌다. 영국의 터키 대사 부인이 배워 유럽으로 들여온 종두법을 프랑스에서는 군사학교 생도들에게 강제로 실시했지만 정작 왕이나 대귀족은 무서워서 실시하지 않았는데, 왕이 그 몹쓸 병에 걸려 죽었던 것이다.

역사책을 읽다 보면 유명한 사람들이 했다는 명언을 만난다. 그러나 실제로 그가 그 말을 했는지 아닌지는 확실치 않다. 루이 14세는 "나는 국가다"라고 했다 하고, 장 자크 루소는 "자연으로 돌아가라"고 말했다 한다. 저작에서는 쉽게 찾을 수 없는 말, 그러나 누군가는 직접 들었을지 모른다. 그런데 루이 15세는 낙천적인 성격을 보여주는 말 한마디를 남겼다. "내 죽은 뒤 홍

---

* 우리는 왕king과 군주monarch를 엄밀히 구분할 수 있다. 왕은 '동료들 가운데 첫째'라는 뜻이고, 군주는 '오직 하나'라는 뜻이기 때문이다. 봉건 시대에 왕은 있으나 군주는 없었다. 군주는 왕이 중앙집권화하는 과정에서 태어난 개념이다. 이 책에서 다루는 '앙시앵레짐' 시대는 절대군주정 시대이며, 일상생활에서 왕이라 불러도 군주를 뜻한다.

수가 나건 말건Après moi, le déluge!" 무슨 뜻일까? 아주 무책임한 말인가? 아니면 뒷일을 생각해서 망설이기보다는 과감히 의지대로 하겠다는 말인가? 이 말을 "내 죽은 뒤 홍수가 나겠지"라고 해석한다면 루이 15세는 자기가 죽은 지 15년 만에 '홍수(혁명)'가 나리라 예언했다고 말할 수 있다. 그러나 예언능력이 있는 사람이 죽을병을 옮겨줄 소녀와 잤겠는가?

루이 15세는 죽은 뒤의 일을 상관하지 않았겠지만 산 사람이 해야 할 몫이 있었다. '홍수'를 막는 일도 산 사람의 몫이요, 왕정을 물줄기처럼 잇는 일도 이들의 몫이었던 것이다. 왕정은 중단되지 말아야 했기 때문에 죽은 사람은 죽더라도 계승자를 기려야 했다. 루이 14세가 죽은 날처럼 그날도 사람들은 죽은 사람을 슬퍼하는 대신 산 사람을 기렸다.

"왕은 죽었다, 왕 만세!"

이번에는 루이 15세가 죽었지만 루이 16세가 왕정의 흐름을 끊지 않고 곧바로 왕이 되었다. 이처럼 사람은 누구나 죽게 마련이지만 왕정은 끊임없이 이어져야 했다.

왕의 몸은 무엇보다도 개인의 몸이라서 언젠가 죽어야 하지만 그는 조상 대대로 물려받은 몸을 두 개 더 가지고 있었다. 기껏 살아야 100년을 채우지 못하는 한시적인 몸이지만 거기에 상징적인 몸과 역사적인 몸이 함께 머물렀다. 그러다가 생물학적인 몸인 껍데기가 죽으면 다른 두 몸은 고스란히 다음 왕의 몸으로 들어갔다. 축성식le sacre과 대관식le couronnement*을 거치면

---

* 축성식과 대관식이 중요한 만큼 이 과정을 더 볼거리로 만들어 이 책의 마지막에 놓았다. 지루할 만큼 끊임없이 반복되는 기도와 상징적인 의식에서 왕국이 통합되기를 바라는 절절한 희망을 볼 수 있다.

서 왕의 몸은 신성해지고 마치 해가 주위에 행성을 거느리듯 신하들을 거느렸다. 그는 신하들에게 자기의 권한을 대행하게 했다. 이처럼 '하나이면서 무한히 나눌 수 있는un et divisible' 몸이 왕조의 생명력을 담았다. 이렇게 해서 왕은 죽었지만 왕(왕정)은 세세연년 이어나가야 했다. 그리고 루이 16세도 선조들에게서 왕정체제를 물려받았다. 그는 왕정을 잘 이끌고 번성시켜 왕세자에게 물려주어야 했다. 그러나 그는 혁명에 휘말려들었고 그가 후손에게 물려줘야 할 체제는 '구체제(앙시앵레짐)'가 되었다. 그의 아들은 루이 17세가 되었지만 탕플 감옥에서 왕위를 이었고 거기서 죽었다. 그래서 혁명이 끝나고 마침내 왕정이 회복될 때 루이 16세의 동생 둘이 차례로 왕위를 잇는다.

2
'앙시앵레짐'의 유래

혁명지도자들은 루이 16세가 다스리던 체제를 '앙시앵레짐', 다시 말해 '구체제'라고 불렀다. 혁명의 빛으로 본 앙시앵레짐은 마땅히 사라져야 할 것이었고 혁명으로 태어날 새로운 체제, 합리적이고 이상적인 체제와 비교할 때 불합리하고 모순투성이의 체제였다. 그 뒤에도 오랫동안 역사가들도 구체제를 모순투성이로 생각했다. 우리나라의 고등학교 세계사 책에서도 프랑스 혁명을 서술하는 부분은 거의 어김없이 '구체제의 모순'을 말한 뒤 계몽주의에 물든 부르주아 계층이 당시 사회에 깊이 뿌리내린 모순을 인식하고 모든 관계를 다시 설정하는 과정이 혁명이라고 설명했다. 그런데 이 같은 도식은 일본에도 있다. 그러므로 우리가 쓰는 말을 한자어로 바꿔놓고 일본 세계사 교과서와 비교하면 비록 두 나라가 같은 한자어를 다른 음으로 읽을지라도 같은 낱말을 많이 찾을 수 있음을 볼 때, 우리나라가 일본을 통해 프랑스 혁명을 배웠는지, 아니면 그 반대인지 따지고 싶어진다.

현대 역사학이 발달해 역사가들은 앙시앵레짐이 혁명기에 '발명'된 체제라고 이해하기 시작했다. 쉽게 생각하자. 누가 자신이 사는 시대를 '구체제'라고 부르겠는가? '새 체제'를 만드는 사람들은 버리고 싶은 과거를 구체제라고 불렀으며, 따라서 거기에는 부정적인 모습만 담았음이 분명하다. 이처럼 역사적 전후관계를 새로 인식한 현대 역사가들은 문제를 다시 검토했다. 혁명가들이 앙시앵레짐이라고 부른 것은 무기력하고 타성에 젖었기 때문에 마땅히 사라져야 할 것이었던가? 그들은 이렇게 묻고 문제를 근본부터 다시 검토하면서 구체제, 앙시앵레짐이 역설적으로 죽어가면서 태어났음을 깨달았다. 따라서 현대 역사가들은 혁명이 발명한 앙시앵레짐이 아니라 혁명을 낳은 앙시앵레짐, 혁명으로 연결되는 앙시앵레짐의 참모습을 파악하려고 노력했다.

현대 역사가들은 이른바 '목적론적 역사'에서 벗어났다. 목적론적 역사란 역사가가 아는 현상의 원인을 과거 속에서 찾고 그 인과관계를 통해서만 과거를 이해하려는 역사연구 방법을 말한다. 옛날식 역사연구 방법을 따르면 혁명이 일어났기 때문에 앙시앵레짐은 모순투성이어야 했다. 그런데 그것은 누구의 시각인가? 따지고 보면 후대의 역사가는 혁명가들의 어깨 위에 앉아 그들과 같은 곳 또는 같은 방향을 보면서 지워야 할 과거를 찾아내고 그처럼 모순투성이의 과거를 끊어버리는 혁명이 논리적으로 얼마나 정당한 것인지 설명하지 않았던가? 그러면 역사가는 과거를 끝없는 '원인'의 연쇄로 보아야 하며, 따라서 '부르주아 계층'의 조상이 가죽 옷을 입고 동굴에서 불을 지피면서 살던 시대까지 거슬러 올라가야 하는가? 다시 말해 우리가 오늘의 두드러진 현상의 원인을 어제에서 찾고 그런 일이 일어날 줄 알았다는 식으로 '예언'하는 역사, '목적론적 역사'를 쓰는 것이 과연 올바른가?

프랑스 혁명을 정치혁명이 아니라 사회혁명으로 보려는 관점이 20세기 중반까지 우세했다. 그러나 영국의 학자들이 '정치적 해석'을 앞세워 이 같은 '사회적 해석'을 전면 재검토하게 만들었다. 그 뒤 프랑스에서도 프랑수아 퓌레François Furet는 프랑스 혁명의 성격이 무엇보다도 정치적인 것임을 강조하면서, 그때까지 우세하던 목적론적 역사를 비판하려고 이렇게 물었다. "오늘은 어제의 유일한 미래인가?" 오늘 우리가 아는 두드러진 현상은 어제 속에 고스란히 기록되었느냐는 질문이다. 역사가는 관점을 바꿔야 하며, 특히 프랑스 혁명사가는 앙시앵레짐을 바로 보아야 했다. 앙시앵레짐을 혁명가들이 거부한 것으로만 보아서는 안 되며, 차라리 혁명을 낳고 변형되거나 폐지되거나 먼 훗날 부활하지만 그때의 사정에 맞게 변질되는 것으로 봐야 한다.

앙시앵레짐은 아주 오랜 세월 동안 여기저기서 따로 솟아난 샘물이 흐르다가 합치고, 때로는 고였다가 마르고 땅에 스며들었다가 다시 솟아나서 다른 물줄기를 이루고, 그렇게 흐르면서 합치고 또 합쳐 새로운 물줄기를 이루며 점점 더 크게 흐르는 강물과도 같은 것이다. 왕정과 귀족의 뿌리, 신분사회의 뿌리는 실로 멀리 거슬러 올라갈 수 있다. 무관귀족―이들이 칼을 찬다고 해서 대검귀족이라 부르기도 한다―의 가문 가운데 거의 1,000년의 전통을 자랑하는 거물급 귀족도 있었다. 그들은 부르주아 계층에서 태어나 왕정에 돈과 재능을 바친 대가로 중책을 맡거나 사들인 뒤 귀족이 된 문관귀족―주로 법관직이 많다고 해서 법복귀족이라 부르지만 관복귀족이라는 개념이 더욱 적절하다―을 우습게 보기도 했다. 그러나 무관귀족 가문이 돈 많은 문관귀족 가문이나 신분 차이가 나는 평민 부자 집안과 통혼하는 경우 "가끔 좋은 밭에도 두엄을 해야 한다"고 말하면서 애써 합리화하기도 했다. 신분사회의 엄격한 기준은 시간이 흐를수록 느슨해져 신분을 사칭하는 사람도 늘어났다. 지금부터 이처럼 수백 년 이상 여러 가지 요소가 함께 뒤섞인 앙시앵레짐을 편의상 몇 가지 요소로 나누어 살펴보자.

3
지리적 앙시앵레짐의
극복과정

우리는 공간을 완전히 정복한 시대, 다시 말해 지구촌 시대에 산다. 그러나 15세기부터 유럽인이 바다를 누비고 다녔다 할지라도 18세기에도 여전히 공간이 통합되지는 않았다. 그러므로 국가를 산업화하기 전부터 유럽의 각국은 좀더 안전하고 빠르게 사람과 물자를 이동하게 만들려고 경쟁했다. 프랑스도 이탈리아나 네덜란드의 뒤를 좇아 17세기부터 네덜란드의 선진기술을 들여다 운하를 만들기 시작했다. 그리하여 루이 14세와 콜베르는 앙리 4세와 쉴리가 꿈꾸던 '대서양에서 지중해까지 물길 잇기'를 마침내 구체적으로 실현했다.

1666년부터 1681년까지 15년 동안 거의 250킬로미터의 운하를 만들었다. 그것은 수문 62개, 저수지 20개, 인공호수 3개(가장 거창한 것은 생페레올)를 갖추었다. 물길은 계속 발달해 1750년대에는 모두 1,600킬로미터가 되었다. 그럼에도 18세기의 길은 오늘날의 고속도로처럼 될수록 곧게 건설되었다기보다는 대부분 자연스럽게 생긴 상태를 유지했다. 그래서 여전히 인간과 물자의 이동이 느렸다. 다행히 주요 도시를 중심으로 유통망이 발달했다. 파리를 중심으로 길이 발달해 북동쪽 국경까지 발달한 것과 '마그지올로선'—생말로에서 제네바를 잇는 선—의 북쪽에 식자층이 더 많았던 것은 길이 인간, 상품, 정보의 유통과 얼마나 밀접한 관계를 가졌는지 잘 보여준다.

18세기 프랑스는 거의 2만 6,000킬로미터의 도로망을 갖추면서 다른 나라의 부러움을 살 정도가 되었다. 그렇긴 해도 왕령, 새 소식, 정보가 왕국의 구석구석까지 전달되려면 거의 2주 이상이나 걸렸다. 여객마차는 하루 90킬로미터씩 달려 리옹까지 5일, 마르세유까지 9일 걸렸으며 그 밖의 주요 도시까지는 보름 안에 갈 수 있었다. 그러나 18세기 말에도 여전히 마차여행은 괴로운 일이었다. 전매권을 받아 역참을 운영하는 사람들은 승객보다는 짐을 더 많이 실으려고 했고 목적지에서 짐을 제때에 검사받으려면 목적지의 세관 사무실을 닫기 한두 시간 전에 도착해야 했기 때문에 새벽 2시에 승객을 태우고 출발하는 일이 많았다. 당시의 풍속을 세세히 그린 루이 세바스티앙 메르시에Louis-Sébastien Mercier는 이렇게 말했다.

"어떤 사무실에서는 한밤중 아름다운 별을 보면서 수많은 상품 보따리를 내리느라 여행객을 오랫동안 잡아두기도 한다. 이에 불평이라도 하면 직원은 이렇게 대답한다. '이건 왕이 시켜서 하는 일이라오.'"

오늘날 산업화한 나라는 거의 비슷한 모습을 갖추었다. 고속도로, 국도, 지방도를 정비하고 필요하면 일직선으로 다리를 놓거나 굴을 뚫는다. 다리를 이중, 삼중의 구조로 만들어 여러 갈래의 길을 합치거나 분산시키는 역할을 한다. 도시마다 어김없이 지하철과 전국을 연결하는 철도망이 연결된다. 비행장과 철도, 지하철이 연결되어 도시민이 집을 나서면 곧 교통수단을 바꾸면서 하루 안에 지구 반대편으로 날아갈 수 있다. 유무선 통신이 발달해 오지에서도 길을 잃지 않고 세상과 소통할 수 있다. 그러나 옛 프랑스는 완전히 통일되지도 못한 상태였다.

혁명 초기인 1789년 12월 22일, 국민의회는 기초의회와 행정의회에 관한 법을 채택하면서 국토를 새로 나누었는데, 이때부터 합리적인 국토관리 논의가 본격화되었다고 볼 수 있다. 그리하여 결국 1790년 1월 15일에 미라보 백작comte de Mirabeau(1749~1791)이 제안한 내용을 바탕으로 전국을 83개 도département로 나누었다. 그것을 결정하는 과정에서 투레Thouret는 1789년 11월 3일에 프랑스를 320제곱리외(1리외는 약 4킬로미터)의 도로 나누고 각 도는 36제곱리외의 면commune 9개로 나누자고 제안했는데, 미라보 백작은 역사와 전통을 고려하지 않고 기계적으로 나누어서는 안 될 것이라고 반대했던 것이다. 그럼에도 새로운 법을 반포함으로써 옛 프랑스 전역에서 전통 생활의 틀은 여지없이 깨졌다.

그런데 이처럼 혁명기에 국토를 합리적으로 나누려고 시도했다는 사실만 강조한다면 앙시앵레짐 시대에는 국토를 합리적으로 이용하려고 시도하지 않았다는 선입견을 심어줄 수 있다. 물론 앙시앵레짐 시대의 프랑스에는 여러 가지 제도와 함께 관할구역이 물고기 비늘처럼 서로 겹치면서도 완전히 일치하지는 않았다. 마치 오늘날 우리나라에서 전선, 수도관, 하수관, 전화선 따위를 모두 따로 묻고 관리하는 것처럼 비합리적인 모습을 볼 수 있었다. 그러나 절대왕정 시대에는 그전부터 느리게 진행되던 합리화 정책이 더욱 빠르게 진행되었고 혁명 전 몇십 년 동안 인간, 물자, 정보의 유통이 전보다 거의 두 배나 빨라져 국가 통합의 이상을 실현하는 단계로 접어들었다. 따라서 지리적 앙시앵레짐도 혁명의 빛으로 보는 데서 벗어나 그 자체의 변화와 역동성을 이해하려는 눈으로 보아야 한다.

4
왕국의 통합

프랑스 왕국은 왕들의 결혼, 봉건제도, 전쟁을 통해 땅을 통합하거나 빼앗겼다. 왕들은 중세 초부터 왕령을 늘렸고, 그렇게 해서 오늘날 프랑스의 국경을 향해 땅을 부풀렸다. 1678년 루이 14세는 프랑슈 콩테를 얻고, 1766년 루이 15세는 로렌을 상속받았으며, 1768년에는 코르시카를 얻었다. 그러나 14세기 초부터 교황청 소속의 땅이 된 아비뇽과 그 부근 지역(브네생 백작령)은 혁명기에 가서야 프랑스에 합병되었다. 또 알자스 지방의 여러 곳에는 독일의 군주들이 소유한 영토가 있었다.

해외 영토를 빼고 38만 1,600제곱킬로미터(또는 22만 7,200제곱마일)에 인구는 18세기 초 2,000만 명에서 혁명 직전에는 2,700만 명, 새로 합병된 영토의 주민까지 합쳐서 1789년경에는 2,800만 명이 살았다. 이들은 프로뱅스province(주 또는 지방)나 제네랄리테généralité(징세구)에 나뉘어 살았다. 프로뱅스나 제네랄리테는 서로 완전히 겹치지 않았다. 1776년에는 39개의 프로뱅스가 있었지만 실제로 징세구인 제네랄리테는 36개였다. 프로뱅스 가운데 랑그도크, 도피네, 브르타뉴같이 큰 것도 있었지만 남서부 피레네 산맥 근처나 북동부 플랑드르 지방 같은 곳의 작은 프로뱅스도 있었다.

제네랄리테의 크기도 제각각이었다. 프로뱅스를 다스리는 직책은 명예직이었지만 제네랄리테를 다스리는 지사intendant는 실질적인 권한을 가졌다. 군관구gouvernement, 고등법원parlement의 관할구역도 크기가 제각각이었다. 예를 들어 1771년 이후 전국 13개 고등법원 가운데 가장 큰 파리 고등법원은 왕국의 3분의 1을 맡았지만, 에스파냐 쪽 국경에 가까운 포Pau 고등법

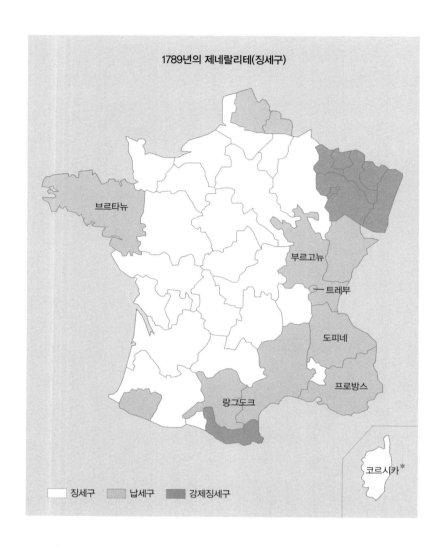

1789년의 제네랄리테(징세구)

브르타뉴

부르고뉴

트레부

도피네

프로방스

랑그도크

코르시카*

■ 징세구 ■ 납세구 ■ 강제징세구

_____

* 1768년 왕국에 편입되어 신분회를 가지고 있었던 코르시카 섬은 납세구인지 강제징세구인지 불분명하다. 국경과 가까운 곳에 생긴 강제징세구는 새로 왕국에 편입된 지방이기 때문에 직접세만 걷는 곳이었다.

_____

원이나 오늘날 벨기에 쪽 국경에 가까운 플랑드르의 두에Douai 고등법원은 겨우 한 프로뱅스 정도 크기의 구역을 맡았다.

왕국의 지방과 제도가 불합리하게 겹쳐 있는 데다 수많은 국내 관세가 존재했다는 것은 그만큼 왕국이 제대로 통일되지 못했다는 뜻이다. 파리는 주변의 곡창지대와 함께 일종의 분지로 의사소통이 비교적 쉬운 곳이었기 때문에 처음부터 왕국의 중심이 되었다. 파리는 센 강을 끼고 자리 잡았고 루아르 강도 가까이 흐르기 때문에 쉽게 바다와 연결되었으며, 그 덕분에 18세기에는 60만 명 이상의 인구를 가진 대도시로 발전했다. 그래서 막대한 이익을 노리고 운하에 투자하는 사람이 생겼다. 하지만 도로는 운하보다 더 싸게 많이 만들 수 있는 것이며 왕국을 통일하는 데 가장 기본적인 시설이었다.

길을 닦으면 닦을수록 유통비용은 싸지게 마련이다. 왕정은 부역corvée 제도를 이용해 도로를 건설하고 고치고 유지했다. 이 제도는 중세 영주들이 농민을 부리던 데서 출발했다. 17세기에는 왕이 임명한 지사들이 이 제도를 이용해 자기가 맡은 지방의 도로와 다리를 건설했다. 1738년 6월 13일에 재무총감 필리베르 오리Philibert Orry는 일종의 현물세droit en nature라 할 부역을 전국적으로 실시했다. 일정한 원칙이 없었고 귀족, 종교인, 도시인 가운데 절대다수가 면제되었기 때문에 아주 불평등한 이 세금은 저항과 원망의 대상이 되었다. 루이 16세가 즉위한 뒤 튀르고Turgot(1727~1781)는 이 제도를 폐지했다. 그동안 왕정은 하층민의 노동력을 착취해 도로를 닦았던 것이다.

그러나 18세기 동안 여행기간을 전보다 절반으로 단축시킬 수 있었던 이유는 국가가 대대적으로 도로와 다리를 건설하는 사업에 손댄 덕택이다. 지역 주민을 부역에 동원하는 것만으로는 큰 규모의 사업을 할 수 없기 때문이다. 국가는 1720년에 도로의 규격을 차례로 규정했다. 예를 들어 너비를 정하는 방식은 왕도routes royales(국도)가 19.4미터, 큰길grands chemins이 15.5미터, 작은 길chemins royaux이 11미터, 교차로가 9.7미터였다. 이러한 길은 왕국의 모든 사람, 법, 문명, 물자를 유통시켰다.

왕권은 유통을 도우려고 역참을 유지했다. 갈아탈 말을 마련해두는 역참에는 우편인, 파발꾼, 여행마차뿐만 아니라 승객도 쉬게 했다. 각 제네랄리테는 18세기 초부터 주임 토목기사ingénieur en chef 한 명과 그 밑에 감독관 열명을 두어 길을 설계하고 닦았다. 이 사업은 루이 14세 시대의 콜베르가 조직적으로 시작한 것으로서 루이 15세의 섭정기인 1716년에는 토목기사 단체를 제도적으로 만들었다.

그 뒤 프랑스는 전국에 한 명뿐인 수석 토목기사le premier ingénieur와 제네랄리테마다 한 명씩 있는 주임 토목기사ingenieur en chef 스물한 명을 두고 길을 관리하게 만들었다. 이렇게 토목기사를 길러내고 길을 닦는 일은 특히 1721년부터 파리 고등법원 판사로 일하다가 1727년에 심리부 판사가 된 트뤼덴Daniel Charles Trudaine이 1743년에 다리와 길의 총감독관이 되면서 한 단계 더 발전했다.* 그도 유능한 인물이었지만 그가 뽑은 페로네Perronet야말로 유능하고 헌신적이었다. 페로네는 파리 시에서 센 강의 둑과 길을 설계했다. 그는 수학자이자 건축가로서 과학아카데미와 건축아카데미의 회원이었으며

---

* 1716년에 법적으로 토목기사 조직이 생겼지만 1747년에 토목학교를 설립한 뒤 조직을 더욱 체계적으로 만들어야 했다. 따라서 1754년의 법령Instruction du Controleur general des finances으로 수석 토목기사 한 명과 총감독관Inspecteur general 네 명을 두었고, 일반 토목기사 21~25명은 토목공사의 중요성에 따라 해당 지역으로 임명되었다. 물론 파리를 제외한 각 징세구(제네랄리테)의 토목 책임자인 주임 토목기사가 한 명씩 있었다. 그 아랫단계에는 토목학교 학생eleve, 보조기사 sous-ingenieur, 보조감독관sous-inspecteur이 있었다. 납세구(페이 데타pays d'états)는 예외였다.

나중에는 『백과사전』에도 글을 쓸 만큼 인정받았다.

페로네는 1747년부터 토목기사를 기르는 과정에 역학, 수력학, 수학, 제도학을 도입했다. 그는 다리와 길의 토목기사 회의를 창설하는 데 큰 역할을 했다. 여기 모인 토목기사들은 국도 건설과 기술적 문제를 토론했다. 이렇게 해서 부역으로 해결할 수 없을 큰 사업에 국가는 점점 더 많이 투자했다. 1700년대 초에는 해마다 100만 리브르(프랑)를 썼는데 1740년대에는 해마다 500만 리브르를 쓰고 1786년에는 900만 리브르까지 썼다.

이렇게 볼 때 1789년 왕정이 타성에 젖어 변화를 싫어했기 때문에 혁명이 일어났다고 하는 말을 조금 신중하게 되새겨볼 필요가 있다. 프랑스 혁명은 무엇보다도 경제문제 때문에 일어났다. 왕정이 빚을 많이 지고 더는 돈을 끌어올 곳을 찾지 못한 채 세제개혁을 하려 했지만 특권층의 반발로 실패하면서 혁명이 일어났던 것이다. 한편 그 사실 못지않게 왕정은 그 나름대로 국가를 '근대화'하려고 노력했음도 부인하기 어렵다.

특히 교통과 통신을 발달시키는 문제는 산업혁명이 일어나기 전에도 정치·경제·문화·군사의 모든 면에서 필요했다. 그리고 그런 과정을 거쳐 여행기간이 단축되면서 여론이 지속적으로 영향력을 행사하는 토대가 생겼던 것이다. 정보와 상품이 사람과 함께 움직이던 시대에 여행기간을 단축함으로써 정보의 소통을 더욱 원활하게 만들 수 있었다. 입말과 글말이 이전 시대보다 더 빨리 확산되었기 때문에 집단정신자세의 형성도 쉬워졌다.

사실 오늘날에도 모든 정치제도가 완전하다고 말할 수는 없다. 오늘날에도 경제문제를 잘 해결하는 정부가 몇이나 되겠는가? 그러므로 우리는 앙시앵레짐 시대라고 해서 무조건 사라져야 마땅할 만큼 모순만 안고 있었다고 보는 데서 벗어나 그 나름대로 문제를 해결하려고 노력했지만 어떤 이유로 그것이 실패했으며 그 실패 때문에 생긴 변화와 그에 상응하는 조처는 과연 무엇을 어떻게 바꿔놓았는지 살피려는 목표를 잊지 말아야 한다.

5
정치적 앙시앵레짐

　　루이 16세는 1792년 8월 10일 이후 폐위된 뒤 '루이 카페'로 불리었다. 그것은 그가 부르봉 가문에 속하는 동시에 더 큰 맥락에서 카페 왕조에 속했다는 사실을 보여준다. 그러므로 혁명 전 프랑스의 정치제도를 살피려면 카페 왕조가 어떻게 시작되었는지 알아보는 데서 출발할 필요가 있다.

　　혁명기까지 프랑스에는 메로빙 왕조, 카롤링 왕조, 카페 왕조가 있었는데 그중에서 마지막 왕조가 800년간 지속되었다. 이 세 번째 왕조의 시조가 위그 카페Hughes Capet(987~996)다. 위그 카페는 왕위를 물려받은 것이 아니라 왕으로 뽑혔다.

　　그 과정을 잠시 살펴보자면 제1왕조인 메로빙 왕조까지는 아니라 할지라도 제2왕조인 카롤링 왕조의 말기로 돌아가야 한다. 샤를마뉴는 768년 왕이 된 뒤 정복전쟁으로 제국을 건설했고, 800년 크리스마스에는 서유럽의 프랑크족과 기독교의 황제가 되었다. 그는 큰 제국을 통치하려고 법령집을 발간하고, 나라를 여러 백작령으로 나눠 황제가 임명한 백작이 법령을 제대로 적용해 다스리도록 했다. 그리고 순찰사들missi dominici을 파견해 지방정치를 감독하게 했다. 그러나 9세기와 10세기에 왕권이 약화되고 이민족이 침입했기 때문에 각 지방의 영주가 왕처럼 행세하는 봉건제도가 정착했고, 국내의 정치적 혼란을 수습하는 과정에서 위그 카페가 왕으로 뽑혔던 것이다.

프랑크족의 왕으로 선출된 위그 카페는 자신이 살아 있는 동안 왕권을 강화하는 방법을 강구했고, 그리하여 아들인 경건왕 로베르 2세Robert II le Pieux(996~1031)에게 왕위를 물려주었다. 이렇게 해서 카페 왕조가 시작되었다. 왕위는 반드시 남자에게 물려주었다. 프랑크족의 전통에서 '살리카 법'은 왕위를 여성에게 또는 여성을 통해 물려줄 수 없다고 했기 때문이다. 그러므로 위그 카페부터 시작해서 미남왕 샤를 4세Charles IV le Bel(1322~1328)까지 300년 동안 계속 아들을 낳아 왕조를 보존한 것을 '카페 왕조의 기적'이라 부를 만했다. 마침내 1328년 카페의 직계 후손 가운데 더는 왕위를 물려받을 아들이 없자 왕위는 그 가문의 곁가지인 발루아 가문으로 넘어갔다가 1589년 부르봉 가문으로 넘어갔다.

카페 왕조의 왕들은 봉건제도를 이용해 나라를 지켰다. 특히 위그 카페의 직계손이 왕 노릇을 하는 동안 왕국을 튼튼한 기반 위에 세웠다. 초기에는 큰 힘이 없던 왕들은 겨우 파리부터 오를레앙까지 작은 땅 한 조각을 영지로 가졌는데, 마치 프랑스라는 큰 바다 한가운데 있는 섬만하다고 해서 그 영지를 '일드프랑스(프랑스의 섬)'라 불렀다. 이것은 14세기 연대기 작가인 장 프루아사르Jean Froissart가 처음으로 공식화한 이름이었다. 파리를 포함해 마른 강과 센 강을 끼고 북쪽으로는 우아즈 강과 엔 강의 사이에 있는 섬처럼 생긴 지역을 뜻했다. 카페 왕조의 왕들은 봉건적 권리를 이용하고 땅을 사들이고 정략 결혼으로 왕령을 넓혔다. 또 그들은 기독교를 이용하기도 했다. 왕위를 물려받으면 축성식을 거쳐 하느님의 선택을 받은 자가 되어 신성한 존재로 거듭 태어났으며 이후 교회와 힘을 합쳐 거친 봉건영주들을 다스렸다.

존엄왕 필리프 2세Philip II Augustus(1180~1223)는 왕령을 크게 넓혔다. 그

는 1202년 영국 왕의 영지를 빼앗아 노르망디부터 생통주까지 왕령에 합병했다. 프랑스에 있던 영지를 잃은 영국의 존 왕은 플랑드르 지방의 영주, 그리고 신성로마제국 황제 오토 4세와 연합해 프랑스를 서쪽과 북쪽에서 공격했다. 그러나 필리프 2세는 장차 루이 8세가 될 아들과 영주들의 도움을 받아 이겼다. 특히 1214년 7월 27일 부빈 전투에서 결정적으로 승리했다. 그는 아르투아와 오베르뉴 지방을 포함해 큰 땅을 얻어 왕령을 네 배나 늘렸다. 그리하여 그는 '오귀스트Auguste(존엄왕)'라는 별명을 얻었다. 로마 황제 아우구스투스처럼 위대하고 존엄한 존재라는 뜻과 그가 8월생이었고 왕령을 늘렸다augmenter는 뜻을 함께 가진 별명이었다.

필리프 2세의 아들 사자왕 루이 8세Louis VIII le Lion(1223~1226)가 잠깐 다스린 뒤 루이 9세(1226~1270)가 왕권을 강화했다. 필리프 2세의 손자인 그는 부빈 전투에서 승리한 1214년에 태어났다. 오늘날 우리가 동의하기는 어렵지만 아무튼 당시 사람들의 관점으로 볼 때 한마디로 그는 완전한 중세 군주의 이상이라 할 만한 인물이었다. 관대하고 고결하고 정의와 기사도 정신을 중시했다. 그는 철저한 종교인이었고 죽은 지 30년이 지나지 않아 성인으로 추대되었다. 그는 왕국 안에서 영주들이 서로 싸우지 못하게 했고 사법제도를 정비했다. 그는 파리의 동쪽, 뱅센 숲에 자주 나가 직접 재판을 했다. 파리의 치안을 안정시켜 서민을 보호했다. 그는 샤를마뉴가 했듯이 관리를 지방으로 보내 그곳의 실정을 파악하게 했다. 또한 왕령에서 농노제를 폐지했지만 이교도와 유대인을 박해하기도 했다. 그는 1248년 제7차 십자군전쟁에 직접 참여해 이집트로 갔다. 또 1270년에는 튀니스로 갔다가 거기서 죽었다. 장 드 주앵빌은 『성 루이의 생애』에서 이렇게 썼다.

"왕은 가난한 수도자와 가난한 병원, 가난한 사람들, 가난한 수도회, 가난한 신사와 숙녀와 소녀, 그리고 나이 들거나 아파서 일을 하지 못하는 가난한 음유시인에게 무한히 관대하게 자선을 베풀었다."

루이 9세는 왕국에 일종의 국가의식을 심어줄 만큼 강한 나라를 만들고 죽었다. 그는 큰 발자취를 남기고 죽었기 때문에 그가 다스리던 13세기를 '성 루이의 시대'라 한다.

루이 9세의 손자 미남왕 필리프 4세Philippe IV le Be(1285~1314)는 아버지인 필리프 3세로부터 강력하고 튼튼한 왕국을 물려받았다. 그러나 프랑스 왕국에서는 인구가 늘고 땅심(지력)이 떨어져 농업생산성이 하락하고 있었다. 그는 왕권을 강화하려고 노력하면서 종교인들에게 새로운 세금을 부과하다가 교황 보니파시오 8세와 충돌했다.

교황은 여러 나라 군주에게 자신의 우월성을 강조했고 그 어떤 군주도 교황의 동의를 얻지 않고 마음대로 종교인에게 과세하지 못하게 했다. 그러나 필리프 4세는 종교인이 돈을 내지 않으면 누구든 체포하겠다고 맞섰다. 마침내 필리프는 군대를 보내어 보니파시오를 포위했다. 교황은 이탈리아의 아냐니Agnani에서 잡혔다가 주민들의 도움으로 탈출했지만 그때 당한 폭행의 후유증으로 1303년에 사망했다.

필리프는 교황과 싸우는 과정에서 1302년 파리의 노트르담 성당에 신분회를 처음 소집했다. 이때 처음 생긴 신분회에는 종교인, 귀족, 부르주아 대표가 모였다. 이것이 1789년에 마지막으로 모인 전국신분회Etats-Généraux의 시작이었다.

이 신분회를 일본에서는 '三部會'라 옮겼으며 우리나라 학계에서는 이 낱말을 가져다가 '삼부회'라 읽고 가르쳤다. 원어에서 '에타Etats'는 3신분을 뜻하며 '제네로Généraux'는 전체를 뜻한다. 일본인이 이 말을 옮길 때 세 신분이 각자 할당받은 회의실Chambre에서 토론을 하고 의견을 모으는 방식을 고려해 '3부회'라고 했음을 추측하기란 어렵지 않다. 그러나 그들이 제대로 옮겼느냐 아니냐가 문제가 아니다. 우리가 그 말을 스스로 번역하지 않고 일본의 번역을 우리 음으로 읽는 것이 과연 떳떳한가 자문해야 한다.

전국신분회를 처음 조직해 부르주아 계층의 재원을 적극 활용하는 제도를 만든 필리프 4세는 부르주아 계층에서 열의 있는 관리를 뽑아 국가의 행정조직과 재판제도를 발달시켰다. 그는 보니파시오 8세가 죽은 뒤 새 교황으로 뽑힌 베네딕토 11세와 좋은 관계를 맺었지만 그가 몇 달 만에 죽자 클레멘스 5세를 새 교황으로 뽑는 데 영향을 끼쳤다. 필리프 4세는 클레멘스 5세와 함께 신전기사단에게 온갖 추잡한 죄명을 씌워 박해한 뒤 그들의 재산을 빼앗았다. 왕은 신전기사단의 건물을 원호기사단에게 주었다. 이들이 관리하던 건물은 대부분 헐리고 귀족들의 저택으로 분양되었지만 중요한 건물 몇 채가 혁명기까지 남았다. 1792년 8월 중순 루이 16세는 급히 감옥으로 개조한 탑(아성)에 갇혀 마지막 다섯 달을 살았다.

신전기사단의 우두머리인 자크 드 몰레Jacques de Molay는 1314년에 산 채로 화형당하면서 필리프 4세와 클레멘스 5세에게 저주를 퍼부었는데, 그 저주가 통했는지 두 사람 모두 같은 해에 세상을 떴으며 4세기 반이나 지난 뒤 루이 16세가 처형되었을 때도 역사를 아는 사람은 그 저주를 생각했다고 한다. 필리프 4세의 세 아들이 차례로 왕위를 이었지만 후계자를 낳지 못했기 때문에 왕위는 위그 카페의 곁가지 후손인 발루아 가문으로 넘어갔다.

그런데 앞서 말한 살리카 법이 전쟁을 불렀다. 이 법은 여성에게 재산을 물려주지 않는다는 법을 왕위계승에 적용했다. 그래서 필리프 4세의 셋째 아들 샤를 4세가 죽은 뒤 필리프 4세의 외손자인 영국 왕 에드워드 3세

(1327~1377)가 왕위를 물려받지 못하게 되자 불만이 쌓였다. 게다가 1328년 왕이 된 필리프 6세는 영국의 에드워드 3세를 신하로 대했다. 영국 왕은 프랑스에서는 기엔과 가스코뉴 지방을 소유한 봉건영주였고, 따라서 프랑스 왕의 신하였기 때문이다. 에드워드 3세는 1329년 프랑스 왕에게 신하로서 선서했다. 그렇지만 마음속으로는 승복하지 못했다. 1337년 10월 7일 웨스트민스터 수도원에서 그는 외사촌 필리프 6세가 1328년 프랑스 왕위를 물려받은 것은 정통성이 없는 일이라면서 정식으로 문제 삼았다. 이렇게 해서 1453년까지 116년 동안의 이른바 '100년 전쟁'이 시작되었다.

이사이에 국가 조직은 단순한 왕실회의에서 좀더 복잡하게 발달했다. 13세기까지는 정치문제를 주로 다루는 어전회의Conseil du Roi, 법률의 효력을 발생시키는 등기권droit d'enregistrement과 새로운 왕령의 문제점을 지적하는 상주권droit de remontrance을 가진 고등법원parlement, 왕실과 왕국의 재정을 담당하는 재무부Chambre des Comptes가 확실하게 나뉘었다. 이들은 왕이 주로 머물던 파리에서 일했다. 필리프 2세부터 '프랑스의 섬'이라는 왕령의 중심지였던 파리의 시테 섬에 궁전을 짓고 살았기 때문에 파리는 자연스럽게 프랑스 왕국의 수도가 되어갔다.

지방을 다스리는 관리도 필요했다. 그러한 관리를 북부에서는 바이이Bailli, 남부에서는 세네샬Sénéchal이라 불렀다. 이들은 자기가 맡은 고을에서 왕을 대신해 사법·재정·군사 문제를 해결했다. 이렇게 왕이 왕국에서 가장 높은 봉건영주, 다시 말해 영주들의 영주로서 왕령을 넓히고 왕국을 통일해나갔다. 왕은 한때 자기 권력이었다가 봉건제도와 함께 영주들의 손에 들어간 권력을 되찾으면서 점점 절대군주정의 기틀을 마련했다.

6
절대군주정

　　앙시앵레짐의 정치체제는 절대군주정이
었다. 절대군주정은 루이 14세 시대에 완성되었다고 하지만 그전부터 왕정
을 강화하고 왕국을 통일하려고 노력했음을 짚고 넘어가야 한다. 프랑스 왕
국은 봉건제도를 거치면서 발전했다. 왕은 이론적으로 모든 봉건영주 가운데
가장 높은 지위에 있었다. 봉건영주들은 원래 왕의 권한이던 것을 자기 것처
럼 휘둘렀는데, 이제 왕은 그것을 되찾으면서 왕국을 통일했다. 100년 전쟁
을 겪은 뒤 16세기부터 왕국은 조금씩 왕의 영향권으로 편입되었다. 물론 그
뒤로도 왕국의 모든 곳에 고유한 풍속과 사투리가 남았기 때문에 진정한 의
미의 통일왕국을 이루지는 못했지만, 16세기 전반부에 발루아 앙굴렘 가문
의 프랑수아 1세(1515~1547)와 그의 아들 앙리 2세(1547~1559)는 왕의 지위
가 왕국 안에서 가장 우월하다는 점을 확실히 인식시켰다. 또 1576년 장 보
댕Jean Bodin(1529~1596)은 『국가에 관한 책 6권Les Six Livres de la République』
을 써서 왕권제한론자monarchomaque의 이론을 반박하고 왕정이 신, 인간, 자
연의 모든 법에 복종하기 때문에 정당하다고 주장했다.

　　화가 프랑수아 클루에F. Clouet(1510?~1572)는 프랑수아 1세를 장엄하게
그렸다. 그가 그린 초상화 여러 점 가운데 특히 루브르 미술관에 있는 상반신
초상화는 1527년 작품이다. 그림 속의 프랑수아 1세는 담비털로 테를 두르
고 검은 천에 보석으로 장식해 귀를 덮는 멋진 모자를 비스듬히 썼다. 또 금
은색 실과 검은색 실을 섞어 아름답고 화려한 문양을 넣은 천으로 풍성하게
지은 옷을 입고 그 위에 목걸이를 건 채 얼굴과 몸을 조금 오른쪽으로 틀고

앉아 곁눈질로 화가를 본다. 그는 이처럼 위엄과 인자함을 두루 갖추고 짙은 수염으로 남성의 매력을 발산한다.

프랑수아 1세는 1506년 전국신분회가 '인민의 아버지Père du peuple'라고 칭송한 루이 12세에게 아들이 없었기 때문에 왕위를 물려받았다. 그는 르네상스 시대의 군주로서 신성로마제국의 카를로스 5세와 다투었으며 프랑스 왕국에서 최초로 '전하Sa Majesté' 소리를 들은 사람이었다. 그는 전국신분회를 소집하지 않았을 뿐 아니라 파리 고등법원의 상주도 받아들이지 않았다. 그는 왕령을 더욱 늘리고 대영주도 감히 도전하지 못하게 했다. 특히 1516년에는 교황과 협약을 맺어 왕국 안에서 82개 주교구와 527개 수도원의 종교인을 임명할 권리까지 인정받았다. 이렇게 해서 종교인을 복종시켰다.

프랑수아 1세는 선대에서 야심을 보였던 이탈리아에 눈독을 들였다. 1515년 마리냥에서 승리해 밀라노 지역을 차지했다. 밀라노의 참주로서 '무어인'이라는 별명을 가진 스포르차가 이탈리아를 지배하려는 야심 때문에 프랑스 군대를 끌어들였으나 오히려 프랑스군은 이 기회를 이용해 이탈리아를 침략했던 것이다. 프랑수아 1세는 1528년 3월 15일 파리에 정착하려는 마음을 드러냈다. "아주 소중하고 사랑스러운 여러분, 이제부터 나는 왕국의 어느 곳보다 훌륭한 파리에 머무르도록 하겠소." 거의 1세기 동안 루아르 강변을 따라 앙부아즈, 블루아, 샹보르로 옮겨다니던 왕실은 그곳을 떠나 점점 파리 근처의 퐁텐블로, 생제르맹 앙 레, 불로뉴 숲의 마드리드 성을 맴돌다가 마침내 파리로 돌아갔던 것이다.

프랑수아 1세는 중세의 어두운 요새였던 루브르를 개축하는 동안 바스티유 요새 근처의 투르넬Tournelles에 머물렀다. 루브르 궁전을 오늘날 우리가 아는 모습으로 바꾼 사람은 파리에서 태어난 피에르 레스코Pierre Lescot였다.

또한 프랑수아 1세는 1532년 도미니크 드 코르톤Dominique de Cortone에게 파리 시청사를 새로 짓도록 명령했다. 이탈리아에서 태어났기 때문에 본명이 도메니코 다 코르토나인 이 건축가는 샤를 8세 때 프랑스로 가서 아름다운 르네상스 양식의 샹보르 성을 짓는 데 참여했다. 그러나 신성로마제국 카를 5세와의 전쟁이 다시 일어나 건축은 순조롭지 못했다. 전쟁과 건축은 모두 큰돈을 쏟아부어야 했기 때문에 파리 부르주아 계층의 부자들은 막대한 세금을 내야 했다.

프랑수아 1세는 자크 카르티에에게 인도로 가는 길을 찾는 임무를 주어 북아메리카로 보내면서 식민지 경쟁에 끼어들었다. 그는 수많은 법을 반포했지만 그중에서 가장 중요한 법은 프랑스 왕국을 통일하려고 1539년 8월에 반포하고 9월 6일 파리 고등법원에 등기함으로써 효력을 발생한 비예르 코트레Villers-Cotterêts 법이었다. '레 숲 곁의 작은 별장Petite villa sur la côte de Retz'이라는 뜻을 가졌고 훗날 알렉상드르 뒤마가 태어난 곳인 비예르 코트레의 성에 머물면서 프랑수아 1세는 도시의 여러 가지 특권을 폐지하고 호적업무(제50조 사망자 관리, 제51조 출생자 관리)를 강화해 왕국의 모든 주민을 파악하도록 하는 한편, 공문서를 오직 프랑스어로 작성하도록 했다. 특히 제110조에서는 나랏말이 라틴어나 옥시탄어(중세부터 라틴어 대신 발달한 방언으로 프랑스 남부, 에스파냐, 이탈리아 등지에서 쓰였다) 같은 방언과 다르므로 해석상 오해가 생길 수 있음을 강조하면서 앞으로 명확한 뜻을 전하도록 프랑스어로 문서를 작성하라고 명령했다.

"이제부터 명령, 등기, 조사, 계약, 유언, 그 밖의 모든 증명서는 오직 프랑스어로만 쓰고 등재하고 발행하며 다른 언어를 사용하지 못한다."(제111조)

프랑수아 1세가 시작한 전쟁을 그의 아들 앙리 2세가 끝마쳤다. 신성로마 제국 황제인 카를로스 5세의 뒤를 이은 에스파냐의 펠리페 2세와 다투었고, 두 나라는 마침내 1559년 카토 캉브레지Cateau-Cambrésis 조약을 맺었다. 이때 프랑스는 이탈리아를 포기한 대신 칼레와 3개 주교구(메스, 툴, 베르됭)를 얻었다. 앙리 2세는 평화를 되찾은 기쁨으로 잔치를 열었고, 바스티유 근처 생탕투안 거리에서 창 시합을 하다가 눈을 다쳐 죽었다. 그래서 그의 어린 세 아들이 차례로 왕이 되었는데, 왕이 미성년자였기 때문에 앙리 2세의 비인 카트린 드 메디시스가 섭정이 되어 권세를 누렸다. 프랑수아 2세(1559~1560), 샤를 9세(1560~1574), 앙리 3세(1574~1589)의 통치기간은 반동종교개혁 시기와 맞물렸다. 신교도들은 허례허식을 좋아하지 않았기 때문에 가톨릭 성당의 유물과 장식을 파괴했는데, 대귀족 프랑수아 드 기즈 공작은 1562년 5월 1일 가톨릭 군대를 이끌고 샹파뉴 지방의 작은 마을 바시Wassy에서 위그노(프랑스의 칼뱅파)를 학살하면서 종교전쟁을 시작했다.

그러나 이듬해 기즈 공작은 신교도에게 살해되었다. 신교도와 구교도는 서로 학살했고 가장 피비린내 나는 학살이 1572년 8월 24일에 일어났다. '성 바돌로메 축일의 학살le massacre de la Saint-Barthélemy'로 파리에서 신교도가 3,000명, 지방에서는 1만 명이나 참혹하게 학살을 당했다. 앙리 4세의 부하이며 나중에 그를 도와 국가재정을 튼튼하게 만든 쉴리 공작le duc de Sully은 그날을 다음과 같이 되돌아보았다.

나는 일찍 잠을 잤다. 그러나 모든 종이 시끄럽게 울리고 사람들이 울부짖는 소리 때문에 시끄러워 깼다. 새벽 3시쯤이었다. 내 가정교사가 시종을 데리고 왜 그렇게 소란스러운지 알아보러 나갔지만 다시 돌아오지 못했다. 그들은 분명히 그 비극적인 밤에 죽은 첫 희생자에 속했으리라. 나는 내가 공부하던 부르고뉴 학료collage로 돌아가려고 결심하고 길을 나섰다. 곧 나는 끔찍한 광경에 얼어붙었다. 마구 날뛰는 살인자들이 집집마다 문을 부수고 들어가면서 "죽여라, 죽여, 위그노를 모두 죽여라"고 외쳤다. 나는 기도서 한 권을 겨드랑이에 끼고 있었다. 살인자들이 나를 잡고 위그노가 아닌가 물어봤을 때 그 책 덕분에 목숨을 건졌다.

쉴리 공작은 당시 열세 살짜리 학생이었는데 기도서 덕에 살아났다. 이날 파리에는 앙리 3세의 뒤를 이어 앙리 4세가 될 나바르의 왕(앙리 3세)이 마르그리트 드 발루아(왕 앙리 3세의 누이동생)와 결혼하려고 신교도를 잔뜩 데리고 들어가 있었다. 결혼식이 끝난 뒤 성 바돌로메 축일 한밤중에 생제르맹 오세루아 성당의 종소리를 신호로 학살을 시작했다. 파리는 물론 지방에서도 수많은 신교도를 학살했기 때문에 많게는 수만 명이 죽었다고 추산한다.

나바르의 왕 앙리 3세(프랑스의 왕 앙리 4세)는 신교도였다. 프랑스의 왕 앙리 3세는 자객의 칼에 찔려 죽기 전에 어쩔 수 없이 1589년에 그를 후계자로 지명했다. 그러나 왕국의 4분의 3이 가톨릭 지역이었기 때문에 그의 앞길은 험했다. 그는 1593년에 할 수 없이 가톨릭으로 개종하고 1594년에 대관식을 치렀다. 그는 신교도에게 신앙의 자유를 허용하는 '낭트 칙령'을 1598년에 반포했다.

"나는 개신교도의 어린이를 부모의 의사를 거스르면서 강제로 데려다가 가톨릭교회에서 세례를 주는 일을 금지한다. 나는 각급 학교에서 공부하는 모든 학생, 병원에서 치료받는 모든 환자, 구빈원에서 보호받는 가난한 사람들이 종교문제로 차별받지 않도록 명령한다."

이렇게 해서 프랑스는 오래간만에 평화를 되찾았고 신교도는 자유롭게 신앙생활을 할 수 있게 되었다. 역사가들은 1562년부터 1598년까지 전쟁이 잠시라도 멈춘 것은 단 여덟 번뿐이라고 말한다. 그러므로 낭트 칙령은 그만큼 값진 것이었다.

앙리 4세는 자기 의지를 거스르는 도시를 강력하게 벌하고 자신에게 호의적인 도시에는 특권을 주면서 왕국을 통일해나갔다. 쉴리 공작은 앙리 4세를 도와 경제를 되살렸다. 그때 파리 센 강에는 시테 섬을 가운데 두고 양쪽을 연결하는 다리만 있었다. 그런데 센 강을 처음으로 가로지르는 다리가 생겼다. 그것은 오늘날 가장 오래된 돌다리인 '퐁뇌프(새로운 다리)'다. 앙리 3세가 계획하고 건설하기 시작했지만 공사에 별 진척이 없는 데다 더욱이 10년 동안 종교동란 때문에 중단되었던 것인데, 이제 앙리 4세가 낭트 칙령으로 왕국에 평화를 가져온 뒤 다시 공사를 시켜 1604년에 준공했다.

신교도인 앙리가 구교도로 개종하면서 신교도에게 '신앙의 자유'를 보장해주었다는 말은 현실적으로 신교도와 구교도를 모두 만족시키지 못했다는 뜻을 감추고 있었다. 그 불만은 현실로 나타났다. 1610년 5월 14일 앙리 4세는 루브르에서 마차를 타고 오늘날 바스티유 광장 근처 아르스날에 있던 쉴리 공작을 만나러 가는 도중에 마차 뒤를 따르면서 기회를 엿보던 라바이야크Ravaillac의 칼에 찔려 죽었다. 오늘날 파리 지하철 1호선의 샤틀레 역 근처에서 일어난 일이다. 라바이야크는 13일 뒤 시청 앞 그레브 광장에서 처형되었다. 앙리 4세는 적어도 일주일에 한 번은 백성 모두가 닭고기를 먹게 만들고 싶다고 하여 백성의 호감을 샀지만 그를 미워하는 사람도 있었던 것이다.

이탈리아 토스카나를 지배한 메디치 가문은 프랑스에 왕비를 두 명이나 보냈다. 앙리 2세의 비 카트린 드 메디시스, 그리고 앙리 4세의 두 번째 비 마리 드 메디시스. 앙리 4세가 살해된 뒤 그의 아들이 루이 13세가 되었지만 아홉 살이었기 때문에 마리 드 메디시스가 섭정이 되었다. 마리는 앙리 4세와 결혼한 사이였지만 정식으로 왕비 대접을 받지는 못했다. 마리는 마침내 남편이 멀리 간 사이 생드니 대성당에서 대관식을 거행했다. 생드니 대성당에는 왕의 무덤이 있다. 그래서 프랑스 왕들은 전쟁이 일어날 때 그곳으로 가서 하느님과 조상의 가호를 빈 뒤 거기에 보관하던 깃발을 들고 전장으로 나갔다. 마리가 거기서 조상들에게 며느리가 되었음을 고한 것은 치밀한 계산이 깔린 행동이었다고 볼 수 있다. 마리 드 메디시스는 대관식을 마치고 파리로 당당히 돌아갔다. 그날은 바로 1610년 5월 13일, 앙리 4세가 살해되기 전날이었다.

루브르 미술관에 그의 전속화가 루벤스가 그린 대형 그림이 여러 점 걸려 있다. 그림은 마리를 최대한 미화시켜놓았고 화가의 충성심을 충분히 증명했다. 루벤스는 마리 드 메디시스가 실제 인물 대신 앙리 4세의 초상화를 놓고 결혼식을 한 뒤 마르세유까지 배를 타고 가서 프랑스로 들어가는 장면, 섭정이 되어 나라를 다스리는 장면을 역동적으로 그려놓았다. 바로크 시대를 연 화가답게 신의 세계와 인간의 세계를 한 장면에 집어넣었으면서도 그림의 중심에 마리 드 메디시스를 놓아 보는 이의 시선을 집중하도록 그렸다.

마리의 섭정기는 이탈리아 문화와 프랑스 문화가 서로 다투는 시기였다. 그는 앙리 4세의 유능한 대신 쉴리 공작을 해임하고, 그 대신 시녀 레오노라 도리(별명 '갈리가이')의 남편 콘치노 콘치니Concino Concini를 중용했다. 레오노라 도리는 마리와 같은 젖을 먹고 자랐기 때문에 '젖자매'라 할 수 있었다.

루이 13세는 성인이 된 뒤에도 어머니의 권력을 업고 선생 노릇을 하는 콘치니를 싫어했다. 게다가 프랑스인 귀족들도 이탈리아 출신을 미워했다. 그 결과는 뻔했다. 루이 13세는 사병 7,000명을 거느린 콘치니를 암살했다. 뤼엔 공작duc de Luynes과 왕실 근위대장 비트리 남작baron de Vitry이 1617년 4월 24일에 그를 살해했다. 루이 13세는 어머니를 블루아 성에 보냈고 '갈리가이'를 파리 시청 앞 광장에서 처형했다. 이것은 왕이 절대권을 행사하는 데 방해가 되는 인물을 제거하는 중요한 사건이었다.

루이 13세를 도와 절대주의의 발판을 마련한 인물은 리슐리외Richelieu 추기경이다. 사실 리슐리외는 군인이 되고 싶었지만 1605년 그의 형 알프레드가 뤼송 주교직에서 물러나자 앙리 4세로부터 그 자리를 받았다. 당시로서는 군인이 되건 종교인이 되건 그의 목적은 하나였다. 왕에게 봉사하는 지도자가 되는 것. 그는 1607년 4월 17일에 주교가 되었다. 1585년 9월 5일에 태어났기 때문에 아직 스물두 살이 안 된 때였다. 이렇게 그는 주교 자격을 갖추지 못했음에도 1606년 말 로마로 갔을 때 교황을 만나 나이를 조금 속인 것 같다고 『가톨릭 백과사전The Catholic Encyclopedia』은 전한다.

리슐리외는 신교도를 개종시키려고 열심히 노력했고 오라토리오회(기도와 사목에만 매진하는 사제공동체)와 카푸친회(앞이 뾰족한 두건인 '카푸친'을 쓴 데서 유래한 탁발수도회) 소속 종교인들을 모든 교구에 보내 일하도록 했다. 그는 1614년 전국신분회가 열릴 때 푸아투의 종교인 대표로 나갔고 이때부터 정치에 발을 들여놓았다. 그는 전국신분회에서 고위성직자들을 열렬히 대변했다. 리슐리외는 1616년 대신이 되어 봉사했지만 루이 13세는 어머니 마리드 메디시스를 블루아 성에 유배할 때 그를 함께 보냈다. 그는 거기서 끊임없이 음모에 시달리다가 마침내 왕에게 자기 진심을 알리려고 아무 곳이나 지정해서 보내면 순순히 가겠다는 의사를 밝혔다. 그리하여 1618년 아비뇽으로 유배되었다.

1619년 마리 드 메디시스가 블루아 성에서 도피하자 뤼인 공작은 그를 불러 마리와 루이를 화해시키는 일을 맡겼다. 그는 1622년 11월에 추기경이 되었고 1624년 4월부터 다시 루이 13세에게 중용되어 1642년까지 18년 동안 봉사했다. 한 번 의심받던 사람이었기 때문인지 왕권에 도전하던 신교도(위그노)와 귀족의 권력을 제한하려고 노력했다. 신교도가 자기 방식으로 예배를 드리도록 하면서도 그들의 도시 성벽을 무너뜨리고 그들의 군대를 해산시켰다. 또한 귀족들의 사병도 해산시켜 왕의 권위에 도전하지 못하게 하는 한편, 궁정이나 왕의 군대에서 높은 직책을 맡겨 충성케 했다. 그는 국가를 통일하고 오스트리아의 세력을 축소하는 데 전념했다. 왕권을 위협하는 수많은 음모가 있었지만 그는 대귀족들을 처형하고 직접 군사작전을 이끌면서 어려움을 헤쳐나갔다.

1602년에 이탈리아에서 태어난 마자리니가 리슐리외의 뒤를 이었다. 마자리니는 프랑스와 에스파냐가 싸울 때 중재 역을 맡았고 프랑스에 유리하게 협상을 마무리 짓도록 도와주었다. 에스파냐에서는 그를 미워했지만 리슐리외가 교황에게 편지를 써서 구해주었다. 마자리니는 교황을 위해 봉사하다가 프랑스로 가서 1639년 귀화해 마자랭Jules Mazarin이 되었다. 그는 리슐리외가 시키는 대로 사보이 공국과 비밀협상을 맺고 그 덕에 1641년 무난히 추기경이 되었다.

1642년 리슐리외는 죽기 직전 루이 13세에게 마자랭을 천거했다. 이듬해인 1643년 왕이 세상을 뜨자 다섯 살짜리 루이 14세가 왕위를 물려받았다. 이제 루이 13세의 비인 안 도트리슈Anne d'Autriche가 섭정이 되고, 마자랭 추기경이 수석대신으로서 30년 전쟁으로 갈가리 찢어진 유럽에서 프랑스를 지켜야 했다. 국가의 재정상태가 나빠져 무거운 세금에 시달리던 파리 시민들의 불만이 더욱 커졌다. 그리고 왕권에 도전하는 귀족과 명사들 가운데 마자랭을 미워한 사람이 많았다. 상황이 이렇다 보니 1648년부터 1653년까지 프랑스는 내란을 겪었다. 반란자들은 마자랭의 사무실에 돌을 던졌다. 이렇게해서 '투석기'를 뜻하는 '프롱드 난'이 터졌다. 마자랭은 가까스로 사태를 수습했지만 어린 루이 14세는 정신적으로 깊은 상처를 받았다.

루이 14세는 1661년 마자랭이 죽은 뒤부터 스스로 통치하기로 결심했다. 루이 앙리 드 로메니 드 브리엔(1635~1698)의 회고록을 보면 루이 14세가 대법관에게 이렇게 말하는 장면이 나온다. "나는 지금까지 마자랭 추기경에게 모든 일을 맡기려 했소. 그러나 지금부터는 나 스스로 모든 일을 돌볼 것이오. 경은 나를 도와서 필요할 때마다 내게 올바로 알려주시오. 앞으로 경은 무엇이든 내 명령이 없이는 결정하지 않도록 부탁하고 또 명령하는 바이오." 그러고 나서 그는 다른 대신들에게 말했다. "경들은 앞으로 내 명령을 받지 않고서는 그 무엇에도 서명하지 마시고, 날마다 내게 보고하도록 하시오. 경들은 내가 원하는 것이 무엇인지 알 것이니 이제 그것을 실천하도록 하시오."

루이 14세가 "나는 곧 국가다"라고 말했다는 전설이 이렇게 해서 생겼다. 이제부터 루이 14세는 신의 대리인으로서 지상에서 가장 절대적인 권력을 휘두르려는 의지를 분명히 밝히고, 무엇보다도 자신의 의지를 꺾으려 드는 파리 고등법원의 상주권droit de remontrance을 빼앗았다. 상주권이란 왕의 명령이 전통적인 법과 어긋날 경우 그 부당함을 상소해서 고치도록 바른말을 할 수 있는 권리로서 한마디로 군주의 의지를 꺾는 제도적 장치였다. 그런데 루이 14세는 파리 고등법원의 입을 틀어막았던 것이다.

혁명이 일어날 때까지 프랑스 왕국의 제도는 루이 14세 시대에 정착되었다. 그는 어린 시절 겪은 프롱드 난 때문에 파리를 싫어했다. 그는 파리를 벗어날 궁리를 하다가 마침내 아버지 루이 13세의 사냥터 별장이 있는 베르사유에 궁전을 짓기로 하고 근처의 마을을 사서 부지를 확보했다. 그렇게 해서 당시 유럽에서 가장 호화로운 궁전이 탄생했다. 그는 1671년 이후 1715년 죽을 때까지 44년 동안 파리에는 겨우 스물네 번밖에 가지 않았다. 1682년에 완공한 베르사유 궁으로 귀족들을 끌어들여 자신의 주위에 모여 살게 하고 충성심의 대가로 은급을 지급했다. 차츰 모든 정치의 중심이 파리에서 베르사유 궁으로 옮겨갔다.

루이 14세는 아카데미를 후원해 프랑스어, 문학, 과학, 음악, 미술을 발전시키고 1667년 파리 치안총감lieutenant de police de Paris직을 신설해 왕국에서 가장 중요한 도시를 감독하게 했다. 검열제도를 강화해 인쇄출판업자와 서적상, 서적행상인 같은 직업인과 글을 쓰는 문필가와 신문발행인을 엄격히 통제했다. 도서출판행정총감은 검열관을 임명해 원고를 검열하고, 출판허가를 내준 뒤에도 경찰이 인쇄소를 방문해 검열받은 원고대로 책을 만드는지 조사하고, 발간된 책이 해적판이나 검열을 피한 위험한 내용은 아닌지 검토하게 했다.

루이 14세의 체제를 굳건히 만드는 데 기초를 놓았던 사람을 리슐리외 추기경이라 한다면, 그의 곁에서 그 체제를 더욱 굳게 지킨 사람은 콜베르 Colbert, 루부아 후작marquis de Louvois, 보방Vauban(훗날 후작이 된다)이었다. 콜베르는 해군력을 강화해 선단을 보호하고 국가재정을 튼튼히 하기 위해 노력했다. 루부아 후작과 보방은 모두 군사전략가로서 특히 전자는 유능한 군사지도자였고 후자는 튼튼한 요새를 설계해 국경을 지켰다.

루이 14세는 1668년 왕세자를 교육하려고 쓴 글에서 왕으로서 처신하는 방법을 기록했다.

왕은 모든 힘과 권위를 손아귀에 쥐고 있다. 그러므로 왕국은 오직 그가 세운 원칙 이외에는 가질 수 없다. 우리나라 안에 있는 것은 무엇이건 모두 왕에게 똑같은 자격으로 속해 있다. 이 나라 백성으로 태어난 사람은 누구나 왕에게 복종해야 한다는 것이 하느님의 뜻이다. 통치자로 하여금 자기 인민의 법을 받아들이도록 만드는 상황이야말로 우리 같은 사람이 맞이하는 최악의 불행이다. 비록 군주가 다소 나쁜 사람이라 할지라도 백성의 반란은 언제나 범죄임을 명심해야 한다.

신권droit divin을 가진 왕은 살아 있는 법Lex rex이었기 때문에 모든 법의 원천이었다. 그러므로 왕은 원칙적으로 고대 로마 시대의 황제처럼 모든 재판에 관여할 수 있었다. 또 왕은 모든 행정권의 원천이었기에 왕국 내의 모든 직책과 관직을 마련해주었다. 그리고 왕은 전쟁과 평화의 원천이기도 했다. 왕의 의무 가운데 가장 오래된 것은 국토방위의 의무였다. 왕국을 외부의 적으로부터 안전하게 지켜주어야 하며, 이렇게 해서 외교문제를 지휘했다. 루이 14세의 증손자가 루이 15세로 즉위한 뒤에 절대군주로서의 상징이 많이 퇴색했다 할지라도 루이 15세 또한 여전히 말을 잘 듣지 않으려는 파리 고등법원 판사들에게 자기 의지를 강요할 수 있는 절대군주로 행세했다.

1766년 3월 3일, 루이 15세는 '친림법정lit de justice'을 열려고 행차했다. 이날 그는 파리 사람들을 감동시켰다. 새벽 5시에 베르사유 궁을 나선 그는 11시에 고등법원에 도착할 예정이었다. 그가 파리에 나타날 때 바스티유에서는 대포를 쏴서 사람들에게 알렸다. 파리 사람들은 깜짝 놀랐다. 더욱이 루이 15세가 퐁뇌프 다리에 다다랐을 때, 마침 죽음을 앞둔 환자에게 성체聖體를 가지고 가는 사제(하느님을 모시는 사제라 하여 '포르트 디외porte-dieu'라 부른다)의 일행을 만났다. 왕은 마차에서 내려 진흙탕에 무릎을 꿇었다. 파리인들은 그 모습을 보고 감동하여 "왕 만세!"를 외쳤다. 루이 15세는 '가장 독실한 기독교도très Chrétien'의 모습을 보여준 뒤 고등법원으로 향했다.

이미 고등법원에 기별을 했기 때문에 법관들이 전부 참석해 왕을 기다렸다. 왕은 고등법원 판사 가운데 가장 젊은 졸리 드 플뢰리로 하여금 자기 의지를 담은 연설문을 읽게 했다. 그날의 연설을 '징계의 연설Discours de la flagellation'이라 하는데, 절대군주제의 이상을 그대로 담았음을 알 수 있다.

과인은 그대들의 상소문에 직접 대답하려고 이곳에 왔소. 포와 렌의 두 고등법원에서 일어난 일은 다른 고등법원과 상관없소. 나는 두 법원과 관련해서는 내 권위가 요구하는 대로 행동했고 그 밖의 아무에게도 설명할 의무는 없소. 지금까지 이 문제에 대해 아주 무례하게 상소하는 글이 수없이 올라왔소. 그러한 상소문은 가장 그릇된 원칙을 부자연스러운 문체로써 치장하였소. 분명히 말하노니 나는 그러한 상소문에 대해서는 해 줄 만한 대답이 하나도 없소. 나는 이미 통일된 체제를 해치는 결과를 금지했기 때문이오.

과인은 내 왕국 안에서 내게 저항하는 단체를 만들어 모든 사람이 마땅히 이행할 의무의 자연스러운 관계를 타락시키는 일을 용납하지 않겠소. 왕국의 조화를 흔들어버릴 수 있는 단체를 꿈꾸는 일도 절대 용서하지 않겠소. 법관직은 왕국의 세 신분에 속한 단체일 뿐이오. 법관들은 세 신분에서 독립한 단체도 아니고 또한 특별한 신분도 아니오. 법관들은 내 명령을 받는 관리들일 뿐이오. 그대들의 임무는 나를 대신해서 내 신민들에게 법을 집행해주는 일뿐이오. 그러므로 그대들은 그 같은 기능으로

써 내게 결합되었고, 바로 그 때문에 나는 그대들을 언제나 귀한 존재로 인정하는 것이오. 나는 그대들이 얼마나 중요한 봉사를 하는지 알고 있소. 그러므로 법관직을 폐지하는 계획을 세우고 그대들이 왕을 둘러싸고 있는 적인 것처럼 생각한다는 것은 그릇된 경종을 울려 믿음을 뒤흔들 환상이라 할 수 있소. 군주의 원칙을 거스르는 말을 그대들에게 속삭이는 자들만이 군주의 유일하고 진정한 적이라 할 수 있소. 또 모든 고등법원은 여러 개 등급으로 나뉜 단 하나의 단체일 뿐이라고 군주에게 말하는 자도 군주의 적이오. (……)

이처럼 해로운 원칙을 새로 수립하려고 노력하는 것은 법관직을 모욕하고 그 제도를 부정하며 그것의 이익에 어긋나는 일인 동시에 국가의 진정한 기본법을 무시하는 일이오. 그것은 마치 다음과 같은 사실을 잊어도 좋다고 생각하는 것과 같소. 충고, 정의, 이성의 정신을 속성으로 가진 통치권은 오직 내게 있다는 사실, 모든 법원의 존재 이유와 권위는 오직 나로부터 받았다는 사실, 그대들이 오직 내 이름으로만 행사하는 이 권위의 완전함은 언제나 내게 속해 있다는 사실, 그것을 내게 불리하게 사용할 수 없다는 사실, 나만이 입법권을 가지며 아무하고도 나누지 않는다는 사실, 내 법원의 관리들이 법을 제정하는 대신 등록하고 발간하고 집행할 수 있는 것은 오직 내 권위에 의존하기 때문이라는 사실, 그대들이 훌륭하고 유익한 충고자의 의무를 수행하는 범위 안에서만 내게 상주할 수 있다는 사실, 모든 공공질서는 내게서 비롯되고 일부는 감히 군주에게서 독립된 단체로 보고자 하는 국민의 모든 권리와 이익은 반드시 내 권리와 이익과 결합하고 오직 내 손에만 놓여 있다는 사실…….

왕은 역사적이고 죽을 운명인 물리적인 몸, 왕국과 주권의 화신으로서 사법적이고 정치적인 몸, 그리고 이 땅에 내려온 신을 대표하는 성직자로서 신성한 몸을 가진 존재였다. 그러나 그의 몸은 유기체로서 다양한 정치·종교상의 역사적 지위를 다양한 비율로 담고 있었다. 그를 표현하려고 메달, 축제, 그림, 송덕문, 사극, 그리고 개인을 군주로 바꿔주는 대관식과 같이 다양한 형태의 의식을 동원했다. 루이 14세 시대에는 "케사르의 초상화는 케사르 자신"이라는 말이 진실성을 담고 있었다. 그러나 한 세기 뒤에는 신성한 권력의 크기는 축소되었고 '정치적인 몸'에 대해 사람들은 의심하기 시작했다. 위에서 루이 15세가 '징계의 연설'에서 강조한 내용은 바로 사법적이고 정치적인 몸에 대한 도전을 받고 있음을 반증한다. 이처럼 절대주의의 표상이 약화되고 절대주의가 위기를 맞이했다 할지라도 왕의 역사적인 몸—그의 신체와 습관—은 계속 중요한 역할을 수행하고 있었다.

　루이 16세의 일화를 보면 그의 정신세계가 혁명이 일어나는 해에도 여전히 5대조 루이 14세가 1668년에 쓴 '명심보감'에서 크게 벗어나지 않았음을 알 수 있다. 앞서 보았듯이 루이 16세는 1789년 7월 14일 부르봉 가문의 군주들이 즐기던 사냥놀이를 한 뒤 궁으로 돌아가 사냥수첩에 한 마리도 잡지 못했다고 쓰고 밤늦게 잠자리에 들었다. 베르사유 궁부Maison du roi의 의상담당대신 라 로슈푸코 리앙쿠르 공작은 그를 깨워 방금 파리에서 도착한 소식을 알렸다. 바스티유가 점령당하고 요새 사령관 로네가 살해당했다는 소식을 듣자 루이 16세는 곧바로 '반란'이냐고 물었고 공작은 '혁명'이라고 분명히 말했다. 루이 16세는 자기 권위를 부인하는 도전과 음모를 자신의 권력과 자기가 이용할 수 있는 모든 수단으로 진압할 수 있다고 생각했기 때문에 당연히 반란이 일어난 것이냐고 물었다.

몽테스키외가 『법의 정신』에서 "법이란 관계"라고 했듯이 혁명이 일어나 인간관계가 새로 설정되는 때 루이 16세는 전통적인 관계로 사물을 보려 했고, 라 로슈푸코는 비록 오늘날 우리가 생각하는 '혁명'의 뜻과 달리 생각했다 할지라도 뭔가 새로운 일, 돌이킬 수 없는 일이 일어나고 있다고 생각하면서 '혁명'이라고 말했다. 루이 16세도 조상처럼 반란은 범죄라고 생각했지만 그 뒤로 단 3년 반 만에 자신이 범죄자로 몰려 처형되었다.

7
사회적 앙시앵레짐

고대 그리스 철학자 플라톤은 국가를 마치 사람처럼 세 부분으로 나누었다. 머리와 같은 지배층은 지혜로워야 하고, 가슴과 같은 군인은 기개와 용기를 갖춰야 하며, 팔다리와 같은 일꾼은 부지런히 생산해야 한다고 생각했다. 이처럼 국가 구성원은 각자 자기가 맡은 역할을 성실히 수행해야 한다. 이것이 사회 유기체론이다. 옛 프랑스의 신분사회를 구성하는 3분법의 원리도 일종의 사회 유기체론이었다. 중세 전성기, 누아용의 주교 아달베롱은 기도하는 사람oratores, 싸우는 사람bellatores, 일하는 사람laboratores을 구분했는데, 이 세 부류가 제1신분 종교인, 제2신분 귀족, 제3신분 평민을 뜻했다. 플라톤이 생각한 국가에서 일반 시민이 일정하게 체육과 예술 교육을 받고 그중에서 슬기로운 사람에게 철학 교육을 시켜 지배자로 만드는 원리를 적용했다면, 프랑스에서 발달한 신분제도는 능력보다는 핏줄로 결정되는 것이었다. 18세기에는 이러한 사회구조가 점점 더 현실과 맞지 않게 되었다.

제1신분 | 종교인

제1신분인 종교인은 진정한 신분이라기보다는 기능적인 면이 강한 직업에 속했다. 이들의 임무는 교육과 자선, 그리고 영혼을 구제하는 것이었다. 수도원장 밑에서 수도원의 계율에 맞게 생활하는 수도성직자는 이들의 절반 정도였다. 속인들을 상대하는 재속성직자는 아주 이질적인 두 집단으로 나뉘었다. 대체로 귀족 출신의 성직자가 교회와 수도원의 고위직을 독점했고, 평민 출신의 성직자는 대개 하위성직자로서 교구 성당의 신부와 보좌신부였다. 종교인의 수는 인구의 0.5퍼센트도 안 되었지만 전 국토의 6~10퍼센트와 수많은 부동산을 보유했다.

이들의 수는 인구가 증가하는 데 비해 조금 줄었다. 17세기 초 루이 13세 시대의 인구 1,800만 명에 종교인은 모두 20만 명(수도자가 절반, 재속성직자가 절반), 혁명기인 1791년에는 인구가 2,800만 명에 남녀 종교인 모두 17만 명 정도였다. 17세기 중엽에는 신도 200명에 사제 한 명꼴이었지만 18세기에는 사정이 달랐다. 파리의 경우 238명에 한 명꼴, 라 로셸의 경우 400명에 한 명꼴이었다.

앙리 4세가 허용한 신교도의 경우, 루이 14세가 낭트 칙령을 철회하기 전에는 신도 85만 명에서 90만 명에 목사 800명 미만으로 신도 약 1,200명에 목사가 한 명꼴이었다. 그런데 목사는 가톨릭의 일반 교구 사제보다 더 확실한 신념과 신학적 지식을 가졌고 가정도 꾸렸다. 이들은 시골과 도시로 다니면서 설교하고 가톨릭 사제처럼 환자를 도왔다. 그러므로 근본 믿음에서는 차이가 났지만 신구교의 종교인은 거의 비슷한 활동을 했다. 1685년에 낭트 칙령이 철회된 뒤 개신교도의 삶은 원칙적으로 위험했지만 외국으로 떠나지 않은 사람들의 후손은 혁명 직전 법적 지위를 인정받게 되었다.

가톨릭교의 종교인들은 사법적 특권뿐 아니라 세제상의 특권도 누렸다. 특히 그들은 5년마다 여는 성직자회에서 일정한 금액을 기부금으로 정하고 그 금액을 다섯으로 나눠 매년 왕에게 바쳤다. 그리고 그들은 십일조를 걷었다. 십일조는 거의 고위성직자의 몫이었다. 하위성직자는 '생계비'를 받아 생활했다. 스트라스부르의 주교가 1년에 40만 리브르를 받는 데 비해 생계비는 겨우 750리브르였다. 물론 이 돈도 여느 노동자 가족의 1년치 수입보다 많았다.

제2신분 | 귀족

제2신분 귀족은 제1신분 종교인보다 수가 많았지만 전체 인구의 소수였으며 온갖 특권을 누렸다. 그들이 모두 몇 명이나 되었는지 확실하지 않아서 영국 역사가 도일Doyle은 12만 명부터 35만 명까지 다양한 자료가 있다고 말한다. 1790년 6월 23일에 혁명가들이 귀족 신분을 폐지할 때 인구 2,800만 명 가운데 귀족 가문은 망명자를 포함해 9,000가문에 14만 명을 넘지 않았다. 그런데 이들 모두가 프랑스를 지배한 것은 아니었다. 프랑수아 블뤼슈는 이들 가운데 궁정귀족(300가문), 재정가(200가문 미만), 지방의 유력한 귀족(600가문), 그리고 별로 권세를 누리지는 못했지만 문필, 예술, 과학, 문예후원으로 이름을 날린 귀족(100가문)을 모두 합쳐 겨우 1,500가문 정도만이 프랑스를 지배했다고 말한다. 귀족은 동질적인 존재같이 보여도 실생활에서 큰 차이를 보여주었다.

수입의 지표는 세금으로 나타났다. 카피타시옹capitation세(국민세)는 종교인을 제외한 모든 국민을 22등급으로 나누어 부과했다. 제1등급인 왕세자는 2,000리브르, 제2등급인 공작은 1,500리브르를 냈다. 봉토를 소유한 후작,

백작, 자작, 남작은 모두 제7등급으로 250리브르를 냈다. 제10등급에 속한 귀족은 파리의 공증인과 같은 수준이었다. 이들은 교구급 영주들로서 120리브르를 냈다. 봉토와 성관을 가진 귀족은 제15등급으로 40리브르를 냈으며, 큰 방앗간을 가진 농장주와 같은 급이었다. 귀족 신분을 증명하는 영지를 보유하지 못한 시골의 전통귀족은 제19등급으로 6리브르만 냈는데, 이들은 평민 사냥터지기나 목동과 같은 등급이었다.

귀족의 수입은 큰 차이를 보여주었다. 왕족 콩티 공의 수입은 혁명 직전 370만 리브르, 오를레앙 공은 1740년 금리 200만 리브르를 받았으며, 재판장 몰레는 거의 35만 리브르를 받았다. 그러나 프랑슈 콩테의 어떤 젊은 귀족은 겨우 300리브르를 받고 군인이 되었다. 루이 15세나 왕족들은 하룻밤에 노름판에서 1,000리브르를 따든 잃든 아무렇지도 않았지만, 그 돈은 보나파르트 나폴레옹 소위의 1년치 수입과 맞먹었다. 이처럼 수입에서 차이가 나는 것은 귀족이 하는 일이 다양했기 때문이기도 하다. 귀족은 궁정에서 왕에게 봉사하거나 재정가로 왕에게 돈을 빌려주고 이자를 받거나 군대를 지휘해 봉사하거나 상급법원에서 법률을 등기하거나 재판을 하면서 명예와 위신과 돈을 함께 추구했다.

귀족이 되는 방법은 모두 네 가지였다. 첫째 귀족으로 태어나는 경우, 둘째 특정한 직책을 수행하는 경우, 셋째 군대에 복무하는 경우, 넷째 귀족의 특허장을 사는 경우가 있었다. 첫째 경우에서 봉건 시대 이전의 귀족 가문은 아주 드물어 전체 귀족의 약 5퍼센트를 넘지 않았다. 그리고 남성이 우월한 사회였기 때문에 귀족을 결정하는 것은 전적으로 아버지와 남편이었다. 그래서 평민 여성이 귀족 남성과 결혼하면 귀족이 되지만 귀족 여성이 평민 남성과 결혼하면 평민이 되었다. 둘째 경우의 귀족이 가장 많았다. 대법관, 국새경, 국무비서(대신), 최고법원 판사, 심리부 판사들은 당사자가 귀족으로 신분을 높일 수 있는 직책이었고 그 밖의 직책은 한 세대나 다음 세대에 귀족이 될 수 있는 것이었다. 물론 귀족 신분을 다음 세대로 물려줄 수 없는 아주 개인적인 경우도 있었다.

18세기에 나온 수많은 저작에서 귀족은 프랑크족 침입자의 후예라는 점을 논증했다. 이것은 전통 무관귀족 가문에 관한 이야기다. 무관귀족은 재능과 돈으로 귀족이 된 사람들을 멸시했다. 귀족이 될 수 있는 길은 관직매매제도로 열렸다. 왕은 필요한 돈과 인재를 함께 구할 수 있는 방법으로 관직을 만들어 팔았다. 그러나 나중에는 아무 중요한 역할을 하지 않는 한직을 팔아 돈을 구하기도 했다. 아무튼 이렇게 관직을 매입한 사람이 20년 이상 봉사하면 귀족이 되는 길이 열렸다. 이때 관직은 사유재산이므로 왕이라도 함부로 빼앗을 수 없었다. 루이 14세가 관직을 만들어 팔 때 재무총감인 퐁샤르트랭 Pontchartrain이 "전하가 돈 때문에 관직을 신설할 때마다 하느님은 그걸 살 수 있는 바보를 창조하십니다"라고 말했다고 한다. 아무튼 이 세상에서 아쉬울 것이 없을 정도로 돈을 벌었지만 신분사회에서 행세하려면 그럴듯한 명예직이 필요한 평민은 아무리 비싸도 관직을 샀다. 그리고 족보학자에게 돈을 주고 족보를 인정받아 신분을 '세탁'했다.

그 시대의 문화비평가이자 극작가인 메르시에는 관직매매제도가 독약처럼 모든 곳에 퍼졌다고 하면서 1780년대 말에도 여전히 "피를 흘리는 상처"라고 비판했다. 도일은 루이 16세 시대에는 그렇게 팔린 관직이 5만 개가 넘었으며 가치로 따지면 10억 리브르 정도였다고 말한다. 일단 관직을 사서 귀족이 된 사람은 자기 출신을 부정했다. 예를 들어 국가의 공식 망나니(사형집행인) 상송 Sanson은 "내 말이 사실이 아니면 목을 매도 좋아요"라고 말하던 때가 있었지만 '공명첩'을 산 뒤로 "내 말이 틀리면 내 목을 잘라요"라고 말했다고 한다. 물론 이 말이 사실 같지는 않지만 평민이 귀족으로 신분세탁을 한 뒤에 달라지는 모습을 전하는 일화인 것은 분명하다. 평민은 교수형, 귀족은 참수형을 받는 것도 신분제 사회의 한 모습이었다. 다시 말해 귀족은 사형당할 때 참수형을 받을 권리가 있었던 것이다. 이렇게 불평등한 사형제도는 혁명이 시작되면서 평등하게 개선되었다. 1789년 10월 8일에 의사 기요탱은 사형수의 고통을 조금이라도 줄여주자는 뜻으로 '기요틴(단두대)'을 도입하자고 제안했고, 이로써 사형이 평준화되었다.

귀족은 어떤 특권을 누렸을까? 우선 그들은 평민이 내는 세금(타이유세)을 면제받았다. 그러나 종교인을 제외한 국민을 22등급으로 나눈 세금(카피타시옹세)과 5퍼센트세(뱅티엠세)는 내야 했다. 그들은 모든 종류의 부역을 면제받았고 병사 숙박처 제공 의무도 면제받았다. 영주의 독점시설물 사용권을 누렸으며 농민에게 사용료를 부과했다.

그뿐만이 아니라 귀족의 등급에 맞는 재판을 받을 권리인 '코미티무스 committimus'도 누렸다. 다시 말해 귀족을 재판할 경우, 그와 같은 신분과 등급의 판사가 맡도록 했다. 그리하여 형사 사건일 경우에 그는 고등법원의 대법정에서 다룰 것을 요구할 수 있었고 형벌로 태형이나 말뚝형 같은 굴욕적인 벌을 받지 않았다. 대학교 과정도 단기간에 마칠 수 있었다. 그들만이 사냥할 수 있었고 특별한 가문家紋(예를 들어 투구를 함께 새긴 문장armoiries timbrées)을 가졌다.

귀족만이 왕립군사학교, 생시르의 왕립기숙학교, 대성당 참사회에 들어갔다. 육군과 해군에서 특정 계급 이상의 장교직, 교회의 성직록, 궁정과 정부에서 일정한 직책을 독점했다. 교회에서 상석에 앉을 권리, 사형당할 때 교수형이 아니라 참수형을 당할 권리, 비둘기나 토끼장을 가질 권리도 누렸다. 귀족이 특정 직업에 종사하면 자격을 잃었다. 그러나 유력한 귀족은 제련과 광산업 또는 유리제조업으로 큰돈을 벌었다.

법관귀족은 대지주로서 아주 유력하지만 편협한 집단을 형성했다. 이들 가운데는 학자와 저술가가 많아 학회에서 활약했다. 몽테스키외 같은 사람 이 대표적인 보기다. 시골에는 농민처럼 아주 비참한 생활을 하는 귀족도 있 었지만 대부분의 귀족은 웬만한 부르주아 계층보다는 형편이 나았다. 귀족 은 사치스러운 생활을 하면서 부동산 수입과 봉건적 부과금을 걷었다.

제3신분 | 평민

이들은 잡다한 사회직업으로 나뉘었다. 도시민을 뜻하는 부르주아 계층 의 일부는 대단히 높은 지위까지 올랐다. 진정한 상업자본주의가 항구의 상 인들, 산업 경영자, 수공업 경영자들을 부유하게 만들었다. 그러나 당시 부르 주아는 재산을 토지에 투자하거나 왕에게 돈을 빌려주고 금리로 생활하기도 했다. 이렇게 해서 여전히 평민이지만 부동산 수입을 가지고 '귀족처럼' 사는 부르주아 계층이 형성되었다. 이들은 결국 국토의 30퍼센트 정도의 토지를 소유하게 되었다. 이들 밑에 재능을 가진 자유직업인과 공무원이 있었다. 이 들이 함께 도시사회의 상층부를 형성했다. 이 부르주아들은 아주 교양 있고 야심만만하여 특권 계층과 평등한 대우를 받고 자유를 누릴 수 있기를 바랐 다. 그 밑에 소부르주아로 부를 수 있는 신문발행인, 예술가, 법원의 하위직, 장인과 소매상인이 있었다.

제3신분의 생활수단인 직업에 자유로운 것이란 거의 없었다. 도시의 노 동자는 대부분 직업인 단체에 소속했기 때문이다. 직업인 조합이나 단체는 여러 가지로 대립했다. 직업 간의 투쟁은 아주 격하기도 했다. 심지어 그들은 다른 계원들과 패싸움을 벌이기도 했다. 유리공 메네트라는 가구제조공이 속한 '가보Gavots 계원들'과 패싸움을 벌인 얘기를 하면서 자기 편은 500명인데 '가보' 패거리는 750명이었다고 한다.

한편 모든 조합이 폐쇄적인 경향을 보였다. 가입비가 오르고 장인의 아들이나 사위가 시험이나 가입비에서 혜택을 받았다. 각 직업인 단체는 개혁을 피했다. 모험이 두려웠으며 실직도 줄이고 싶었기 때문이다. 경제학자(중농주의자physiocrate)와 정치가들은 조합의 개혁을 부르짖었다. 1776년 튀르고는 "모든 인간의 재산인 노동권"의 이름으로 모든 조합과 직업인 단체를 폐지했다. 그러나 그가 얼마 뒤 해임되면서 원래대로 되었다.

직공들은 단체나 조합, 계를 조직할 권리가 없었지만 현실은 그렇지 않았다. 그들도 연합하여 자기 이익을 지키는 일이 드물지 않았다. 부두와 시장의 하역부 같은 특정 직업인은 독점권을 격한 방식으로 지키려 했다. 수공업제 공장에서 파업이 일어나기도 했다. 사회 계층의 밑바닥에는 도시에서 도끼로 땔감나무를 패거나 물지게를 지거나 변소를 치는 사람들, 농촌에서 '소비자' 농민, 말하자면 식량을 생산하지 못하고 사 먹어야 했던 사람들이 아주 비참한 대중을 형성했다.

사회적 앙시앵레짐의 기초는 핏줄, 가문, 단체에 있었다. 그러나 개인주의의 기초인 공적과 봉사로써 신분사회의 장애를 극복하는 경향이 생겼다. 이미 16세기부터 부르주아 계층은 관직매매제도를 이용해 국가에 봉사하고 그 덕에 일부는 귀족이 되었다. 그리고 18세기에는 평민이 핏줄을 중시하는 궁정문화와 재능을 중시하는 문화가 만나는 살롱의 주빈 노릇을 했다. 또 유능한 평민은 각종 아카데미에서 활동하고 유럽의 여러 나라 군주의 곁으로

축성식 복장의 루이 16세(뒤플레시스 그림, 베르사유 궁 소장).

코는 부르봉 가문의 특징을 보여준다.
왼손에 든 권위의 상징인 왕홀을 거꾸로 짚은 것은 무의식적 행동일까?
그의 미래를 아는 사람은 이 행위에서 그 미래를 예언하고 싶어질 것이다.
왕관이 그늘진 곳에 놓여 있음이 그의 예언을 더욱 그럴듯하게 꾸며줄지 모른다.

1775년의 마리 앙투아네트(장 바티스트 고티에 다고티 그림).

루이 16세는 평소 사냥을 즐겼다.
사냥은 언제나 부르봉 왕가의 중요한 오락거리였다.

혁명이 시작되었을 때에도 사람들은 극장을 가득 메웠다.
이것은 코미디 프랑세즈 극장의 모습이다.

"이 짓도 곧 끝나리라는 희망을 가져야 한다."

농민이 고위성직자와 귀족을 등에 업고 곡괭이로 겨우 지탱하고 있다.
농민은 제3신분을 상징하며 세 신분 가운데 가장 나이가 많다. 두 신분 때문에 더욱 늙었다는 뜻일까,
아니면 세 신분 가운데 가장 역사적으로 오래된 신분이라는 뜻일까.
비둘기와 토끼들도 농민을 수탈하여 통통하다. 귀족은 토끼장과 비둘기장을 가질 권리를 누렸기 때문에
농민은 토끼와 비둘기를 마음대로 쫓을 수도 없었다.

초대받거나 그들과 편지를 주고받기도 했다.

신분제도는 귀족을 참칭하는 사람들이 늘어나면서 조금씩 허물어지고 있었다. 오늘날보다 단순하긴 해도 인쇄물을 정점으로 하는 다중매체 사회에서 검열제도를 비웃기라도 하듯이 더욱 긴밀해진 의사소통의 얼개가 사회적 앙시앵레짐의 뿌리를 흔들었다. 1788년 전국신분회를 소집한다는 왕령과 함께 나온 시에예스 신부의『제3신분이란 무엇인가?*Qu'est-ce que le tiers état?*』는 제3신분이 국민의 전체라고 주장하는 데까지 나아갔고, 이 책은 거의 몇 달 동안 판을 거듭할 정도로 많이 읽혔다. 더욱이 혁명 원년은 이 책에서 주장한 대로 흘러가고 있었다. 다시 말해 제3신분이 국민이 되고 그들의 대표들이 전국신분회를 국민의회로 바꾸고 주도적으로 헌법을 제정하면서 절대군주를 입헌군주로 만들었다. 왕은 이제 행정부를 대표할 뿐이었고 국민의회가 주도권을 잡고 정국을 이끌었다.

8
문화적 앙시앵레짐

앙시앵레짐의 중요한 요소 가운데 종교를 빼놓을 수 없다. 중세부터 혁명기까지 프랑스의 국교는 가톨릭이었다. 중세 사가 자크 르 고프Jacques Le Goff는 이런 면에서 '장기적 중세'의 개념을 적용했다. 그 개념 속에는 신분사회, 농업을 기반으로 하는 경제체제, 많이 낳고 많이 죽는 생물학적 구체제 같은 여러 요소가 함께 들어 있지만 여기서는 종교만 살펴보기로 한다.

보통 중세가 끝나고 르네상스 시대가 시작된다고 생각하던 관행을 바꿔

5세기부터 18세기까지 가톨릭교의 가치가 가장 중요하며 시간과 공간의 구분과 배치를 결정하는 중요한 요인임을 생각한다면, 르네상스 문화를 누린 소수와 달리 대다수가 여전히 중세의 연장선에서 살았음을 이해할 수 있을 것이다. 원칙적으로 왕이나 귀족은 말할 것도 없고 도시 빈민과 농민 모두 가톨릭의 가르침을 따르며 살았다.

프랑스의 왕은 그 누구보다도 가톨릭교회의 맏아들이었다. 그가 왕위를 물려받으면 축성식을 하여 신성한 존재가 되었고, 이렇게 해서 그는 교회와 종교를 이용해 나라 안의 거친 무인들을 온순한 존재로 만들어갔다. 그리고 평민도 여느 계층처럼 교회의 가르침을 언제나 따르지는 않았다 해도 크고 작은 교구에 소속해 본당 신부의 가르침을 따랐다. 종교인은 7성사—세례, 견진, 성체, 고해, 혼인, 병자, 성품—를 베풀면서 속인과 종교인의 삶을 통제했다. 그리고 제8성사라 할 축성식은 가장 화려하고 엄숙한 예식으로서 나라의 군주를 거룩하게 만들어주었다.

축성식은 종교가 군주를 존경할 만한 존재로 만들어주는 가장 엄숙한 의식이며 그 뿌리가 구약의 시대까지 닿아 있다. 최초로 축성식을 한 왕은 사울이었다. 그는 하느님의 명령을 받아 이마에 성유를 발랐다. 그 뒤에도 유대인의 왕국에서는 축성식을 거행했지만 로마제국의 기독교 황제들은 그 전통을 잇지 않았다.

게르만 민족이 서로마제국을 멸망시킨 뒤 최초로 클로비스가 축성식을 되살려냈다. 그는 먼저 게르만족의 방식을 좇아 왕으로 즉위했지만 약 14년 뒤 기독교로 개종하면서 랭스 대주교 생레미Saint Remi에게 세례를 받을 때 하늘에서 성령이 비둘기로 변해서 물어다준 성유병의 기름을 이마에 발랐다고 한다. 이것은 중요한 의미를 가진다. 기독교가 거친 전사들을 길들이기 시작했고 지배층이 피지배층의 종교를 받아들여야 좀더 저항을 줄일 수 있었음을 뜻한다.

이 예식은 왕조와 함께 세습되었다. 사람들은 왕이 이 예식과 상관없이 모든 권리와 권력을 가졌다는 사실을 인정했지만, 이 예식을 치르면 하느님의 보호를 받을 수 있다고 믿었다. 게다가 대중은 군주의 권력과 권리가 하느님으로부터 나오는 것임을 인정하게 되었다. 또한 왕은 축성식을 거치면서 국사를 더욱 잘 돌봐야 하는 책임감이 생겼다.

중세에는 축성식을 두 번 이상도 할 수 있었다. 샤를마뉴는 생드니에서 프랑스의 왕으로, 나중에 밀라노에서 롬바르디아의 왕으로, 로마에서 황제로 축성식을 거행했다. 그리고 반드시 랭스 대주교의 손을 거치지 않아도 좋았다. 페팽Pépin(피핀)은 751년에 마인츠 대주교 보니파키우스의 손에서 축성식을 거행했다. 말할 필요도 없겠지만 축성식의 기본 조건은 왕임을 확인받아야 했다는 점이다. 예를 들어 루이 13세는 왕임을 인정받지 못했기 때문에 랭스의 노트르담 대성당에서 축성식을 거행하기 전날 밤 왕비 마르그리트와 콩데 공이 참석한 자리에서 왕임을 인정받았다.

축성식은 다양한 형식으로 거행되었다. 그것은 시간이 지나고 왕국이 복잡하게 발전할수록 더욱 형식을 잘 갖추고 정교해졌다. 다시 말해 왕국이 발전하고 왕정이 절대군주정으로 발전하면서 축성식을 이 세상에서 가장 고귀하고 장엄한 예식으로 만들려고 노력했다. 그리고 축성식과 대관식은 한 짝이 되었으며 가장 중요하고 장엄한 행사가 되었다. 이때 대주교는 수많은 고위성직자, 왕족, 대귀족이 보는 앞에서 새 왕의 몸 일곱 군데에 성유를 발라주어 축성하고 왕관과 각종 장식품을 주었다. 그것은 국가의 중대한 행사이기 때문에 외국의 사절, 국내의 세 신분 가운데 가장 저명한 신하들도 참석했다. 이 행사를 준비하고 끝까지 치르는 데 막대한 돈이 들었기 때문에 여러 사람이 분담했다. 예를 들어 예전에는 랭스의 대주교들이 왕의 입성식, 체재비, 잔치비용을 맡았다. 또 다른 경우에는 시민들에게 골고루 분담시켰다.

중세사가 자크 르 고프는 『기억의 장소Les Lieux de Mémoire』에 쓴 「축성식의 도시, 랭스Reims, ville du sacre」에서 카페 왕조와 랭스의 관계, 축성식의 과정을 자세히 설명했다. 르 고프는 랭스 대성당에서 성유를 바르고 신성한 군주가 된 인물 가운데 첫째는 샤를마뉴의 아들인 '경건한 황제' 루이Louis le Pieux였다고 한다. 루이는 816년 10월 5일에 교황 스테파노 4세의 손으로 축성되었다. 그 뒤 힝크마르Hincmar 대주교(845~882)가 랭스의 대주교가 되었을 때 그는 랭스의 대주교야말로 옛날 클로비스에게 세례식을 베푼 레미 주교의 후예로서 프랑스 왕의 축성식을 담당하는 임무를 가졌다고 주장했다. 이렇게 해서 랭스 대성당은 카페 왕조의 왕들이 축성식을 거행하는 장소가 되었다.

위그 카페의 손자인 앙리 1세(1031~1060)는 아버지가 살아 있을 때 정통성을 인정받기 위해 1027년에 카페 왕조에서는 처음으로 랭스 대성당에서 축성식을 한 왕이 되었다. 그 뒤 루이 7세(1131)부터 샤를 10세(1825)까지 거의 모든 왕이 거기서 식을 올렸다. 앙리 4세는 1594년 랭스가 신성동맹원의 손에 들어갔기 때문에 샤르트르 대성당에서 식을 올렸고, 혁명기인 1792년 왕정을 폐지한 뒤 나폴레옹 1세는 1804년 파리의 노트르담 대성당에서 식을 올렸으며, 루이 16세의 큰 동생 프로방스 백작이 루이 18세(1815~1824)가 될 때는 축성식을 올리지 못했다. 이처럼 카페 왕조의 왕들은 대부분 랭스 대성당에서 신성한 왕이 되었다. 그리하여 클로비스부터 시작해서 그들은 '매우 독실한 기독교도 왕Roi très chrétien'이 되었고, 천사가 가져다주었다는 승리의 깃발oriflamme을 들고 싸웠다.

세속권과 종교는 서로 힘을 합쳐 나라를 다스리는 원리를 발전시켰지만 궁극적으로 둘이 다툴 여지는 남아 있었다. 왜냐하면 종교인이 왕국 안에서 태어난 이상 왕국의 신하임이 분명하지만, 그는 가톨릭 교회(보편적 교회라는 뜻)의 일원으로서 교황을 섬겼기 때문이다. 왕은 가톨릭교의 인정을 받아 교회의 맏아들이 되었고, 그가 세속적인 영역에서 그 누구에게도 책임지지 않는 것은 모두 하느님이 준 권력 덕택이었다. 그러므로 왕권과 교권은 슬기롭게 협력관계를 유지하는 것이 각자의 이해관계와 맞아떨어졌다. 혁명이 일어나고 1790년 국민의회가 종교인을 일반 시민으로 만드는 헌법(성직자 시민헌법Constitution civile du clergé)을 만들었을 때, 루이 16세가 이 헌법을 마지못해 승인한 뒤 두고두고 후회했던 이유를 짐작할 수 있다. 조상의 종교이며 그 덕택에 절대군주가 되었던 그는 죽을 때까지 '독실한 기독교도'였는데, 혁명 세력에게 주도권을 빼앗긴 뒤 교단과 종교인을 보호해주지 못하게 되었으니 몹시 안타까웠으리라.

옛 프랑스인의 일상생활은 원칙적으로 가톨릭교에 기반을 둔 종교생활이었다. 앞에서 잠깐 말했듯이 태어나서 살고 결혼하고 죽은 뒤까지 모든 통과의례가 가톨릭교회를 중심으로 펼쳐졌기 때문이다. 몸가짐, 사고방식, 실천이 세속적인 면을 띠고 교회가 가르치는 방식을 벗어나는 경우가 있다 할지라도 도를 벗어나면 제재를 받았다. 십자가를 모욕하고 읽지 말라는 책을 읽다가 화형을 당하는 사람이 있었다. 계몽주의 시대에 이르러 점점 믿음이 약해지기는 했지만 여전히 미사에 참여하는 사람, 부활절에 고해하는 사람은 다수였다. 앙시앵레짐 말, 도시민이 기껏해야 15퍼센트에서 17퍼센트 정도였고 도시에서 혁신의 새 바람이 불고 있었다고는 하지만 시골은 여전히 변화를 뒤쫓아가지 못했으며 도시민 가운데도 소수만이 신앙생활을 비웃었다.

파리에서는 유리장인 메네트라가 장 자크 루소와 만나 함께 장기도 두었지만, 시골의 한 사제는 1784년에 "불쌍한 장 자크 루소와 볼테르는 평생 불신의 씨앗을 퍼뜨렸는데, 죽은 뒤에 아주 풍부한 열매를 맺을 것이다"라고 썼다. 이 사제는 자기 교구의 정신적 지도자였음을 잊지 말자. 베르사유에서 나온 왕령은 각 교구 사제의 입을 통해 교구민에게 전달되었으니 교구민이 그의 해석에 영향을 받았음도 잊지 말자. 시골의 사제는 이어서 이렇게 덧붙였다. "하느님 덕분에 이곳의 선량한 교구민은 아직까지 믿음을 조금도 해치지 않았다. 하느님, 제발 그들이 악에 물들지 않게 하소서."

보통 프랑스인은 가톨릭교 안에서, 다시 말해 자신이 속한 교구에서 전통과 관습을 지키고 정기적인 일정에 맞춰 살았다. 교구는 시골 마을이나 도시의 기본 단위에 해당했으며 교구가 여러 개 모여 주교구를 이루었다. 교구의 사제는 공동체와 외부 세계, 외부 권력기관 사이에서 중재자 노릇을 했다. 교구의 사제가 일하는 곳은 물론 교회였다. 문화사가인 다니엘 로슈Daniel Roche의 말처럼 교회는 하느님과 인간의 집, 공동생활을 하는 공동의 장소, 개인들의 안식처이자 피난처였다. 더욱이 교회는 묘지이기도 했다. 교회의 바깥에 부속 묘지가 있었지만 교회 안에 묻히는 사람도 있었기 때문이다.

그런데 이슬람 국가나 불교 국가 또는 힌두교 국가에서도 볼 수 있듯이 기독교 왕국인 프랑스도 물질을 가지고 정신세계를 표현했는데 그것이 바로 교회 건축물이다. 일드프랑스 지역에서 12세기부터 새로운 건축술이 발달했다. 나중에 '고트족의 기술'이라고 해서 '고딕 양식'으로 부르게 된 이 건축술 덕택에 교회는 더욱 넓고 높고 밝아졌다. 이 기술은 생드니 수도원장 쉬

제(라틴 이름으로 수제리우스)가 '하느님은 빛'이라는 사상을 받아들여 성당 안에 빛을 더 많이 끌어들이는 스테인드글라스를 활용한 건물을 지으면서 발달했다.

게다가 도시생활이 발달하면서 도시마다 자존심을 앞세워 성당을 더욱 높이 지으려고 경쟁했다. 천장 높이를 30미터에서 거의 50미터까지 경쟁적으로 높이고 바깥의 종탑을 70미터 이상 높게 올렸다. 무거운 돌을 쌓아 천장을 높이는 일은 막대한 돈과 인력과 기술을 요구했다. 보베의 대성당은 천장 높이만 48미터로 17층 건물을 집어넣을 수 있다. 돌로 웅장하게 짓고 조각, 프레스코, 울긋불긋한 채색유리로 성경의 내용이나 일상생활을 묘사했다.

이 같은 대성당은 중세 시대 인구 200명에 하나꼴로 섰다. 아직까지 관광객이 해마다 수십만 명이나 지붕까지 오르내리는데도 끄떡하지 않고 서 있는 대성당 건축물 가운데 800년이나 되는 것도 여럿이다. 성당을 지으려면 높이 올리는 것만이 능사가 아니다. 무엇보다 지하에 기초를 튼튼히 다져야 한다. 그러므로 아마 고대 이집트에서 피라미드를 세우려고 다듬은 돌보다 적지 않은 돌을 프랑스 지하에 성당의 기초로 묻었다고 봐야 할 것이다.

7세기 초 교황 그레고리오가 그때까지 전해오던 노래를 모은 것이 그 뒤 발전해 〈그레고리안 성가〉가 되었는데, 그 성가가 울려 퍼지는 성당 안에 앉아 성가대석 뒤의 창문으로 들어오는 밝은 빛을 보라. 당신의 넋이 노래에 실려 빛을 따라 성당 밖으로 나가는 것을 느끼리라. 중세에 글을 모르는 무지렁이는 성당을 드나들며 거기 새겨놓거나 그려놓은 형상을 보면서 성경의 내용을 확인했을 것이며, 믿음이 깊은 신도는 색색의 창으로 들어오는 빛을 보면서 하느님을 만났을 것이다.

오늘날 우리가 사는 공간에는 온갖 소리와 전파와 냄새가 퍼져 있듯이 옛날 프랑스의 공간에도 온갖 정보가 퍼졌다. 그중에서도 교회의 종소리가 냄새와 함께 옛 공간을 채웠다. 여운을 남기는 큰 종, 기쁜 마음이나 급한 상황을 알리는 작은 종, 사람들은 무슨 종이 울리느냐, 어떤 식으로 종을 치느냐를 판단하고 마음과 몸을 준비했다. 특히 시골 마을의 종은 연대감의 상징이었다.

문화사가 로슈는 그것이 온갖 불행을 겪으면서 단련된 시골 공동체의 표현이라고 말했다. 앞으로 있을 일을 알리는 종, 규칙적으로 일어나는 일을 알리는 종. 뉘 집 아들딸이 태어나 세례를 받을 때, 두 집안의 아들딸이 결혼할 때, 누가 죽었을 때, 불이 났을 때, 도적떼가 나타날 때 종을 쳤다. 그리고 그 종은 교회에 달려 있었다.

종을 치는 일은 힘들고 위험하기도 했다. 파리 노트르담 대성당의 종은 공중에 매달려 있었고 원체 무거워서 두 사람이 발을 굴러 종을 움직여야 종추가 움직이면서 소리를 냈다. 우리나라 절의 종은 밖에서 때려 소리를 내지만 그곳의 종은 종추를 움직여 소리를 냈다.

무거운 종을 두 사람이 널뛰듯이 발을 굴러 움직이다 보면 더는 제어하기 어려워져 사람이 튕겨나가는 수도 생겼고, 그렇게 해서 종을 치다가 떨어져 죽는 사고도 생겼다. 작은 종은 줄을 묶어 아래서 계속 잡아당겼다 늦췄다 하면서 쳤다. 어린이가 줄을 놓지 않고 종을 치면 발이 땅에서 떨어졌다 닿았다 했다.

공적 생활과 사생활 모두 기독교의 영향을 받았다. 먼저 공적 생활의 경우, 온갖 속인이 직업인으로 하는 맹세 또는 모든 왕령은 종교적인 형식을 갖추었고 공공생활의 일정도 교회 축일을 곳곳에 배치했다. 특히 왕실의 경조사 때와 전쟁에 승리했을 때에는 어김없이 종교행사를 치렀다. 시골에서는 교구 사제가 주교의 명령과 왕령을 미사에 모인 신도에게 전해주었다.

아직 농업기술이 크게 발전하지 못한 상태에서 삼포제를 유지하려면 집단적이고 강제적인 경작방법이 필요했기 때문에 마을의 가장들은 교회에서 미사를 올린 뒤 모여 마을 일을 의논했다. 말이나 황소의 노동력을 동원하는 방법, 일손을 나누거나 품앗이하는 방법, 놀리는 땅(휴한지)에서 자라는 풀을 나누는 문제뿐만 아니라 마을의 종교행렬이나 잔치문제를 의논했다. 도시뿐만 아니라 농촌에서는 모두 종교행사를 생각하면서 노동과 놀이를 배치했다.

사생활의 영역에서 세례는 원죄를 씻어주는 의식이었다. 하지만 그것은 기독교도 공동체가 개인을 받아들이는 행위이기도 했다. 아직 과학이 생명연장의 꿈을 제대로 실현하지 못하던 '생물학적 앙시앵레짐' 시대에 세례는 안전한 삶과 죽은 뒤의 구원까지 함께 기대하는 행위였다.

신생아 가운데 절반이 한 돌도 안 돼 죽는 시대였기 때문에 아기가 태어나면 서둘러 세례를 받아야 했다. 그래서 시골에서 아주 궂은 겨울날에 아기를 안고 10리, 20리 밖의 사제를 찾아가는 일도 있었다. 기후 때문이건 다른 이유 때문이건 그렇게 해서 죽는 아기도 생겼다. 그래서 '약식세례'를 인정하기도 했다. 산모가 아기를 낳을 때 난산이라 아기의 생명이 위험하면 거기 있던 산파나 그를 돕던 여성 가운데 한 명이 세례식을 치를 수 있었다. 성수가 없을 때는 자연수를 아기의 몸에 부으면서 세례식을 치르도록 하고 나중에 사제에게 형식을 갖춰 세례를 주었다는 사실을 증언하도록 했다.

아무튼 18세기에는 아기의 90퍼센트 이상이 태어난 지 이틀 안에 세례를 받았다. 이는 아기에 대한 생각이 바뀌었음을 증명하는 것이 아닐까? 원죄와 분만으로 말미암은 신성한 오염의 흔적을 빨리 씻어주려는 욕망뿐만 아니라 조금이라도 빨리 기독교도 공동체의 구성원으로 받아준다는 뜻이 더욱 앞섰다고 볼 수 있을 것 같다.

가톨릭교가 지배문화였음은 아기를 갖는 행위까지 통제한 데서도 잘 알수 있다. 당시 호적업무를 담당하던 신부들이 기록한 교구등록부를 연구한인구학자들은 아기가 태어나 세례를 받은 기록을 바탕으로 거꾸로 계산해본결과, 부부의 가장 은밀한 행위가 교회의 가르침을 따른 사례가 많았음을 밝힐 수 있었다. 예수가 태어나 온 세상에 자신을 드러내는 공현절(1월 6일)이나 부활절을 전후해서 결혼식(성행위)을 금지하는 가르침이 통했다. 그러나생활이 종교를 앞서는 예가 많았다. 어촌이나 농촌에서는 농번기나 고기잡이철이 지났을 때 아기를 갖는 일이 많았음도 지적해둘 만하다.

모든 것이 가톨릭교와 관련되었다고 해서 미신이 살아남지 못했다는 뜻은 아니다. 아니, 미신이라는 말은 종교인이 자신이 가르치는 것과 다른 믿음을 얕보는 말이기 때문에 조심스럽게 다른 말로 바꾸는 편이 낫겠다. 사실'계몽사상가의 왕'이었다가 나중에는 '계몽사상가의 신'으로 존경받은 볼테르는 오히려 가톨릭을 미신이라고 공격했다. 그러므로 주류문화와 비주류문화의 충돌과정에서 권력을 가진 주류문화가 탄압하고 절멸시키려던 비주류문화를 미신이라고 부른다면 문화적 다양성을 존중하는 현대에 어울리지 않는다.

아무튼 종교인은 중세 초기부터 가톨릭의 교리와 다른 세계관, 믿음, 실천을 벌하는 방법을 발전시켰다. 마법을 벌하려고 온갖 고문을 한 뒤 화형시켰다. 1600년 브루노 신부를 로마에서 산 채로 화형시킨 예는 유명하다. 파문excommunication도 평신도에게는 겁나는 벌이었다. 파문을 당하면 용서를받을 때까지 속죄행위를 해야 했고 그 사람과 연결된 사람도 40일 동안 속죄

행위를 해야 했기 때문에 상당히 무거운 벌이었음이 분명하다.

그러나 18세기에는 모든 사람이 과학의 발달에 물든 것은 아니었다 할지라도 점점 종교인의 말을 곧이곧대로 믿지 않는 사람이 늘었고, 그 결과 파문을 겁내지 않는 사람도 점차 늘어났다. 그리하여 종교인은 1750년대부터 파문 대신 성사 거부라는 무기를 활용하기 시작했다. 종교인이건 속인이건 로마 가톨릭 신앙을 자기의 종교로 선언하지 않는 사람에게는 성찬식을 베풀어주지 않았다. 그리고 죽은 뒤에는 정중히 장례를 치르지 못하게 하고 개처럼 땅에 묻어버린다고 했다. 그러나 훗날 혁명기에 보듯이 '탈기독교운동'이 일어나는 것은 이미 왕국의 국교였던 로마 가톨릭의 믿음에서 이탈하는 사람이 늘고 있었음을 보여준다.

절대군주는 교회의 맏아들로 성직자-왕 노릇을 했지만 세속국가를 강력하게 발전시키면서 교회를 억누르기 시작했다. 루이 14세 시대에 당시까지 교회가 주로 행사하던 검열권을 왕의 세속권력이 빼앗았다. 사회가 복잡해지고 인쇄물의 종류가 다양해졌기 때문에 교회만의 힘으로 의사소통의 순환 계통을 제대로 통제할 수 없었다. 그것은 정치적·경제적·사회적 앙시앵레짐이 나라를 근대화하려고 노력한 절대군주정의 노력으로, 또 과학정신을 모든 분야에 적용하려는 계몽사상가들의 비판을 받으면서 조금씩 변화를 겪은 결과이기도 했다.

18세기 초 교회와 가톨릭을 공격하는 금서가 주류를 이루다가 18세기 중엽을 고비로 점점 절대군주정을 직접 공격하는 금서가 많아졌다. 특히 루이 15세의 애첩들을 놀리고 루이 16세의 비 마리 앙투아네트의 연인들을 놀리는 포르노그래피와 중상비방문이 늘어나면서 절대군주의 표상은 무너졌다.

앙시앵레짐의 문화가 바뀌었음을 상징적으로 보여준 곳은 바로 군대였다. 전통적으로 군대는 폭력과 결부된 모습으로 각인되었다. 루이 14세는 말을 듣지 않는 지역에 용기병을 주둔시키겠다고 으름장을 놓고 실제로 그렇게 해서 말을 듣게 만들었다. 군 주둔 비용을 부담시키는 것만이 아니라 군인들의 횡포를 감수해야 하는 것보다는 왕의 의지에 고분고분 따르는 편이 현명했다. 그런데 군대가 계몽주의 시대에 변했다. 군대 장교는 예술, 과학, 문학에 참여했다. 파리와 지방 아카데미 회원 가운데 군 장교가 평균 10~20퍼센트이고 메스, 그르노블, 브레스트, 발랑스같이 수비대가 있는 도시에서는 그 비율이 더 높았다.

그러나 고등법원을 가진 도시에서는 거기에 속한 법관들이 아카데미를 지배했기 때문에 군인들의 비율은 낮았다. 군인은 아카데미보다 프리메이슨 사회에 더 많이 가입했다. 파리의 2,500개 프리메이슨 집회소의 회원 절반이 군 출신이었다. 군인은 계몽사상가가 되어 생각했고 군대와 사회를 재조직하는 데 대한 글을 썼다. 그들은 군인을 사회에 이로운 구성원으로 그렸다. 군대는 전염병과 싸우고 운하나 그 밖의 공적인 공사를 도왔다. 군대는 하층민 출신의 병사에게 글을 가르쳤다.

문화적 앙시앵레짐은 가톨릭교회가 지배하는 것에서 차츰 세속적이고 과학적인 정신이 지배하는 것으로 변해갔다. 계몽사상가들이 사회의 문제를 합리적으로 고치려고 노력했다. 그들의 사상은 여러 가지 경로로 전파되었다. 귀부인들이 운영하던 사교모임에는 예술가, 학자, 문인들이 드나들었다. 여러 가지 목적을 가진 학회와 정치단체에 세련된 사람들이 모였고 공공도서관과 독서실이 늘어났다.

지방 아카데미, 각종 학회, 농학회에서는 농학은 말할 것도 없고 정치학까지 다양하게 연구했다. 특히 책과 소책자가 계몽사상을, 게다가 세상을 향해 증오심을 표현하는 '문단의 방랑자들'의 사상을 곳곳에 전파했다. 1750년대에 도서출판행정총감을 지낸 말제르브Chrétien Guillaume de Lamoignon de Malesherbes(1721~1794)는 1775년에 아카데미 프랑세즈 회원이 되면서 이렇게 말했다.

"모든 시민이 출판이라는 목소리로 전 국민에게 말할 수 있는 시대에 사람을 가르치거나 감동시킬 천부적 재능을 가진 사람, 즉 한마디로 말해 문필가는 과거에 분산된 대중에게 웅변을 토하는 사람입니다."

한편 18세기에 서적 출판량은 상당히 늘었다. 프랑스에서 1731년경 연간 400~500종이던 것이 1789년경에는 연간 1,000~1,200종으로 늘었다. 신문과 잡지도 앙시앵레짐 말기에 증가했다. 릴에서 1749년에 최초의 신문이 발간되고 파리에서는 1776년에 최초의 일간지가 나왔다. 영국 런던에서 일주일에 두 번 발행해 프랑스로 들어오던 『쿠리에 드 뢰롭(유럽의 신문)』은 한때 독자를 6,000~7,000명이나 갖고 있을 정도로 성공했다. 인쇄물의 내용은 입으로 전파되면서 영향력을 더 많이 행사했다. 살롱과 찻집이 늘면서 인쇄물의 영향력은 더욱 커졌다.

보르도 같은 대도시는 말할 것도 없고 바이외 같은 작은 도시까지 전국적으로 30여 도시에 파리의 아카데미를 본받아 지방 아카데미가 생겼고 그 밖에도 농학회, 박애주의자 협회, 프리메이슨 단체가 계몽사상을 전파했다. 특히 1715년 이후 영국으로부터 들어온 프리메이슨 결사는 공적 평등과 종교적 관용을 주장하는 면에서 계몽사상과 일치하는 부분이 많았다. 그 역할을 과장해서는 안 되겠지만 여기서 귀족과 부유한 부르주아들이 만나고 융합했다. 1773년부터 1793년 사이에 프리메이슨 집회소는 5만여 개나 있었다.

우리는 신분사회에서 신분을 뛰어넘는 인간관계가 어떻게 발달하는지 눈여겨볼 필요가 있다. 이 시대의 사람들이 특별한 목적을 가지고 만나는 방식을 '사교성la sociabilité'이라고 한다. 이처럼 구조보다는 관계의 변화에서 우리는 문화적 앙시앵레짐이 변화하고 있음을 알 수 있다.

9
일과 기술

18세기의 프랑스는 근본적으로 농업국가였다. 농촌 인구가 전체 인구의 85퍼센트에서 시간이 흐르면서 80퍼센트로 줄었다고는 해도 여전히 농업이 국가 경제의 대들보 노릇을 했다. 그럼에도 기술은 수세기 동안 별로 발전하지 못했으며 봉건 시대의 관습도 남아 있었다. 그러므로 혁명이 일어나자 국민의회에서 8월 초순에 '봉건제'를 폐지한다고 긴 토론을 한 것도 이러한 맥락에서 이해해야 한다. 물론 그들이 폐지한 것은 봉건제가 아니었고 봉건 시대부터 살아남은 폐단일 뿐이었지만 사람들은 그렇게 불렀다. 앙시앵레짐 시대의 변화는 농업기술이 발전한 데서도 찾을 수 있겠지만 무엇보다도 도시의 발전에서 찾아야 한다. 도시는 가장 먼저 과학과 기술, 학문과 지식, 여론이 발달한 곳이었기 때문이다.

농민의 생활

18세기에 프랑스 농민은 거의 자유민이었지만 프랑슈 콩테 지방에는 중세처럼 여전히 농노가 있었다. 농노는 노예와 다르지만 어쨌든 영주의 허락을 받지 않고서는 자기가 사는 땅에서 다른 곳으로 떠나지 못하는 사람이었다. 게다가 그들의 재산은 자식에게 물려줄 수 없었다. 농노의 자식이 아버지 뒤를 이으려면 영주와 다시 계약을 맺어야 했다. 농노는 영주에게 혼인세같이 봉건 시대의 세금을 내야 했다.

농민의 생활수준은 천차만별이었다. 그들을 생활수준별로 나눈다면 맨 꼭대기에는 농장주가 있었다. 이들은 대대로 농민이거나 부르주아 계층에 속했다. 중간층은 재정적인 문제를 해결하지 못하면서 점점 몰락했기 때문에 절대다수가 소농과 소작농이었다. 이들은 자기 밭을 소유했다 해도 영주나 대농장주의 땅을 얻어 부쳐 먹었다. 소작의 조건은 반타작 소작과 정액 소작의 두 가지였다.

소농은 그런대로 먹고살았지만 땅을 소유하지 못하고 단지 남의 땅을 부치는 소작농은 힘들게 살았다. 그 밑에서 막일꾼이 비참하게 살았다. 이들은 생산자라기보다는 소비자였기 때문에 날품을 팔아서 음식을 구하기도 힘들 때가 많았다. 당시 농사는 모든 기술이 정체된 상태에서 기후에 많은 부분을 의존했기 때문이다. 다시 말해 악천후에 생산량이 줄어 빵값이 두 배 이상 오르면 이들이 제일 먼저 피해를 입었다. 그러므로 농민 가운데 상위 20퍼센트만이 빚을 지지 않고 기근이 들어도 그럭저럭 살아갈 수 있었다.

인구의 80퍼센트 이상인 농민은 왕국의 땅을 절반 정도 소유했다. 속인이건 종교인이건 영주들은 특히 좋은 땅을 많이 소유했기 때문에 땅을 빌려주고 세를 받았다. 영주가 반드시 귀족일 필요는 없었다. 농부는 영주에게 일정한 세를 내고 땅을 빌려 부쳐 먹었다. 그것은 수확의 절반이나 일정한 비율을 정해서 내는 현물세였다. 그 밖에도 농민은 종교인에게 십일조를 냈고 왕에게 세금을 냈다. 자연히 앙시앵레짐의 세금은 가장 가난한 사람의 주머니에서 돈을 꺼내 가장 부유한 사람의 주머니로 옮겨주는 결과를 낳았다.

더욱이 농민은 영주권 제도에 종속되어 있었다. 영주권 제도는 봉건 시대처럼 영주가 국가 권력의 일부를 행사하는 제도였다. 비록 한계가 있었지만 당시는 영주가 치안과 사법권을 행사했다. 그러나 언제나 왕의 재판을 청구할 수도 있었다. 농민은 영주에게 일정한 사용료를 지불하고 빵 굽는 화덕, 포도압착기, 방아를 이용했다. 영주가 이러한 시설물을 독점했기 때문이다. 영주는 한 해에 며칠 동안 농민을 동원해 일을 시켰다. 마을길이나 다리를 놓는 일을 부역이라 했다. 물론 중앙정부가 국가 차원에서 부과하는 부역도 있었다.

농민은 마을 단위로 생활하면서 가장회의에서 농사일을 상의했다. 가장들은 일요일 교회 미사가 끝난 뒤에 모여 공동체의 일을 의논했다. 자기 마을에 할당된 세금을 나누거나 농사일의 품앗이를 결정했다. 마을은 보통 교구 하나와 맞먹는 규모였다. 교회의 뾰족탑은 멀리서도 보였기 때문에 외부인의 발길이 뜸한 시대에 훌륭한 이정표 노릇을 했다.

18세기 농촌의 풍경은 100년 전과 별로 다르지 않았다. 작은 차이를 고려하지 않는다면 세 가지 모습을 구별할 수 있다. 북부와 동부는 3포제를 실시해 곡식을 길렀다. 3포제는 땅을 셋으로 나눠 돌려 짓는 방식이다. 비료라고 해봐야 집과 가까운 채소밭에 줄 가축의 거름 정도였기 때문에 지력을 회복하려면 땅을 놀릴 수밖에 없었다. 원래 땅을 둘로 나눠 반씩 번갈아 놀리다가 중세에 가을에 심는 작물을 도입하면서 땅을 셋으로 쪼개 농사를 짓기 시작했다. 한 군데에는 봄부터 초여름까지 수확하는 귀리와 보리를, 그 옆에는 가을에 수확하는 밀이나 호밀을 심고 나머지는 놀렸다.

서부는 키 작은 나무 숲과 목초지가 많아서 땅을 놀리지 않았다. 물론 돌려짓기를 하지 않았다. 거기서는 주로 짐승을 길렀다. 남부에서는 포도나무와 올리브나무를 기르고 고대부터 내려온 전통을 좇아 밀을 길렀다. 밀은 한 번 수확한 뒤 같은 땅에 잇달아 심으면 수확량이 확 줄어들 정도로 땅심을 떨어뜨렸기 때문에 땅을 둘로 나눠 번갈아 심으면서 반쪽 땅의 힘을 회복시켰다. 또한 거기서는 꽃과 과실나무도 길렀다. 큰 도시나 포도원 근처에서는 특히 채소를 많이 길렀다. 아키텐 지방에서는 땅을 둘로 나눠 옥수수와 밀을 번갈아 심어 소득을 올렸다.

인구가 늘어났다는 것은 어떻게든 먹고살았다는 말이다. 농기구가 형편없었고 종자를 개량하지도 못했으며 화학비료도 쓰지 못하는 상황이었지만, 게다가 농민이 익숙한 방법을 고집하면서 변화를 위험하다고 생각하는 경향이 있었지만, 여기저기서 변화가 나타났다. 먼저 중농주의자의 활약을 꼽을 수 있다. 중농주의자는 옛날부터 돈을 버는 방법은 전쟁과 상업인데 둘 다 비인간적인 것이라고 비판했다. 그 대신 진정한 생산이란 1차 산업(농업, 임업, 수산업)에서 나오는 것이라고 하면서 더 나아가 세제개혁까지 촉구해 땅에서 노동으로 생활필수품을 생산하는 농민보다는 땅을 소유한 사람들이 세금을 더 많이 내야 한다고 주장했다.

중농주의자들과 농학자들은 영국과 네덜란드를 본받았다. 이 두 나라는 당시에 가장 농사를 잘 지었다. 예를 들어 프랑스에서 밀 한 알을 심으면 대여섯 알을 얻을 때 두 나라에서는 열 알까지 얻었다. 프랑스에서도 두 나라를 본받아 땅을 놀리지 않고 거기에 사료용 작물을 심고 쟁기 같은 농기구를 개선하며 가축을 우량종으로 바꿔나갔다. 왕과 귀족, 각 지방의 지사들도 농업 발전에 관심을 보이면서 후원했다.

이처럼 농촌도 조금씩 변화를 겪기 시작했지만 농민의 정신세계는 그 변화에 쉽게 적응하지 못했다. 그들은 조상 대대로 물려받은 두려움을 안고 살았다. 그들은 실제로 일어나는 일에 대해 두려워했을 뿐만 아니라 상상적인 것에 대해서도 두려워했다. 실제로 일어나는 일에 대한 두려움, 그것은 생존의 조건이 안정적으로 발전해야 사라질 것이었다. 무엇보다도 농사꾼은 굶주림, 질병, 전쟁을 두려워했다.

질병은 흑사병 같은 돌림병을 뜻했다. 게다가 전쟁이 나면 당장 목숨을 잃지 않는다 해도 전보다 훨씬 더 나쁜 상황을 겪어야 했다. 가난한 사람에게는 추위도 문제였지만 추위보다 더 두려운 것은 굶는 일이었다. 그러므로 혹독한 겨울에 굶는 사람은 얼마나 고통스러웠으랴. 그들에게는 모든 것이 죽음과 관련된 두려움이었다. 하다 못해 임신부도 죽음을 연상시켰다. 산욕열로 죽는 임산부, 사산아, 태어나자마자 죽은 아기가 많았기 때문이다. 게다가 그들은 어둠, 악마, 지옥과 관련된 상상의 두려움까지 안고 살아갔다.

도시의 생활

중세 말부터 되살아난 도시는 농촌과 비교해볼 때 특권을 누리는 곳이었다. 파리 같은 도시는 17세기에 루이 14세가 성벽을 철거하도록 했지만 여전히 특권과 수많은 자유(이것도 특권이라고 부를 수 있다)를 누렸다. 도시는 농촌과 달라서 사람들이 서로 모르고 지냈다. 예를 들어 1년 하루 이상 살았다는 따위의 일정한 조건을 갖추고 '부르주아'가 되면 그 도시민이 누리는 특권을 누리게 되었다. 다시 말해 특정한 세금을 면제받거나 다른 곳과 비교해서 가볍게 부담했다. 소금을 소비할 때 걷는 세금을 다섯 가지로 구분해서 적용한 결과, 소금 값은 전국적으로 최고 열세 배까지 차이가 났다. 그래서 잡히면 죽을 줄 알면서도 소금 값이 싼 곳에서 비싼 곳으로 옮기는 밀매업자가 활동했던 것이다.

도시에는 일종의 자치정부가 있었다. 파리의 자치정부는 '상인들의 대표 prévôt des marchands'라는 뜻을 담은 시장과 그를 보좌하는 '행정관들échevins' 로 구성되었다. 이들은 명예로운 직책을 맡고 귀족 칭호noblesse de cloche(종 鐘의 귀족)를 얻을 수도 있었다. 그렇게 칭호를 얻어도 서열은 아주 낮았다. '종의 귀족'은 푸아티에, 앙굴렘, 라 로셸, 투르, 니오르, 앙제, 부르주, 아브 빌, 페론, 리옹 같은 도시의 시장이나 행정관을 지낸 사람에게 주는 칭호였 다. 그러나 툴루즈 시 행정관은 문관귀족이 될 수 있었다.

18세기에 프랑스 인구는 약 30퍼센트가 늘었다. 그와 함께 도시민이 전 체 인구에서 차지하는 비율은 15퍼센트에서 20퍼센트로 늘었다. 5퍼센트포 인트가 늘었다고 해도 그 수는 거의 두 배가 되었던 것이다. 좀더 자세히 살 펴보면 파리는 50만 명에서 60만 명으로 20퍼센트 늘었지만 보르도는 4만 5,000명에서 11만 명으로 144퍼센트나 늘었다. 남부의 님Nimes은 작은 도시 이긴 해도 1만 7,000명에서 5만 명으로 194퍼센트나 증가했다. 서부의 낭트 는 4만 명에서 8만 명으로 100퍼센트가 늘었다.

각 도시정부는 환경을 개선해나갔다. 특히 파리는 17세기부터 추진한 도 시 미화와 확장 사업을 더욱 빠르게 추진했다. 이렇게 해서 곳곳에 왕립광장 을 만들고 새 길을 뚫어 도시의 소통을 더 쉽게 만들었다. 그리고 파리의 뤽 상부르 궁과 튈르리 궁의 정원뿐만 아니라 님의 분수 정원Jardins de la Fontaine 을 대중에게 공원으로 개방했다.

남부의 도시 몽펠리에는 17세기 말부터 거의 100년 동안 건축가 아빌 레Aviler가 시작하고 지랄Giral과 도나Donnat가 그 뒤를 이어 페루 산책로La promenade du Peyrou를 만들었다. 그것은 처음부터 도시 전체를 한눈에 내려 다볼 수 있는 가장 높은 곳에 흙을 돋아 만들었으며 나중에 물길을 시내로 공급하도록 저수지와 수도교를 연결했다. 그것은 결국 2단으로 쌓은 훌륭한 산책로로 태어나 시민들이 즐겨 찾는 명소가 되었다.

귀족이건 부르주아 계층이건 대도시의 부자는 도시의 땅을 점유해 훌륭한 저택을 지었다. 그러므로 도시에는 역사를 자랑하는 대성당과 교회, 수도원, 상설극장, 공공건축물과 함께 부자들의 대저택이 늘어섰다. 가로등도 설치해 밤길을 밝혔다. 18세기에 파리의 유리장인 메네트라는 자기 가게를 내기 전에 전국을 돌면서 직업훈련을 받았는데, 그 시절 몽펠리에에서 가로등 600개를 주문받은 장인을 도와주고 돈을 벌었다. 17세기에 파리 치안총감이 제일 먼저 가로등을 설치한 이후 100년 동안 지방의 주요 도시는 저마다 밤길을 안전하게 만들려고 노력했다.

그러나 18세기에 파리를 비판적으로 관찰한 메르시에는 이렇게 말했다.

사람들은 파리의 조명을 달빛 밝기 수준이라고 계산했다. 그런데 한밤중에 달이 구름 속에 들어가는 일이 자주 일어난다. 그러나 아랑곳하지 않고 가로등을 켜지 않는다. 당국은 대중이 알아서 밤길을 다니라고 결정했다. 눈물 나게 절약하면 결국 청부업자만 이익을 보며 좁고 굽은 길은 모두 깊은 어둠 속에 묻힌다. 자정에 불을 켜지만 그때 거리를 오가는 사람은 거의 없다.

메르시에는 치안 당국이 조명비를 받으면서도 달밤에는 불을 밝히지 않는다고 비판하면서 파리 사람들이 치안 당국에 '달빛을 반사시켜 낮도 밝히라'고 권유했다고 비꼬았다.

도시민을 계층화하면 맨 꼭대기에 부유한 귀족과 도시자치정의 요직이 있었다. 그 아래 장인조합원과 제조업자 도매상, 그 밑에 소매상, 직공, 견습공이 있었다. 하인이나 종교인은 독신자로서 도시민의 10퍼센트나 차지했다. 그 밖에도 잡다한 직업인이 있었다. 잡일과 막일을 하면서 겨우 입에 풀칠하는 사람은 이웃 농촌에서 일거리를 찾아 도시로 흘러들어간 사람이었다.

파리에는 오베르뉴 지방 출신이 방을 얻어놓고 한 방에 많게는 30명이나 번갈아 자면서 일거리를 찾아다녔다. 그들은 센 강으로 수송한 뗏목을 풀어 장작을 패는 일로 빵값을 벌었다. 기후 때문에 빵값이 오르면 이들이 제일 먼저 피해를 입었다. 파리 인근에서 '밀가루 전쟁'이라는 폭동이 일어나자 이들도 영향을 받아 폭동에 가담했다. 치안 당국은 특히 이들을 감시하며 길들여야 했다.

10
국제적 성격

앙시앵레짐의 국제적 성격도 생각해야 한다. 유럽의 여러 나라는 툭하면 전쟁을 했지만 지배자들은 정략적으로 인척관계를 맺기도 했기 때문이다. 당시에 배우자를 찾는 범위는 신분별로 달랐다. 농민층은 자기 마을이나 기껏해야 이웃 마을에서, 도시 평민층은 같은 직업인이나 이웃에서 찾았지만 인구에서 극소수인 귀족은 국가의 범위를 넘어서 배우자를 찾았다. 그러므로 사회적으로 가장 고귀한 신분이 국제적인 결혼을 하는 것은 어찌 보면 당연했다. 게다가 다분히 정치적인 이해관계가 얽혀 있었다.

여기서는 부르봉 가문에 한정해 인척관계를 따져보기로 한다. 먼저 앙리

4세(1553~1610)는 마르그리트 드 발루아(1553~1615)와 1572년에 결혼했지만 1599년 공식적으로 무효화하고 1600년 말 두 번째 부인으로 메디치 가문의 마리아(마리 드 메디시스, 1575~1642)를 맞았다. 그리고 이 두 사람 사이에서 태어난 앙리에트 마리(1609~1669)는 영국 왕 찰스 1세의 부인이 되었다. 앙리에트가 태어난 뒤 앙리 4세가 곧 암살당했기 때문에 앙리에트는 오빠인 오를레앙 공작과 함께 어머니의 손에서 컸다. 앙리에트는 찰스 1세가 처형당할 때 아들을 데리고 프랑스로 망명했다가 나중에 되돌아갔다. 그의 아들 찰스 2세와 제임스 2세가 잇달아 영국 왕이 되었지만 두 왕을 끝으로 영국에서 스튜어트 가문의 통치는 막을 내렸다.

　루이 13세(1601~1643)는 아홉 살인 1610년에 아버지인 앙리 4세를 여의고 왕이 되었기 때문에 1614년 그가 성년이 될 때까지 어머니 마리 드 메디시스가 섭정으로 권력을 휘둘렀다. 그는 어머니가 신임하는 이탈리아 시녀 레오노라 갈리가이와 남편 콩시노 콩시니의 영향력을 축소하고 프랑스인의 문화를 궁정에 정착하려고 노력했다. 그러나 그는 열다섯 살 때 어머니의 뜻대로 에스파냐의 펠리페 3세의 딸 안 도트리슈(아나 마리아 마우리시아, 1601~1666)와 결혼했지만 속으로는 내키지 않았다. 어쨌거나 두 사람이 루이 14세(1638~1715)를 낳았다.

　루이 14세는 다섯 살에 왕이 되었기 때문에 어머니 안 도트리슈가 섭정 노릇을 했고, 이때 리슐리외 추기경이 추천한 마자랭 추기경이 전임자의 뒤를 이어 절대왕정의 틀을 다지지만 특권층의 반발을 불러일으켰다. 그리하여 루이 14세는 이 '프롱드 난(1648~1653)'에서 수많은 교훈을 얻었고 1661년 마자랭이 죽은 뒤에는 직접 정사를 돌보겠다고 선언했다. 1659년 루이 14세는 에스파냐와 피레네 조약을 맺으면서 펠리페 4세의 딸 마리 테레즈 도트리슈(1638~1683)와 결혼하기로 했다. 펠리페 4세는 앙리 4세와 마리 드 메디시스의 맏딸과 결혼했기 때문에 루이 14세의 고모부였고, 따라서 마리 테레즈는 루이 14세의 고종사촌이며 닷새 늦게 세상에 태어났다.

루이 14세의 증손자인 루이 15세(1710~1774)는 1704년부터 1709년까지 폴란드 왕이었던 스타니수아프 1세의 딸 마리아 레슈친스카(1703~1763)와 결혼했다. 연상의 왕비는 루이 15세에게 자녀를 열 명이나 낳아주었지만, 아들 두 명 가운데 한 명만 살아서 대를 이었다. 살아남은 아들이 루이 페르디낭(1729~1765)으로 루이 16세의 아버지다. 루이 페르디낭은 외할아버지인 스타니수아프 1세와 폴란드 왕위를 다투었던 아우구스투스 3세의 딸 마리아 요제파(마리 조제프 카롤린 엘레오노르 프랑수아즈 사비에르, 1731~1767)와 결혼했다. 이 부부는 할아버지인 루이 15세보다 먼저 세상을 떴기 때문에 두 사람의 자식인 루이 오귀스트가 왕세자가 되어 오스트리아 대공녀 마리 앙투아네트와 결혼한 뒤 루이 16세로 왕위에 올랐다. 또한 혁명이 일어나 왕정이 폐지되었다가 회복되었기 때문에 두 사람의 둘째, 셋째 아들이 모두 왕이 되었다. 루이 16세의 큰 동생 프로방스 백작은 루이 18세(1755~1824), 둘째 동생 아르투아 백작(1757~1836)은 샤를 10세가 되었으며 각각 사르데냐 왕 비토리오 아메데오 3세의 딸을 한 명씩 아내로 맞았다.

소수가 '피의 순수성'―그러나 순수한 것이 존재하기나 하는가?―을 지키려고 정략결혼을 했던 만큼 그들은 문화적으로도 동질성을 유지하려고 노력했다. 예를 들어 유럽의 여러 나라 귀족은 자식의 문화적 훈련과정에 '대일주 여행Grand Tour'을 집어넣었다. 특히 영국이나 독일 지방의 귀족은 프랑스의 파리, 이탈리아의 피렌체, 로마, 베네치아로 가서 인문주의, 기마술, 검술을 더욱 깊이 연마했다. 에드워드 기번(1737~1794)은 이탈리아 여행의 경험을 살리면서 『로마제국 쇠망사』를 완성했다.

　　마리 앙투아네트의 연인 가운데 가장 헌신적인 스웨덴 귀족 악셀 페르센 (1755~1810)도 대일주 여행을 하다가 1774년에 처음 베르사유 궁전에 갔으며, 곧 세자빈인 마리 앙투아네트의 눈에 띄었다. 귀족 젊은이들은 대일주 여행에서 수많은 지식과 풍습을 풍부하게 배울 수 있었고 심지어 성생활을 시작하는 기회로 삼기도 했다. 그래서 젊은이의 부모는 청소년기의 아들이 창녀를 처음 만나기보다는 세련된 귀족 여성을 만나 세련된 행위를 익히기를 바랐다.

　　귀족 젊은이들은 대일주를 하는 과정에서 성적 경험을 자랑스럽게 적었지만 후손이 자기 조상과 상대방 여성의 명예, 더 나아가 두 집안의 명예가 손상될까봐 검열하여 삭제하는 경우가 흔했다. 페르센의 일기도 이러한 이유에서 그의 후손이 훼손했다. 또 대귀족은 여러 나라에서 활동했다. 1776년 10월에 루이 16세가 전쟁비서로 임명한 생제르맹 백작comte de Saint-Germain 은 50년 동안 군에서 복무했는데, 프랑스에서는 단 15년간 일한 대신 35년 동안 팔라티나 선거후, 바이에른 선거후, 신성로마제국 황제, 덴마크 왕의 군대에서 복무했고 심지어 덴마크에서는 대신으로 봉사하기도 했다.

　　루이 15세 시대에 요직을 한 손에 거머쥐었다가 권력투쟁에서 밀려난 슈아죌 공작도 로렌 출신답게 오스트리아군에서 봉사하다가 프랑스군으로 옮긴 사람이다. 이렇게 문화적 동질성과 인척관계로 얽힌 유럽 지배층이 프랑스 혁명이 일어나 앙시앵레짐이 무너질 때 혁명정부를 적대시한 것은 어느 정도 예상할 수 있는 일이었다.

루이 16세와
마리 앙투아네트

제 2 부

1
1774년 왕위에 오른
루이 16세

왕정은 끊임없어야 했다. 왕은 생명을 가진 인간이라 어쩔 수 없이 세상을 뜬다 해도 왕의 상징성(신성성)과 역사성은 이미 정해놓은 왕세자에게 고스란히 옮겨갔다. 루이 15세가 5월 10일 오후 2시에 숨을 거두자 왕의 시종이 왕의 침실에 붙은 전실, 둥근 창이 있기 때문에 '황소의 눈'이라 부르는 방에서 나와 "왕이 돌아가셨다"고 선언했다. 궁부대신 라 브리이에르 공작은 곧 왕세자에게 왕이 되었음을 급히 알렸다.

왕세자는 무릎을 꿇고 기도하고 나서 고통스럽게 울부짖은 뒤 일어나 적절한 조치를 취했다. 그는 자신을 루이 16세라 부르도록 하고 앞으로 열흘 뒤에 모든 대신을 만날 것이라고 말했다. 또 모든 지방의 지사나 군장관*은 베르사유나 파리를 떠나기 전에 반드시 자신을 만나도록 명령했다. 그리고 5시 15분에 가족과 함께 슈아지 궁을 향해 출발했다. 사람들은 "왕 만세!"라고 외쳤다.

프랑스의 제3왕조인 카페 왕조는 이렇게 해서 987년 위그 카페로부터 1774년까지 끊임없이 연결되었다. 물론 위그 카페의 직계손이 뒤를 잇지 못할 때 방계 가문으로 발루아 가문과 발루아 앙굴렘 가문을 거쳐 부르봉 가문

---

* 이 말은 군관구gouvernement를 다스리는 장관gouverneur을 뜻한다. 우리나라 프랑스 연구자들은 대부분 이 말을 '총독'으로 옮긴다. 그러나 18세기에 프랑스 왕국은 전부 39개 군관구로 나뉘어 있었기 때문에 모두 39명의 총독이 있었다고 말하는 것은 이상하다.

이 뒤를 이었고 부르봉 가문은 앙리 4세로부터 루이 13세, 루이 14세, 루이 15세를 거쳐 루이 16세로 연결되었던 것이다. 루이 16세는 5월 11일에 슈아지 궁에서 모르파 백작comte de Maurepas(1701~1781)에게 편지를 썼다. 그 편지를 보면 그가 자신을 어떻게 생각하는지 잘 알 수 있다. 바쇼몽의『비밀회고록*Mémoires secrets de Bachaumont*』에서 그 내용을 읽어보자.

> 나와 왕국 전체가 고통스러운 슬픔에 짓눌리고 있지만, 내 앞에는 중대한 의무가 기다리고 있소. 나는 왕이오. 그리고 이 이름에 내 모든 의무가 담겨 있소. 그러나 나는 이제 겨우 스무 살이오. 나는 필요한 지식을 모두 갖추지 못했소. 더욱이 모든 대신이 돌아가신 선왕을 뵙느라고 정신이 없기 때문에 내 곁에는 그 어떤 대신도 없소. 나는 그대의 고결한 성품과 국사에 관한 깊은 지식을 알기 때문에 그대가 빨리 나를 도와주기를 바라오. 그러니 한시바삐 내 곁으로 와서 나를 아주 기쁘게 해주기 바라오.

1774년 서양인이 유럽, 아시아, 아프리카, 남북아메리카의 5개 대륙만 알던 시절, 러시아를 포함한 유럽 인구 1억 5,000만 명, 아시아 인구 4억 4,000만 명, 남북아메리카 인구 1,500만 명, 아프리카 인구 1억 명, 이렇게 세계 인구를 모두 합쳐 8억 명을 넘지 않던 시절, 마치 영원히 살 것 같던 루이 15세는 세계 인구의 30분의 1이나 되는 큰 나라를 손자에게 남겨두고 세상을 떴다. 프랑스에서 용하다는 의사가 여럿 나섰고 또 영국에서 서턴Sutton이라는 의사까지 불러다 치료했지만 루이 15세를 되살리지는 못했다.

루이 15세는 다섯 살에 왕위에 올라 성년이 될 때까지 섭정 오를레앙 공의 도움을 받다가 친정체제로 들어가 예순네 살에 세상을 뜰 때까지 굵직한 전쟁을 세 번이나 치렀다. 먼저 폴란드 왕위계승 전쟁(1733~1738)은 루이 15세의 장인이며 1704년부터 1709년까지 폴란드 왕이었던 스타니수아프 1세의 왕위계승 문제 때문에 일어났다. 이 문제를 이해하려면 1697년으로 거슬러 올라가야 한다. 1696년 폴란드 왕 얀 3세가 죽은 뒤 러시아 표트르 1세는 아우구스투스 2세를 폴란드 왕으로 지지했고 프랑스의 루이 14세는 콩티 공을 지지했다. 1697년 아우구스투스 2세가 폴란드 왕이 되었는데 1704년 스웨덴이 폴란드로 쳐들어가 그를 폐위시키고 스타니수아프 1세를 왕으로 앉혔다. 그러나 1709년 스타니수아프 1세를 지지하는 스웨덴이 러시아와 싸워 지면서 그는 폐위되었다. 이로써 아우구스투스 2세가 다시 왕이 되어 1733년 죽을 때까지 통치했다. 아우구스투스 3세가 러시아와 신성로마제국의 지지를 받고 아버지의 뒤를 이었지만 프랑스에 망명한 스타니수아프 1세는 사위가 다스리는 프랑스의 도움을 받아 몰래 폴란드로 들어가 의회의 승인을 받고 폴란드 왕으로 뽑혔다. 이렇게 해서 두 편이 전쟁을 벌였고 결국 아우구스투스 3세가 왕권을 확실히 인정받았다.

게다가 프랑스는 오스트리아 황위계승 전쟁(1740~1748)과 7년 전쟁(1756~1763)에서 모두 큰 손실을 입었다. 하지만 다행히 프랑스는 번영하는 나라였으며 잠재력을 갖춘 나라였다. 그러나 프랑스는 국가의 부를 적절히 분배하는 제도를 발달시키지 못해 늘 가난한 사람의 주머니에서 부자의 주머니로 돈이 흘러들어갔다. 그래서 국민의 대다수가 번영에 이바지하고서도 그 혜택을 누리지 못했고 국가재정도 늘 적자에 허덕였다. 루이 15세는 이같은 문제를 완전히 해결하지 못하고 세상을 떴다.

루이 15세의 뒤를 이어 손자인 왕세자가 루이 16세로 등극했다. 루이 16세의 아버지는 1729년에 태어나 1745년 에스파냐 공주와 결혼했으나 곧 사별하고 1747년 작센의 마리 조제프와 결혼했다. 1750년에 딸을 얻고 1751년에 첫아들(부르고뉴 공작)을 얻었으며, 1753년에 둘째 아들(아키텐 공작)을 얻었다. 그러나 둘째 아들은 1754년에 죽고 셋째 아들을 얻었다. 첫째 아들이 루이 조제프 사비에르이고 셋째로 태어나 둘째가 된 아들이 루이 오귀스트로서 장차 루이 16세. 그러니까 베리 공duc de Berry 루이 오귀스트는 아버지가 왕이 되고 형이 살았다면 루이 16세가 될 가능성이 전혀 없었다. 그런데 그의 형이 먼저 세상을 뜨자 제2순위 왕위계승권을 자동적으로 넘겨받았고 아버지인 왕세자마저 1765년 12월 20일에 세상을 뜨자 곧 왕세자가 되었다.

왕세자에게는 남동생이 둘(프로방스 백작, 아르투아 백작), 여동생이 둘(클로틸드, 엘리자베트) 있었다. 프랑스는 살리카 법을 적용해 여성을 왕위계승권에서 제외했기 때문에 왕세자가 왕위를 물려받지 못할 경우, 왕위계승권은 왕세자의 아들이나 동생에게 넘어갈 것이었다. 실제로 프랑스 혁명이 일어나고 루이 16세가 1793년 1월 21일에 처형되었을 때 루이 16세의 아들이 탕플 감옥에서 루이 17세가 되었고 그마저 감옥에서 죽자 동생 프로방스 백작이 루이 18세가 되고 그의 뒤를 작은 동생 아르투아 백작이 이어 샤를 10세가 되었다. 프랑스 혁명은 1792년에 왕정을 폐지했지만 루이 16세의 형제들에게까지 골고루 왕이 되는 기회를 안겨주었다.

루이 16세는 열한 살 때 아버지를 여의면서 왕세자가 되었고 열여섯 살이 되기 세 달 전에 오스트리아 황제의 딸 마리 앙투아네트를 아내로 맞이했으며 이제 스무 살이 되기 세 달 전에 왕위를 물려받았다. 그는 부르봉 가문의 첫 왕 앙리 4세처럼, 그러나 루이 13세, 루이 14세, 루이 15세와 달리 거의 2세기 만에 성년으로 왕위를 물려받았지만 아직 정신적으로 왕이 될 준비를 갖추지는 못했다. 할아버지 루이 15세는 철부지 다섯 살 때 왕이 되었기 때문에 섭정의 도움을 받았지만 루이 16세는 성인이라서 섭정을 두지 않고 직접 통치해야 했다. 게다가 그의 곁에는 오스트리아에서 시집와 프랑스 왕실의 법도를 제대로 익히지 못한 한 살 어린 아내 마리 앙투아네트가 있었다.

특히 전통사회에서는 아들을 좋아하고 더욱이 왕비는 왕위계승자를 낳아야 했다. 그런데 마리 앙투아네트는 결혼식을 올린 지 4년이나 지났음에도 아기를 낳지 못했다. 몇 년 뒤에 제대로 밝혀졌듯이 자식을 낳지 못한 이유는 루이 16세의 신체적 결함 때문이었지만 프랑스가 오스트리아와 맺은 동맹을 싫어하는 사람들은 마리 앙투아네트를 헐뜯었다. 비록 루이 15세의 사랑을 받기는 했지만 왕세자와 세자빈은 이제 왕과 왕비가 되면서 전보다 훨씬 외로운 신세가 되었다. 게다가 두 사람 사이에 아들이 생기기 전까지 동생 프로방스 백작이 왕위계승권에 제1순위로 다가서 있었으니 결코 마음이 편할 리 없었다.

루이 16세와 마리 앙투아네트가 부부가 된 일부터 눈여겨봐야 할 사건이었다. 프랑스와 오스트리아는 오랫동안 적대관계를 유지했다. 루이 15세가 오스트리아 황위계승 전쟁에 참전했을 때만 해도 두 나라가 동맹을 맺을 가능성은 전혀 없었다. 그러나 1748년에 전쟁이 끝난 뒤 영국은 하노버 왕가의 본고장이 프랑스의 침공을 받을 때 오스트리아가 도와줄 것 같지 않다고 판단해 프러시아와 동맹을 맺었다.

프러시아는 1742년 오스트리아 영토인 슐레지엔을 빼앗았기 때문에 이미 오스트리아의 적이었는데, 이제 프랑스의 적국인 영국과 동맹을 맺으면서 프랑스를 배신했다. 이렇게 해서 유럽의 전통적인 동맹관계가 재편되었다. 아메리카에서 1754년부터 프랑스와 영국이 싸우던 차에 1756년 유럽에서 벌어진 전쟁에서 프랑스, 오스트리아, 작센, 스웨덴, 러시아가 한편이 되어 영국, 프러시아, 하노버와 싸웠다.

프랑스와 영국은 아메리카, 인도에서 싸우기 시작해 유럽에서도 싸웠다. 이 전쟁은 1763년에 끝났으며 공식적으로 7년 전쟁이라 부른다. 1763년 2월 10일, 프랑스는 파리에서 영국과 조약을 맺으면서 영국이 아메리카와 인도를 차지하는 것을 인정해야 했다. 닷새 뒤인 2월 15일, 후베르투스부르크 조약에서 오스트리아는 프러시아가 20년 전에 차지한 슐레지엔을 프러시아의 영토로 인정할 수밖에 없었다. 이처럼 유럽의 여러 나라가 휩쓸린 큰 전쟁에서 영국과 프러시아는 프랑스와 그 동맹국들에 쓴잔을 안겼다.

슈아죌 공작duc de Choiseul은 비록 프랑스와 오스트리아 동맹을 주도적으로 성사시킨 당사자는 아니었지만 친오스트리아 정책을 유지했다. 그의 경력을 보면서 우리는 유럽 여러 나라가 동맹관계를 쉽게 바꾸는 모습이 거기에 투영된 것처럼 생각할 수 있다. 그의 아버지인 스탱빌 후작Marquis de Stainville은 합스부르크 로렌 가문의 군대에서 복무했고, 그도 아버지를 따라 1738년부터 오스트리아 군대에 복무하면서 터키 전선에 배치되었다가 1740년 프랑스 군대로 옮겼다. 그는 보헤미아에서 싸웠고 1752년에는 야전사령관이 되었다. 그러다가 1752년부터 베르사유 궁에 드나들며 루이 15세의 공식 애첩인 퐁파두르 부인에게 자기 사촌동생이 루이 15세와 관계를 맺고 있음을 귀띔해주면서 환심을 샀다.

1754년 슈아죌 공작은 퐁파두르 부인 덕에 이탈리아 로마의 대사가 되었다. 그는 교황 베네데토 14세에게 예수회가 프랑스 국교회주의자(갈리칸주의자)와 너무 심한 갈등을 빚지 않게 해달라고 요청했다. 1750년대 프랑스에서는 파리 대주교가 교황지상권주의ultramontanism를 따르는 예수회를 지지하면서 교황권에서 벗어나려는 프랑스 국교회주의자를 박해했다. 파리 고등법원의 거물급 법관 가운데 후자를 지지하는 종교인 판사들이 가세해 파리 대주교를 공격했다. 이 같은 상황에서 퐁파두르 부인의 보호를 받는 슈아죌 공작이 예수회에 불리하게 교황을 설득했다.

슈아죌 공작은 1757년에 비엔나 대사가 되었다가 1758년 12월에는 외무대신이 되었다. 그는 1761년부터 해군대신과 육군대신을 겸하다가 1766년부터 해군대신직을 내놓고 1770년 말 반대파에게 밀려날 때까지 육군대신직을 유지했다. 그리고 그는 영국에 대해 보복 전쟁을 할 때 재정적인 뒷받침을 기대했기 때문에 파리 고등법원을 우호적으로 대했다.

슈아죌 공작이 대신직을 수행할 때 프랑스는 7년 전쟁에서 지고 캐나다를 포기했다. 그는 예수회를 추방하는 데 힘썼고, 그 때문에 왕비와 당시 왕세자(루이 16세의 아버지), 공주들(루이 16세의 고모들)의 미움을 샀다. 더욱이 그는 고등법원 법관들의 기를 살려주어 결과적으로 왕권을 약화시키는 데 한몫했다. 브르타뉴의 군장관인 에기용 공작duc d'Aiguillon(1720~1798)이 브르타뉴 지방에서 왕의 정책을 실현하려고 노력할 때 브르타뉴 고등법원이 저항한 것은 슈아죌 공작과 에기용 공작의 해묵은 원한의 배경이 되었다.

슈아죌 공작은 오스트리아와 동맹관계를 유지하면서 프랑스 왕세자의 배필로 오스트리아 대공녀 마리 앙투아네트를 결정하는 데 한몫했다. 그리고 그는 비엔나에 원장신부 베르몽을 파견해 마리 앙투아네트에게 불어를 가르치게 했다. 그러나 그는 비천한 마담 뒤바리가 왕의 공식 애첩이 되는 것을 달갑게 여기지 않아 오히려 역풍을 맞았다. 마담 뒤바리가 실세가 되었고 에기용 공작과 결탁해 슈아죌을 몰아냈기 때문이다. 게다가 에기용 공작이 1771년 6월에 외무대신이 되어 대법관 모푸, 재무대신 테레와 '3두정'을 이끌면서 고등법원을 개혁했다. 이 같은 상황에서 어린 마리 앙투아네트가 베르사유 궁전에서 살기 시작할 때 그를 우호적으로 대하던 슈아죌 공작이 권력투쟁에서 진 것은 어린 세자빈에게 아주 큰 손실이었다. 게다가 예수회가 1763년 프랑스에서 쫓겨난 일에 슈아죌 공작이 한몫했다고 생각한 왕세자의 고모들이 마리 앙투아네트까지 예쁘게 봐줄 리 없었다.

예수회 문제는 마리 앙투아네트를 먼 외국으로 시집보내는 마리아 테레지아에게도 큰 골칫거리였다. 마리아 테레지아는 1770년 4월 7일 마리 앙투아네트를 비엔나 궁전에서 떠나보낸 뒤 매달 21일에 읽으라는 글을 적어 보냈는데 거기서 이렇게 말했다(모녀지간이지만 격식을 갖춘 편지임을 유념할 필요가 있다).

> 예수회에 대해 찬성이건 반대건 아무 말도 하지 마시오. 나를 팔고서라도 이렇게 말하시오. 우리 어머니가 그들에 대해 이러쿵저러쿵하지 말라고 말씀하셨다고 말이오. 그리고 세자빈은 내가 예수회를 존중하고 있다는 사실을 알고 있으며, 우리나라에서 그들은 좋은 일을 많이 했고, 그들을 잃으면 내가 몹시 애석해할 것이라는 점도 말하시오. 그러나 만일 교황이 예수회를 해체하려고 결심하신다면 그대로 따르겠다고 말하시오. 나는 언제나 그들에 대해 좋게만 말해왔다고 말하고 사사로운 자리에서도 이 비열한 일에 대해 말하는 것을 결코 좋아하지 않았다고 말하시오.

마리아 테레지아는 베르사유 궁에 파견한 대사 메르시 아르장토에게 딸의 행동을 감시하고, 필요한 경우 충고하라고 일러두기도 했다. 그렇다고 해서 궁전의 법도를 제대로 익히지도 못할 만큼 외로운 마리 앙투아네트에게 뭇사람이 보내는 따가운 시선을 우호적으로 돌리기란 쉽지 않았다. 더욱이 왕세자의 스승인 라 보기용 공작le duc de La Vauguyon도 왕세자의 귀에 고모들과 같은 의견을 불어넣었다. 물론 왕세자가 마리 앙투아네트와 원만한 부부생활을 하지 않았던 것을 보기용 공작 때문이라고 볼 수는 없다. 왕세자는 왕이 된 뒤에도 할아버지와 달리 다른 여자에게 한눈을 팔지 않았고 마리 앙투아네트를 사랑했다. 단지 루이 16세는 포경이었기 때문에 첫날밤도 제대로 치르지 못했다. 그 문제를 해결하려고 큰 처남인 신성로마제국 황제 요제프 2세가 팔켄슈타인 백작으로 위장해 1777년에 베르사유 궁을 방문했다. 황제는 루이 16세를 설득해 간단한 수술을 받게 했다. 그리고 이듬해 마리 앙투아네트는 첫딸을 낳았다. 베르사유 궁에 경사가 났고 왕 부부는 왕조를 무난히 이을 수 있다는 희망을 주었다.

그러나 루이 15세 치세 말의 이야기, 이를 테면 비천한 창녀 출신 뒤바리 백작부인이 루이 15세의 공식 애첩이 되고 이 여인을 중심으로 파벌이 생겨 국고를 탕진하고 음모를 꾸민 이야기와 함께, 루이 16세의 성적 무능 그리고 왕비 마리 앙투아네트의 낭비와 자유로운 생활을 헐뜯는 중상비방문이 마구 쏟아져 나와 선왕 시대부터 누적된 적자와 더불어 루이 16세 치세의 앞날은 그리 밝지 않았다.

2
왕은 신성한 존재인가?

루이 16세는 1765년 12월 20일부터 왕세자가 되었다가 1774년 5월 10일에 왕이 되었다. 그는 조상이 쓰던 칭호인 프랑스와 나바르의 왕Roi de France et de Navarre을 그대로 물려받았지만 왕이 된 지 1년 동안 축성식과 대관식을 올리지 않았다. 이처럼 종교적인 의식을 치르지 않고서도 그는 절대군주로서 행세했다. 이제 그러한 의식은 왕의 권위를 드높이는 데 아무런 역할도 하지 못하는 시대가 되었다는 말인가? 루이 16세는 마침내 1775년 6월 10일과 11일, 랭스 대성당에서 축성식과 대관식을 치렀다. 이렇게 한 해나 늦게 의식을 치렀다고 해서 치르지 않을 때보다 더 장엄한 권위를 갖추게 되는 것인가? 그렇지 않다. 절대군주정을 운영하는 데는 상징조작이 무척 중요했지만 실제로 절대군주정은 뿌리가 튼튼한 제도였기 때문이다.

그러므로 왕을 '교회의 장남' 또는 '이 땅 위에서 신을 대신하는 사람'으로 만들어주는 축성식을 거치지 않아도 루이 16세는 조상이 운영하던 기구를 거느리고 그들의 자문을 받으면서, 또는 중앙정부와 지방정부에서 그를 대신하는 지사나 군장관 같은 사람들을 통해서 자기 의지를 왕국의 구석구석까지 전하고 실천하게 만들었다. 상징조작의 통과의례인 축성식을 거치지 않았다고 해서 절대군주가 되지 말란 법이 없음을 그 반대의 예로 증명할 수 있다. 다시 말해 축성식을 거친 절대군주인 루이 15세가 어떻게 '신성성'을 잃어갔는지 살펴보면 그 답을 알 수 있다는 말이다.

루이 15세의 바람기는 아무도 말릴 수 없었다. 심지어 그는 딸과 잤다는 소문까지 났다. 오스트리아 대사인 메르시 아르장토는 1774년 6월 28일에 마리아 테레지아에게 편지를 보내 "빅투아르 공주님Madame Victoire이 아기를 낳았는데, 돌아가신 왕(루이 15세)이 불륜의 장본인이라고 사람들이 소곤거린다"고 알렸다. 이처럼 루이 15세의 여성에 관한 소문은 늘 무성했다. 실제로 그가 수많은 여성을 거쳤기 때문에 소문은 대부분 사실이었다. 그래서 과장된 소문을 곧이곧대로 믿는 사람도 있었다. 그가 자기 딸과 자고 그 사이에서 아기가 태어났다는 소문을 전하거나 듣는 사람은 그것을 사실로 여길 수 있었다. 당시에는 이 같은 종류의 이야기가 많이 나돌았다. 루이 15세의 딸 아델라이드 공주와 왕세자(루이 16세의 아버지)도 근친상간의 혐의를 받았다. 또한 『뒤바리 백작부인에 관한 일화Anecdotes sur Madame la comtesse du Barry』의 저자(피당사 드 메로베르Pidansat de Mairobert로 추정)는 슈아죌 공작의 여동생 그라몽 공작부인에 대해 다음과 같이 말했다.

> 오빠보다 더 오만하고 더 건방지고 더 비뚤어진 이 여성은—사정이 허락하는 한—오빠를 손아귀에 넣고 마음대로 주물렀다. 그들이 얼마나 친했던지, 궁정에서는 상당히 악의에 찬 이야기가 나돌 지경이었다. 심지어 둘이 잤다는 말까지 나왔다. 진실이야 어떻든 그는 완고하고 뻔뻔스럽고 방탕하고 도덕은 자기 같은 사람이 아니라 평민이나 지켜야 할 것이라는 확신에 찬 여성, 문자 그대로 진정한 의미의 궁중 여성이었다.

이 일화를 전하는 저자는 자신이 '역사가'이기 때문에 공정한 태도로 사실을 기록한다고 자처하면서 "심지어 둘이 잤다는 말"에 대해 "진실이야 어떻든"이라고 신중한 태도를 보여주었다. 이처럼 당시의 사람들 가운데도 소문을 무조건 믿지 않는 사람이 있었지만, 소문은 대체로 표상과 관련되었기 때문에 무시하기 어렵다. 왕을 난봉꾼으로 묘사하는 소문은 결국 왕조의 정통성을 무너뜨리려는 의도를 감추고 있다고 단정하기는 어렵다 해도, 그것이 정통성에 흠집을 냈다는 면에서 오늘날 역사가의 관심을 끈다.

루이 15세는 6년 이상 연상인 왕비 마리아 레슈친스카와 열다섯 살에 결혼한 뒤 열일곱 살부터 10년 동안 자녀를 열 명 두었다. 그리고 그는 아내 이외의 여자에게 눈을 돌리기 시작해 넬 후작le marquis de Nesle의 다섯 딸 가운데 넷을 차례로 가졌다. 세상에서는 이것을 근친상간으로 생각하는 사람이 많았다. 그 뒤 1745년부터 네 자매보다 신분이 낮은 부르주아 출신의 미녀 마담 드 퐁파두르를 애첩으로 맞았다. 1764년 마담 드 퐁파두르가 죽고 1768년 왕비도 죽은 뒤 루이 15세는 1769년 4월 22일에 뒤바리 백작부인을 공식적으로 베르사유 궁으로 맞아들인다.

시중에는 온갖 종류의 농담이 돌아다녔다. 사람들은 입을 모아 뒤바리 백작부인이 역사상 가장 뛰어난 창녀였다고 말했다. 그는 퐁뇌프 다리에서 한 걸음에 트론Trône까지 다가갔기 때문이다. 파리의 중심에 있는 퐁뇌프 다리는 파리의 창녀들이 오가는 곳이었고 트론은 거기서 멀리 떨어진 포부르 생탕투안faubourg Saint-Antoine 입구에 있는 문이다. 그러나 이 농담을 달리 알아듣는 방식도 있었다. 트론은 왕좌를 뜻하기 때문이다. 역사적 사실에 비추어볼 때 당대 사람들 가운데 뒤바리가 "파리 퐁뇌프 다리에서 단숨에 베르사유의 왕좌까지" 갈 수 있었다고 알아듣는 사람도 많았으리라고 본다. 루이 15세는 왕국에서 가장 역량 있는 인물이라는 농담도 있다. 그는 통(뒤바리du Barry의 이름 바리Barry는 통baril을 뜻하는 낱말과 음이 같다)을 채울 수 있기 때문이다. 보잘것없는 사람들이 아주 공공연히 주고받던 속된 농담으로부터 우리는 왕과 새 애첩에 대해 빈정대는 여론이 얼마나 자유롭게 표현되었는지 알 수 있다.

이것은 문화적인 변화를 보여주는 지표라 할 수 있다. 대중은 절대왕정의 이상과 이념을 구현하는 왕의 몸이 신성하기는커녕 창녀에게 오염되었다고 생각했으며, 그러한 믿음은 앙시앵레짐 문화의 밑바탕이라 할 수 있는 절대주의의 절정기가 끝나고 그 표상마저 바뀌었음을 반영한다. 우리는 절대왕정의 중요한 요소인 신권le droit divin을 가진 왕이 신성성을 잃어가는 과정을 이처럼 루이 15세에게서 찾을 수 있다. 케이저T. E. Kaiser는 1744년 8월에 루이 15세가 '사랑하는 루이Louis le Bien-aimé'라는 애칭을 얻은 뒤 오히려 신성성을 잃었다고 말했다.

루이 15세는 쾌락을 계속 추구하면서 여인들의 조종을 받지나 않을까 하는 전통적인 두려움을 불러일으켰고, 결국 왕은 인민을 자식처럼 사랑해야 한다는 원칙을 깨는 것처럼 보였다. 루이 15세는 1766년 3월 고등법원에 나아가 친림법정을 열고 모든 권한이 군주인 자신으로부터 나오는 것임을 분명히 했으며 모푸의 정변으로 고등법원을 개혁해 군주로서 위엄을 찾았지만, 다른 한편으로는 애첩들과 쾌락에 빠지고 심지어 근친상간의 혐의까지 받았다. 그가 신성성을 잃어가는 과정을 상징적으로 보여주는 이야기가 있다. 그가 1744년 메스에서 병에 걸렸을 때 그의 빠른 쾌유를 빌면서 촛불 6,000개를 밝혔는데 1757년 다미앵이 그를 칼로 찌른 뒤에는 촛불이 600개로 줄었으며 1774년 4월 말에는 겨우 세 개뿐이었다는 것이다.

현실세계에서 '사랑하는 루이'는 귀족 여성 자매들과 부르주아 여성을 차례로 거치더니 말년에는 "거리에서 왕의 침대로 단숨에 올라간" 마담 뒤바리에게 빠졌다. 왕이 상대하는 여성이 귀족에서 평민으로 그리고 거리의 여자로 신분이 낮아지면서 그의 평판은 더 나빠졌다. 훗날 마리 앙투아네트를 비방하는 글에서도 루이 15세를 가장 유약한 인간, 모든 군주 가운데 가장 비열한 군주라고 불렀다. 루이 15세가 아침에 직접 커피를 뽑는데 잠시 부주의해서 커피가 넘치자 마담 뒤바리는 왕에게 "헤이, 프랑스, 그대 커피가 탈영하고 있어La France, ton café fout le camp!"라고 했다고 한다. 이 이야기는 금서의 베스트셀러에 활자화되어 두고두고 읽혔다. 이 이야기를 읽는 사람들은 처음에는 어이없이 웃다가 루이 15세가 얼마나 실망스럽게 처신하는지 생각하면서 화를 내기도 했으리라. 1771년 1월 17일, 바쇼몽의 『비밀회고록』
은 주기도문Pater Noster을 우습게 개작해 왕이 신성성을 잃어버린 것을 가장
강하게 보여주는 사례를 제시했다.

> 베르사유에 계신 우리 아버지,
> 당신 이름을 영광스럽게 하소서.
> 당신의 왕국이 흔들리고 있나이다.
> 당신의 의지는 이제 지상에서나 하늘에서 이루어지지 않나이다.
> 당신이 우리에게서 빼앗아간 빵을 오늘 우리에게 돌려주사이다.
> 당신의 이익을 팔아먹은 대신들을 용서하듯,
> 당신의 이익을 지지해준 고등법원들도 용서하사이다.
> 뒤바리 부인의 유혹을 받지 마사이다.
> 우리를 저 악귀 같은 대법관의 손에서 구원하소서. 아멘!

이미 오래전부터 파리 치안책임자들을 괴롭히는 악담, 소문, 그것을 반영
하거나 이끄는 글과 인쇄물이 왕의 신성성을 벗겨내는 데 한몫했다. 특히 인
쇄물이 상업적인 성공을 거두면서 그러한 경향이 더욱 두드러졌다. 그리고
전통적으로 왕이 죽으면 그의 몸을 열어 심장을 꺼내 파리 시내의 노트르담
대성당에 맡기지만, 또 루이 15세는 유언장에서 자기 심장을 꺼내 노트르담
성당으로 가져가 루이 14세의 심장 옆에 놓아달라고 부탁했음에도, 그가 죽
었을 때에는 주검이 하도 빨리 썩는 바람에 그렇게 하지 못했다. 루이 15세
는 심장을 가진 채 생드니 성당에 안치된 유일한 왕이었다. 직업인 가운데 가
장 낮은 계층인 변소 치는 인부들이 그의 주검을 납관에 넣고 봉인해 생드니

성당에 안치했는데 염을 하는 작업에 참여한 인부 한 사람이 하루 만에 죽었다. 이미 신성한 상징이 떠난 왕의 몸은 병들고 빨리 썩어버릴 뿐 아니라 심지어 다른 사람도 오염시키는 물질에 지나지 않았다.

루이 16세가 비록 루이 15세의 신성성을 고스란히 물려받지는 못했다 해도 그는 제도적으로 절대군주였으며 혁명이 일어난 뒤에도 국민의회 의원들은 루이 16세를 신성한 존재로 생각했다. 1791년 6월 20일 밤에 튈르리 궁을 빠져 나가 국경도시 몽메디로 가다가 바렌에서 잡혀 파리로 호송된 뒤에도 그의 신성성을 주장하는 의원들이 있었고, 1792년 말 루이 16세가 폐위되고 재판을 받을 때에도 국민공회의 일부 의원은 그의 신성성과 불가침성을 주장했다. 그러므로 이론과 실제는 언제나 차이를 보여주고 원칙은 개별 사례마다 달리 적용된다는 사실을 새삼스럽게 지적해야 할 것인가?

루이 16세는 1774년 5월 10일 루이 15세가 죽는 날 왕의 신성성을 보장해주는 축성식과 대관식을 거치지 않고 왕위에 올랐다가 마침내 1년 뒤 1775년 6월 11일에야 랭스에서 대관식을 했다. 그의 대관식은 화려했지만 몹시 곤혹스러운 상황에서 준비한 것이었다. 4월부터 5월 초까지 빵값이 치솟았기 때문에 서민이 여기저기서 이른바 '밀가루 전쟁'이라는 폭동을 일으켰던 것이다. 루이 16세가 임명한 계몽사상가 튀르고는 1774년 9월에 곡물의 자유거래를 명령해 새 시대의 정신을 과시했다. 이제부터 곡식을 가진 사람은 자기 마음대로 비싼 값을 받을 수 있는 곳으로 가져다 팔 수 있게 되었다. 그런데 그해는 밀농사를 망쳤기 때문에 1774년 9월에 11수이던 무게 2리브르(약 1킬로그램)짜리 빵값이 1775년 5월 1일 12수에서 3일에는 14수로 뛰었다. 4월 말 디종, 보몽 쉬르 우아즈, 모, 파리, 베르사유에서 차례로 폭동이 일어나고 빵집과 곡물창고가 약탈당했다. 루이 16세는 단호히 대처해 군대를 풀었고 162명을 잡아들이면서 폭동을 진압했다. 이처럼 루이 16세는 대관식 직전에 큰 사건을 치렀다. 심지어 아랑다 백작은 파리의 뤼 뒤 바크에 있는 자코뱅 수도원 쇠창살에 다음과 같이 루이 16세를 위협하는 벽보를 붙였다.

우리 5,000명은 백성을 교란하는 왕의 아첨꾼들에게 대항하기 위해 단호히 무기를 든다. 왕국의 모든 지방민도 우리와 함께할 것이다. 영국인도 우리를 도울 것이다. 루이 16세의 시해자 씀.

축성식을 한다고 해서 신성성이 생기는 것도 아니고, 하지 않는다고 해서 왕이 되지 못하는 일도 없었다. 루이 16세는 폭동을 진압하고 나서 25만 리브르짜리 호화마차를 타고 축성식과 대관식을 하려고 베르사유에서 파리를 거쳐 랭스로 갔다. 왕이 지나는 길에서 그의 모습을 보는 것은 당시 사람들로서는 황홀한 경험이었다. 선왕의 축성식을 거행한 1722년에 살던 사람이 1775년까지 살아서 루이 16세의 축성식과 대관식을 볼 수 있는 가능성은 아주 적었다. 그러므로 랭스 대성당 안팎에서 루이 16세를 거룩한 존재로 만들어주는 행사를 직접 볼 수 있는 사람에게 그의 축성식은 그 어떤 행사보다 더 화려했다.

3
루이 16세의 대신들

왕세자는 어떤 교육을 받았나? 여느 아이들처럼 그도 어릴 때부터 기본 교육을 받았다. 일곱 살이 될 때까지는 수비즈

공의 누이인 마르상 백작부인이 책임지고 교육했으며 소년기에 접어들면서
는 남자 교사에게 배웠다. 그에게 가장 큰 영향을 끼친 교사는 라 보기용 공
작이었다. 왕세자에게는 뭐니 뭐니 해도 역사와 지리가 필수과목이었다. 자
기가 다스릴 왕국의 각 지방이 어떤 특색을 가지고 있는지 반드시 알아야 했
기 때문이다. 여기서는 루이 16세가 받은 교육 가운데 정치교육, 이른바 실
무교육에 대해 잠시 알아볼 필요가 있다. 루이 16세는 왕세자로서 한 번도
어전회의에 참석하지 못했다. 그러니 스무 살이 되기 몇 달 전 왕이 될 때까
지 할아버지가 대신들의 도움을 받는다는 사실이야 알았겠지만 구체적으로
어떻게 도움을 받고 어떻게 명령하는지는 잘 알지 못했다.

그의 조상의 경우, 루이 14세의 왕세자는 1688년 27세 때, 그리고 부르
고뉴 공작은 1699년 16세 때, 루이 15세의 왕세자는 1750년 21세 때 각각
국내 문제를 논의하는 '콩세이 데 데페슈Conseil des dépêches'에 참여할 수 있
었다. 이들은 처음 몇 년 동안 발언하지 않고 듣기만 하면서 국사를 처리하는
법을 배웠다. 그러나 루이 16세는 열아홉 살이 될 때까지 한 번도 참석하지
못했던 것이다. 단지 1770년 말 대법관 모푸가 고등법원에 왕령을 등기시키
는 과정을 왕세자에게 자세히 보고했을 때, 왕세자는 보고서에 "아주 훌륭한
보고서. 진정한 공권력을 볼 수 있음. 나는 대법관의 조치에 몹시 기뻤음. 루
이 오귀스트"라고 써 넣었고, 이것이 루이 16세가 왕세자일 때 국사에 대해
정식으로 보고받은 유일한 사례였던 것 같다.

왕세자는 1774년 4월 27일에 할아버지 루이 15세를 마지막으로 만났다.
루이 15세와 마담 뒤바리, 그리고 왕세자 루이 오귀스트는 그날 프티 트리아
농Petit Trianon에서 함께 아침을 먹었다. 그리고 이튿날인 4월 28일에 할아버
지의 병세가 나타나고 29일에는 천연두라는 진단을 받았다. 병세가 급히 나

빠져 5월 10일 오후 2시에 세상을 떴다. 베르사유 궁전의 공기도 오염되었기 때문에 복도만 지나도 50여 명이나 병에 걸렸고 그중 10명이 죽었다. 루이 16세는 병에 걸릴까봐 베르샤유 궁에서 슈아지 궁으로 가면서 열흘 뒤에 모든 대신을 만나겠다고 선언했다. 대신들은 천연두를 앓는 왕의 곁에 있었기 때문에 격리기간을 지켜야 했다. 그래서 왕이 될 준비를 제대로 갖추지 못한 채 왕위를 물려받은 그는 가장 절실하게 도움이 필요한 시기를 아무런 도움도 받지 못한 채 외롭게 보내야 했다.

왕은 어전회의를 열고 국사를 논의했다. 왕은 이 회의를 통해 지시를 내리고 통치했다. 이 회의는 언제나 왕과 연결되었고, 실제로 베르사유 궁에서 회의실은 왕의 침실과 연결되었다. 회의 내용은 크게 둘로 나뉘는데 하나는 정부에 관한 회의, 다른 하나는 사법과 행정에 관한 회의였다. 왕은 대개 정부에 관한 회의만 주재했다. 그리고 정부에 관한 어전회의는 다시 크게 두 가지 문제를 다루었다. '콩세이 데타 또는 콩세이 당 오Conseil d'Etat ou Conseil d'en haut'는 외교문제와 군사문제를 다루었고 일요일과 수요일에 열렸다. 이 회의에는 소수만 참석했으며 대법관chancelier은 참석하지 못했다. 또한 모든 대신이 다 참석하지도 못했다. 이 회의에 참석하는 소수 대신만이 국무대신ministres d'Etat이라는 칭호를 가졌다. 루이 15세의 아들은 왕세자임에도 1757년 왕이 다미앵의 공격을 받은 뒤에야 비로소 이 회의에 참석하기 시작했다. 루이 16세 치세 초기에는 왕, 대원수 수비즈 공, 모르파 백작, 그리고 국무비서 네 명으로 라 브르리에르 공작, 베르탱, 르 뮈 백작, 베르젠 백작과 재무총감 튀르고가 참석했다.

'콩세이 데 데페슈'는 루이 14세가 국내 문제를 다루려고 1660년에 창설한 뒤 루이 16세 치세에는 토요일에 열렸다. 대법관과 국무비서secrétaire d'Etat 네 명은 당연직 구성원이었고 국무대신들도 참석했다. 이렇게 해서 회의 구성원은 열 명에서 열세 명까지였다. 참석자는 왕, 대법관(국새경), 모르파 백작, 라 브리에르 공작, 다게소, 베르티에 드 소비니, 베르탱, 졸리 드 플뢰리, 사르틴, 르 뮈 백작, 베르젠 백작, 재무총감 튀르고였다. 국무비서란 오늘날 각 부 장관에 해당하는 직책이다. 이들은 모두 네 명이며 특별한 경우 한 명을 더 두기도 했다. 국무비서마다 책임부서가 있었는데 그것은 1626년 3월 11일에 왕령으로 결정되었다.

궁부Maison du Roi를 맡은 비서는 왕실과 왕 개인에게 봉사하는 모든 관리를 지휘하는 복잡한 조직이었다. 종교, 무관, 문관으로 나뉘고 이 부서들은 각각 여러 가지 업무로 다시 나뉘었다. 궁부대신은 베르사유 궁뿐만 아니라 파리와 일부 지방을 관장했다. 외무Affaires étrangères비서는 외교문제를 전담하면서 일부 지방의 일을 맡았고, 해군Marine비서는 해군과 해외식민지의 일을 맡았으며, 전쟁Guerre비서는 육군과 국경지대를 관장했다. 이 네 명이 주로 왕의 결정에 진정한 힘을 보태주었다. 정부가 발행하는 문서에 왕이 서명하고 그 아래 이들 중 한 명이 서명함으로써 효력을 발생시켰다. 이들은 대법관, 재무총감contrôleur général des finances과 함께 진정한 3부 요인이었다.

대법관은 국새를 관장하지만 왕의 신임을 잃을 때 왕이 따로 임명한 국새경garde des Sceaux에게 국새를 넘겨주고 실권을 잃을 수도 있었다. 루이 16세 치세 초의 대법관은 모푸René Nicolas Charles Augustin de Maupeou(1714~1792)였다. 그는 루이 15세 시대인 1768년부터 그 직책을 수행했으며 루이 16세가 왕이 된 뒤에도 사임하지 않고 버텼다. 그래서 루이 16세는 미로메닐Thomas Hue de Miromesnil을 국새경으로 임명했다.

수요일에 열리는 재무회의Conseil royal des Finances에는 왕, 대법관, 모르파 백작, 오르메송, 페도 드 마르빌, 모로 드 보몽, 트뤼덴, 불롱뉴, 베르탱, 튀르고가 참석했다. 그리고 무역회의Conseil royal de Commerce도 있었다. 왕, 대법관, 모르파 백작, 라 브리에르 공작, 다게소, 오르메송, 모로 드 보몽, 트뤼덴, 베르탱, 사르틴, 튀르고가 2주에 한 번씩 모였다.

루이 16세는 1701년에 태어난 모르파 백작을 스승으로 모셨다. 이 정치가는 열일곱 살 때 아버지 뒤를 이어 루이 15세 밑에서 해군대신으로 일하다가 1749년 4월 24일에 31년간의 공직생활에서 쫓겨났다. 자업자득이었다. 모르파 백작은 왕과 퐁파두르 부인, 에스트라드 백작부인, 단 넷이 참석하는 자리에서 저녁을 먹었다. 그 자리에서 퐁파두르 부인이 흰 히야신스 꽃을 나눠주었다고 한다. 이튿날 이 꽃을 가지고 퐁파두르 부인의 성병에 빗댄 시가 나돌았다. 흰 꽃은 월경 중에 나오는 분비물로 성병의 징후를 뜻한다. 왕의 애첩이 흰 꽃을 준 행위를 아는 네 명 가운데 에스트라드 백작부인의 죽은 남편은 퐁파두르 부인의 남편과 사촌이었으므로 왕은 당연히 모르파 백작을 의심했고 당장 그를 체포해 귀양 보냈다.

루이 16세는 즉위하자마자 아버지의 유지를 받들어 모르파 백작을 불러들였다. 이렇게 해서 백작은 1774년 25년 만에 73세로 공직에 복귀했다. 루이 16세의 아버지는 루이 15세의 비인 어머니와 함께 '경건파(독실한 기독교도parti dévot)'였으며, 루이 15세가 마담 드 퐁파두르의 영향을 받는 것에 한이 맺혔다. 만일 그가 루이 15세의 뒤를 이었다면 그는 모르파 백작을 1순위로 중용했을 것이다. 그러니까 루이 16세가 아버지의 뜻을 이어 모르파 백작을 중용한 일은 예정된 일이었을 것이다. 모르파 백작은 루이 16세를 처음 만나던 날 자신의 지위에 대해 못을 박았다고 한다.

"전하의 국무비서들은 전하와 함께 일하도록 하십시오. 소신은 그들 대신 전하께 아무 말씀도 올리지 않겠습니다. 다시 말씀드리자면 소신은 오직 전하만의 사람이 되겠습니다. 그 이상은 관여하지 않겠습니다."

국무비서 라 브리에르 공작Le Duc de La Vrillière은 궁부대신이었다. 이 대신은 궁부, 종교인, 개신교도와 관련된 문제를 다루었고 파리와 랑그도크를 포함한 여러 지방, 그리고 신분회 지방(납세구)의 문제도 관장했다. 국무비서 사르틴Sartine은 해군대신으로서 해군, 갤리선, 외국 식민지, 해외무역을 관장했다. 그는 영국을 의식해 해군력을 강화했다. 국무비서 르 뮈 백작comte du Muy은 전쟁대신으로서 육군, 국방, 포병, 공병을 맡았고 육지와 해안의 요새를 관장했다. 그는 동부 지역의 북쪽부터 남쪽까지 국경지대와 코르시카를 관장했다. 국무비서 베르젠 백작comte de Vergennes(1717~1787)은 외무대신이었다. 그의 잘못이라면 왕에게 아메리카 독립전쟁을 도와 영국과 싸우라고 권한 일이었다. 이 전쟁에서 프랑스가 자존심을 회복했다고는 하지만 재정이 더욱 악화되었고 그 결과가 혁명으로 연결되었기 때문이다.

왕에게 청원서를 올리려는 사람은 일요일 미사가 끝난 뒤 관계부처 국무비서가 있는 왕의 부속실에서 올려야 했다. 국무비서는 한 달씩 번갈아가면서 왕의 곁을 지켜야 했다. 제5의 국무비서는 베르탱Henri Léonard Jean-Baptiste Bertin(1719~1792)이었다. 그는 1759년 재무총감이 된 뒤 루이 15세와 퐁파두르 부인의 든든한 후원을 받았다. 1763년에 재무총감직을 떠나게 되지만 루이 16세 때 제5의 국무비서처럼 중용되어 종마사육장, 도자기 제조, 수의학교, 농업과 농학회, 광산을 감독하고 그 밖의 다양한 업무와 함께 라 기엔, 보르도, 노르망디 같은 지방을 관장했다. 그는 1782년까지 왕에게 봉사했다.

재무총감 튀르고는 국고를 책임졌다. 튀르고가 2년 뒤 물러나고 1789년까지 열 번이나 이 자리의 주인이 바뀌었다. 현대 세계에도 경제문제가 가장 해결하기 어려운 문제듯이 툭하면 전쟁을 하던 나라, 세제상의 특권과 불평등이 존재하던 나라에서 근본적 개혁보다는 수시로 임시방편을 동원하면서 이끌던 경제체제는 나쁜 상황을 벗어나기 어려웠다. 이러한 체제에서 재무총감은 왕실의 모든 수입원을 관리했다. 예를 들어 관직보유자가 죽고 그 관직을 물려받을 상속인이 없을 때 그 관직은 국가의 소유가 되는데 그것을 적당한 값에 팔아 수입을 올렸다. 그는 왕국 내의 모든 상거래와 육로로 이루어지는 외국 무역을 관장했다. 전쟁세를 걷고 포병과 공병도 관리했다. 모든 생활필수품, 금리생활자, 고등법원과 상급법원, 다리와 도로, 공장, 입시세, 5퍼센트세, 왕국 내의 하천 운항, 운하의 관리와 건설 같은 일도 맡았다.

재무총감 아래서 그를 도와 자금의 흐름을 관리하는 재무감독관Intendants des Finances도 여러 명 있었다. 16세기에 외국으로 군사원정을 할 때 군비를 마련하고 관리하기 위해 창설한 직책이지만 점점 더 세분화되었다. 먼저 오르메송Ormesson은 자기 아들을 보좌관으로 데리고 타이유세(평민세), 카피타시옹세(국민세), 5퍼센트세, 종교인의 기부금, 자선 따위를 맡았다. 모로 드 보몽Moreau de Beaumont은 수자원과 임업, 왕령, 기름의 총괄징세청부업을 감독했다. 트뤼덴Trudaine은 프랑스 전체의 소금세, 특히 리요네, 프로방스, 도피네, 랑그도크 지방의 소금세, 5대 총괄징세청부업(소금세, 파리 입시세, 관세, 담배전매업, 캐나다와 서인도제도 식민지세), 다리와 도로, 무역항, 운하에 관한 모든 일을 맡았다. 그 밖에 불롱뉴Boullongne, 부탱Boutin, 아믈로Amelot도 재무감독관이었다.

지금까지 나온 수많은 이름 가운데 재무회의에 참석한 페도 드 마르빌 Feydeau de Marville(1705~1787)을 소개할 기회가 없었다. 이 사람은 파리 고등법원 판사(1726), 고등법원 심리부 판사(1736), 대법정 수석재판장(1738)을

1781년 네케르의 모습.

네케르는 '프랑스와 국민의 왕 루이 16세' 흉상 아래서 '풍요의 뿔'을 잡고 있다.
두루말이는 그가 쓴 『콜베르 예찬』이며 책은 『왕에게 바치는 재정보고서』다.

네케르의 정책에 반대하는 시대상을 묘사한 작자 미상의 풍자화.

콜베르

필리베르 오리

보방

루부아 후작

모푸

마자랭

뒤바리 백작부인

퐁파두르 부인

리앙쿠르 공작

시에예스 신부

장 실뱅 바이이

에기용 공작

라 로슈푸코 공작

거쳐 1740년에는 파리 치안총감이 되어 1747년까지 봉사했다. 1756년에 왕의 자문회의에 참석하기 시작했고, 1765년에는 포 고등법원에 파견되었다가 1766년부터 재무회의에 정식으로 참여하기 시작했다.

　루이 16세가 스승 모르파 백작의 말을 듣고 어전회의를 열어 국사를 논의했다고 할지라도 그만이 통치했다. 그는 1787년까지 총리대신을 두지 않고 다스렸다. 모르파 백작이 1781년에 죽을 때까지 스승 노릇을 했고 그 뒤로 다른 대신보다 외무대신 베르젠이 루이 16세에게 가장 조언을 많이 했지만 그도 총리대신의 지위까지 오르지는 못했다. 1783년 아메리카 전쟁이 끝난 뒤 루이 16세는 베르젠에게 재무회의의 장을 맡으라고 했지만 그는 회의에 나가지 않았다. 튀르고가 물러난 뒤의 재무총감이 여럿 있었지만 재무총감 밑에서 실질적으로 나라 살림을 꾸려간 재무총재 네케르Jacques Necker(1732~1804)*가 제일 눈에 띈다. 1789년 7월에 그를 해임했다는 소식을 들은 민중이 화가 나서 들고일어났다는 사실을 보면 민중은 그가 자기네 편이라고 생각했음을 알 수 있다. 네케르는 외국인이고 평민 출신이며 더욱이 개신교도였기 때문에 '총감contrôleur'이 되지 못하고 '총재directeur'가 되었지만 1776년에서 1781년까지 재무총감 레오Louis Gabriel Taboureau des Réaux 밑에서 재무총재가 되어 튀르고가 추진하던 곡물 자유거래를 규제하는 반자유주의 정책을 썼다.

　네케르는 권력을 얻기 전에 파리에서 은행가로 성공했고 프랑스가 돈이 필요할 때 선뜻 빌려주면서 신임을 얻었다. 그는 모두 세 번이나 나라 살림

---

* 사실 당시 사람들은 '네크르'라 발음했지만 이 책에서는 우리가 익숙한 '네케르'라고 쓴다.

을 맡았고 1788년에는 전국신분회를 소집하기에 앞서 제3신분 대표의 수를 두 배로 늘리는 데 힘썼다. 이렇듯 민중의 마음을 사로잡는 정책을 썼다는 데서 그의 인기가 높았던 이유를 찾을 수 있다. 튀르고의 곡물 자유거래 정책은 도시가 농촌을 착취하는 구조를 바꾸려는 목적을 가졌지만 당장은 곡물가가 치솟아 가난한 사람에게 더욱 고통을 주었기 때문에 민중 폭동의 원인이 되었다. 그러므로 튀르고의 반대편에 서서 자유주의를 비판한 네케르의 정책이 돋보였다. 더욱이 그는 책을 써서 자기 사상을 널리 알리는 데 성공했다.

4

루이 16세와 고등법원

왕이 나라의 일을 의논하고 결정하는 조정curia regis은 왕국이 점점 발달하면서 전문화된 기구로 나뉘었다. 중세 전성기인 12세기부터 13세기까지 법률을 다루는 고등법원Parlement과 재정을 다루는 재무부Chambre des comptes가 갈라졌다. 그리고 두 기관 모두 왕국이 더욱 커지면서 다른 지방에 생기는 기관들의 모범이 되었다. 18세기까지 고등법원은 모두 14개가 생겼다. 가장 먼저 생긴 고등법원은 프랑스 고등법원Parlement de France이라고 불리다가 파리 고등법원이라 불리게 되었다. 그 뒤 16세기부터 차례로 툴루즈, 그르노블, 보르도, 디종, 루앙, 엑스, 동브, 브르타뉴, 포, 메스, 프랑슈 콩테, 플랑드르, 낭시에 고등법원이 생겼다. 그러나 동브 고등법원은 1771년에 폐지되어 전국에는 모두 13개의 고등법원이 있었다. 고등법원은 아니라 해도 거기에 준하는 특권을 누리는 법원이 콜마르와 페르피냥에도 생겼다. 파리 고등법원은 왕국의 3분의 1 정도를 맡았고 나머지 고등법원이 왕국의 3분의 2를 나눠서 맡았으니 파리 고등법원이 얼마나 중요했는지 알 수 있다.

고등법원은 왕을 대신해 최종적으로 판결을 내리는 최고법원이었고 왕이야말로 곧 법이었기 때문에 파리 고등법원의 대법정에서 가장 첫 자리는 언제나 왕의 자리로 비워두었다. 각 고등법원은 법관들의 단체였다. 법관들은 자기가 소속한 단체가 향유하는 특권을 누릴 수 있었다. 그 특권이란 세금과 사법상의 특권이었다. 파리 고등법원은 법관 260명의 단체였다가 1756년 이후에 180명의 단체가 되었고 그 밖의 고등법원은 대개 약 100명 정도의 단체였으며 두에 고등법원, 콜마르 법원과 페르피냥 법원은 약 20명에서 30명 정도의 단체였다.

고등법원의 구성원은 재판장급 판사, 종교인 판사(형사재판에는 참가하지 않았다), 속인 판사, 심리부 판사, 차장검사, 검사대리, 서기였다. 고등법원은 민사와 형사 또는 행정의 모든 분야를 맡았다. 그러나 수많은 하급법원이 맡을 수 있는 사건을 처음부터 맡지는 않았다. 고등법원은 주로 대귀족pairs(왕족과 같은 등급이나 중신) 문제, 국왕의 특권régale에 관한 문제, 오텔 디외 병원 문제, 대역죄, 주요 관리의 범죄를 다루었다. 그리고 그것은 상고법원이었다.

파리 고등법원은 대법정, 조사부, 투르넬 법정chambre de la Tournelle, 심리부로 구성되었다. 대법정은 수석재판장과 재판장(하급법원의 재판장과 구별하려고 président à mortier라 부른다) 9명, 속인 판사 25명, 종교인 판사 12명, 명예재판장 2명과 명예판사 2명으로 구성되었다. 조사부는 재판에 관해 법적인 조사를 하는 곳으로 5개 실로 나뉘었고, 투르넬 법정은 형사 사건을 다루었으며, 심리부는 '코미티무스' 특권을 가진 사람, 말하자면 같은 등급의 귀족에게 재판받을 권리를 주장하는 거물급 귀족의 자격을 심사했다.

파리 고등법원은 왕령을 검토하고 수정하고 잘못된 곳을 '다시 보여주고'(이 말이 '상소remontrer'의 어원이다) 등록했다. 왕령은 고등법원에 등록되어야 실효를 가졌으므로 고등법원은 등기권을 이용해 왕권을 제한하려 했다. 이때 법안의 잘못된 점을 '다시 보여주는' 과정이 중요해졌다. 그리하여 상소하는 권리가 생겼다. 고등법원은 이 상소권을 이용해 왕령의 부당함을 알리고 왕에게 저항했기 때문에 대중은 고등법원이야말로 왕국의 기본법, 관습법, 원칙을 지켜 왕이 제멋대로 하는 전제정을 막는 기관이라고 생각했다.

왕은 친림법정을 열고 자기 의지를 강요할 수 있었다. 그 좋은 보기는 앞에서 보았듯이 루이 15세가 1766년 3월 3일 파리 고등법원에서 했던 '징계의 연설'이다. 만일 고등법원 법관들이 계속 말을 듣지 않으면 다음 순서는 귀양이었다. 법관직은 법관 개개인의 소유물이라서 왕이라 할지라도 그것을 빼앗을 수 없었기 때문에 그들을 귀양 보내는 수밖에 없었다. 1788년 '그르노블의 기왓장 사건'은 그곳 고등법원의 저항에 동조하는 주민들이 왕의 귀양 조치에 반발해 건물 옥상에 올라가 기왓장을 뜯어 군인들에게 던지면서 항의한 사건이었다. 이처럼 일반대중은 고등법원이야말로 왕권이 전제권으로 흐르는 것을 막고 왕국의 기본법(전통과 관습법)을 지킨다고 생각하면서 그 편을 드는 경우가 많았다.

이렇게 왕의 권한을 대신 행사하는 고등법원이 왕에게 저항하게 된 것은 루이 16세 때 처음 생긴 일은 아니다. 루이 14세 치세 초, 섭정기에 마자랭에게 저항하던 파리 고등법원은 이른바 '프롱드 난(1648~1653)'을 일으켰다. 그때 마자랭을 공격하고 비방하는 풍자시나 산문을 약 4,000가지나 뿌렸다. 이러한 글을 쓴 사람들 가운데 고등법원 법관들도 많았다. 그리고 루이 15세 때에는 '브르타뉴 사태Affaires de Bretagne' 또는 '라 샬로테 사건'이 7년 전쟁에서 진 프랑스의 재정문제를 되살리려는 왕을 괴롭혔다. 그러므로 루이 16세와 고등법원의 관계를 좀더 잘 이해하려면 잠시 루이 15세의 치세 말로 돌아가 '브르타뉴 사태'와 1771년 '모푸 정변'이 일어날 때까지의 사정을 살펴봐야 한다.

5
브르타뉴 사태 또는
라 샬로테 사건

브르타뉴 지방은 1532년에야 비로소 프랑스 왕국에 편입되어 앙시앵레짐 시대 내내 독특한 지위를 유지했다. 다른 지방은 여러 가지 제도가 들쭉날쭉 중첩되었지만 이 지방은 신분회, 군관구, 고등법원, 지사관구가 하나로 일치했다. 브르타뉴 지방은 왕국에서 가장 넓은 주province였으며 신분회를 2년마다 열었다. 이 지방의 중심지는 렌Rennes이었고 이 도시에 브르타뉴 지방의 고등법원이 있었다. 왕이 임명한 군장관이나 지사도 이 도시에 머물렀다. 이 주는 오트 브르타뉴와 바스 브르타뉴로 나뉘었는데 전자는 5개 주교구(낭트, 렌, 돌, 생말로, 생브리왹), 후자는 4개 주교구(트레기에, 생폴 드 레옹, 켕페르, 반)로 각각 구성되었다.

거물급 귀족인 에기용 공작은 1753년 4월 30일에 브르타뉴 지방의 군장관으로 취임했다. 그는 당시 왕세자(루이 16세의 아버지)의 편이었기 때문에 슈아죌 공작의 반대파였다. 그는 7년 전쟁 기간인 1758년에 영국군이 프랑스에 상륙하지 못하게 막았고 렌 고등법원과 브르타뉴 지방의 신분회를 상대로 왕의 명령을 집행하다가 거센 반발을 불러일으켰다.

그곳에서 왕의 정책에 저항하는 세력의 중심에 라 샬로테sieur de La Chalotais(1701~1785)가 있었다. 1752년 렌 고등법원의 검찰총장이 된 그는 젊은 시절부터 얀세니즘Jansenism(인간의 원죄와 구원의 문제에서 하느님의 은총과 예정설을 강조하던 얀세니우스의 교리를 믿는 종파)에 물들었다. 예수회를 공격하는 계몽사상가들과 교류하면서 1761년 12월과 1762년 5월에 예수회가 국가에 해로운 집단이라고 고발했다. 1763년에는 『국민교육론L'Essai d'éducation』을 써서 예수회를 추방한다고 모든 일이 끝나는 것이 아니라 그들이 맡았던 교육체계까지 뒤바꿔야 한다고 주장했다. 당시의 중등학교 600개 가운데 106개를 예수회가 운영했기 때문이다. 예수회의 중등교원은 모두 1,250명 정도였다. 비록 근거 없는 주장이 많은 저작이었지만 1763년 한 해에만 네 번이나 거듭 찍어낼 정도로 성공했고 네덜란드, 러시아, 독일에서도 번역 출간되었다.

에기용 공작이나 라 샬로테는 모두 국무비서가 되고 싶은 야망을 품은 사람들이었다. 이 두 사람은 대립하는 관계로 만났다. 전자는 브르타뉴 지방에서 왕권을 지키려고 군장관으로 파견되었고, 후자는 그곳 고등법원의 검찰총장으로서 그 지방의 이익을 우선 지켜야 했다. 이렇게 해서 두 사람이 부딪쳤고 1763년에 이른바 '브르타뉴 사태'가 발생했다.

이 사태는 1763년 11월 21일의 법을 등기하는 문제로 시작했다. 이 법은 제2차 5퍼센트세를 유지하는 법이었다. 재무총감 라베르디Clément Charles François de Laverdy(1723~1793)는 브르타뉴 신분회가 1764년 말에 열릴 때까지 기다리지 않고 3월에 렌 고등법원에 그 법을 등기하라고 보냈다. 그러나 렌 고등법원은 중앙정부의 뜻을 그대로 따르지 않았다. 6월 5일에 그들은 그 법에 여러 단서조항을 달아 등기하는 한편, 그곳 지사와 군장관의 행위 때문에 브르타뉴 지방의 현실이 암울하다고 비판하는 명령을 함께 통과시켰다.

베르사유 궁에서는 이 사실을 알고 발칵 뒤집혔으며 고등법원의 편을 들던 슈아죌 공작까지 화를 냈다. 렌 고등법원은 재판장 한 명, 판사 세 명, 그리고 검찰총장 라 샬로테를 베르사유에 보내 상황을 설명하기로 결정했다. 이 대표단은 콩피에뉴 궁에서 루이 15세를 만나 잔뜩 꾸중을 들었고, 그 결과 에기용 공작에 대한 반감을 더욱 키웠다. 에기용 공작은 브르타뉴 지방의 신분회에서 라 샬로테에게 불리한 여론을 조성하려고 애썼다. 그러나 그는 모순되는 정책을 밀고 나갔다. 그는 브르타뉴 지방의 신분회를 왕의 지지세력으로 끌어들이려고 노력하면서도 그 신분회의 특권을 없애려고 했던 것이다. 브르타뉴 신분회는 곧 렌 고등법원과 함께 행동하면서 왕권에 도전했다.

이들은 1764년 6월과 11월에 왕에게 상소해 에기용 공작에 대한 반감과 함께 브르타뉴 지방이 겪는 고통을 호소했다. 왕이 파견한 관리들이 지방 선거에 간섭할 뿐만 아니라 세금분배와 징세 관계자를 뽑는 일에도 간섭하며, 신분회에서 결정하지도 않았고 고등법원에 등기하지도 않은 세금을 멋대로 걷으며, 가뜩이나 빚을 지고 있는 상황을 무시하고 여러 도시에 호화로운 건물을 짓고 재정을 탕진하니 죽을 지경이라고 호소했다. 더욱이 농촌이 고래 싸움에 새우등 터지듯 짓눌린 상태에서 고통스러운 부역의 짐까지 져야 하는 현실도 호소했다.

슈아죌 공작은 에기용 공작을 싫어했고 마땅히 제거하고 싶은 상대였지만 에기용 공작은 슈아죌 공작보다 더 거물급 가문 출신이었다. 게다가 왕의 측근들은 에기용 공작이 왕권을 대표한다고 주장하면서 에기용 공작 편을 들었다. 브르타뉴 지방은 별로 만족할 만한 성과를 얻지 못했다. 렌 고등법원은 업무를 중단했다. 왕은 고등법원 판사들을 단체로 베르사유에 불러들여서 상소에 대한 답변을 듣기 전에 업무에 복귀하라고 명령했다. 렌 고등법원 판사의 다수가 1765년 5월에 사임했다.

포 고등법원도 이에 동조했고, 그 결과 그곳의 재판장 한 명과 판사 세 명이 체포되었다. 다른 법원의 판사들도 웅성거렸다. 파리 고등법원은 이 당시 종교인들과 싸우고 있었다. 종교인은 5년마다 한 번씩 총회를 열었는데 마침 1765년의 회의에서 그들은 예수회를 추방한 일에 유감을 표시하고, 특히 파리 고등법원이 1754년 9월 2일의 '침묵의 법les lois du silence'을 위반했다고 주장했다. 이 법에 대해 알려면 먼저 '우니게니투스 교서'에 관해 알아야 한다.

1713년 루이 14세가 교황 클레멘스 11세에게 요청해 우니게니투스 교서를 받았다. "예수는 하느님의 외아들"이라는 말로 시작하는 이 교서는 프랑스 왕국의 헌법이 되었다. 그러나 이 교서를 둘러싸고 프랑스 국교회주의자들이 반발하고 교황지상권주의자인 예수회와 마찰을 빚자 1749년 파리 대주교 크리스토프 드 보몽은 고해증명서를 제시하는 신자에게만 성사를 베풀겠다고 했다. 파리 고등법원의 종교인 판사 가운데 프랑스 국교회주의자들은 파리 대주교를 드세게 공격했다.

파리 고등법원은 1751년 3월에 왕에게 이 문제에 대해 상소했고 1752년 4월에는 왕의 허락을 받아 종교문제에 끼어들어 "어떤 종교인도 고해증명서가 없다는 이유로 신도에게 성사를 거부해서는 안 된다"는 명령을 반포했다. 계속 논란이 증폭되자 왕은 1754년 10월 8일에 "우니게니투스 교서에 대해 아무 말도 하지 말도록" 명령하는 '침묵의 법'을 반포했다.

그러나 종교문제는 정치문제와 얽히기 마련이라서 예수회 추방, 교황지상권주의와 프랑스 국교회주의의 대립, 『백과사전』, 엘베티우스의 『정신론 de l'Esprit』을 둘러싸고 베르사유 궁의 경건파와 계몽주의자들의 대립, 전쟁과 비용분담 문제가 뒤얽혀 나라 안은 계속 시끄러웠다. 파리 고등법원은

1765년 종교인 회의의 결정을 파기했다.

　이 와중에도 브르타뉴 사태는 지속되었다. 에기용 공작과 라 샬로테의 대립은 마치 한편에 전제주의와 예수회, 그리고 맞은편에 계몽주의와 고등법원의 정신이 서로 대립하는 양상이었다. 라 샬로테는 1750년대 초부터 베르사유 궁을 드나들면서 인맥을 만들었는데 이때도 베르사유 궁으로 가서 에기용 공작을 제압하려고 노력했다. 에기용 공작과 그의 지지자들은 라 샬로테를 파멸시키려고 애를 썼다. 왕은 브르타뉴 고등법원을 견책하고 앞에서 말했듯이 고등법원 판사들은 1765년 5월에 사임했다. 브르타뉴에서는 수많은 정치논문과 풍자시가 나돌았고, 그것은 베르사유 궁까지 침투했다. 심지어 왕에게 불손한 말투로 쓴 편지도 궁으로 들어갔다. 편지글을 쓴 사람을 알아내려고 필적감정까지 했고, 그 결과 라 샬로테가 그 글을 쓴 장본인이라 했다.

　1765년 11월 11일에 라 샬로테와 아들, 판사 세 명이 렌에서 체포되었다. 루이 15세는 렌 고등법원의 판사들에게 업무로 복귀해 이들을 재판하라고 명령했지만 판사들은 거부했다. 왕은 특별위원회를 파견했다. 고등법원 법관 가문 출신이며 라 샬로테의 필적을 알아본 칼론Charles Alexandre de Calonne(1734~1802)이 특별위원회의 검찰총장직을 맡았고 르누아르Jean Charles Pierre Le Noir(1732~1807)가 그를 도와주었다.

　칼론과 르누아르는 모두 파리 고등법원 심리부 판사였다. 1766년 2월 6일 새벽에 칼론과 르누아르는 생말로 성으로 드렌Dereine을 데려갔다. 드렌은 베르사유 궁의 식품관리부 세탁담당관이었다. 이 하급관리는 라 샬로테의 공범으로 지목되었다. 라 샬로테의 집을 뒤질 때 내용이 의심스러운 익명의 편지 두 통이 나왔는데, 그것을 쓴 사람이 드렌이라는 혐의를 받았던 것이다. 곧 라 샬로테도 생말로로 끌려갔다.

드렌은 일찍이 인도양의 프랑스 식민지Iles de France et de Bourbon(레위니옹)에서 농장을 한 뒤 프랑스로 돌아가 1748년에 궁부의 술 책임자 자리를 구입했다. 그 후 대대로 궁부에서 일하던 가문의 딸과 결혼했고 1758년에는 식품관리부 세탁담당관으로 승진했다. 그는 사교술에 능해 대귀족인 수비즈 대원수의 신임을 얻었다. 식민지에서 농장을 경영하던 경험을 살려 중농주의자로 자처하고 케네Quesnay의 친구가 되었다. 케네는 중농주의자 계보의 맨 첫머리에 있었고 왕의 궁정의였다. 드렌은 식민지에 있는 연고자와 연락해 해마다 양파와 각종 씨앗을 구해서 루이 15세에게 선물했다. 루이 15세는 진귀한 꽃과 식물을 즐겨 길렀기 때문에 드렌을 신임하게 되었고, 마침내 새로 사귄 로망 양Mademoiselle de Romans에게 보내는 편지 심부름을 시켰다.

드렌은 1758년 케네의 집에서 라 샬로테를 만났다. 두 사람은 그 뒤에도 케네의 집에서 자주 만났다. 케네는 드렌을 이용해 라 샬로테를 출세시키고 싶었다. 드렌은 로망 양에게 쉽게 접근할 수 있었고 로망 양은 퐁파두르 부인의 지위를 위태롭게 만들 수 있을 만큼 루이 15세의 관심을 끌고 있었기 때문이다. 라 샬로테는 자신이 대법관의 자격을 갖추었다고 생각했고 베르사유 궁을 자주 드나들면서 인맥을 관리했다. 그가 루이 15세, 수비즈 대공, 로망 양의 신임을 얻은 드렌을 만나야 할 이유는 이처럼 충분했다.

칼론과 르누아르는 드렌이 보는 앞에서 그가 보관하던 상자를 열었다. 그 상자에는 브르타뉴 사태에 대한 인쇄물이 잔뜩 들어 있었고 또 종이띠를 두른 편지 뭉치가 두 개 있었다. 편지 뭉치의 표지에는 'L.M.S.'라는 약자를 적어놓았다. 칼론과 르누아르가 편지 뭉치를 열어보려고 하자 드렌은 황급히 그들을 저지하면서 전하와 수비즈 공만이 볼 수 있는 편지라고 외쳤다. 'L.M.S.'가 무슨 뜻일까? 정확히 알 수는 없지만 루이 15세와 관련된 약자라면 '루이 전하

Sa Majesté Louis'를 거꾸로 표시한 것이 아닐까? 아무튼 칼론과 르누아르는 현명하게 처신했다. 그 편지를 당장 열지 않았고 나중에 루이 15세에게 가져갔다. 루이 15세는 1766년 2월 20일부터 24일 사이에 그 편지를 열어보았음이 분명하다. 그 결과 모두가 놀라면서도 한편으로는 안도의 한숨을 쉬었다. 그것은 루이 15세가 로망 양에게 보내는 연애편지였다. 이는 왕을 협박할 근거로 이용될 수 있는 중대한 사건이었기 때문에 그런 일이 일어나기 전에 막을 수 있어서 천만다행이었다. 드렌이 로망 양에게 전해야 할 편지를 가지고 있었던 까닭은 무엇인가? 로망 양이 갑자기 총애를 잃었고 언젠가 이용할 자료를 빼앗기지 않도록 드렌에게 맡겼기 때문인가? 아무도 그 까닭을 정확히 알지 못한다.

브르타뉴 지방은 곧 발칵 뒤집혔다. 렌 고등법원의 용기 있는 검찰총장 라 샬로테를 죽이려고 한다는 소문이 나돌았고 프랑스 전체가 칼론, 에기용 공작, 그리고 이들을 지지하는 대신들에게 반기를 들었다. 모든 고등법원이 들고일어났다. 렌 고등법원에서 사임하지 않고 남아 있던 판사들은 뭇사람의 놀림감이 되었다. 에기용 공작이 1766년 1월에 이들을 포함해 특별법원을 조직하자 사람들은 그들을 '에기용 공작의 하급법원baillage d'Aiguillon'이라고 불렀다. 그때까지 눈치를 살피던 슈아쬘 공작은 왕에게 라 샬로테가 그러한 편지를 쓴 장본인이라는 것은 믿을 수 없다고 의견을 제시했다. 사실 아무리 이름을 감춘들 무모한 편지를 쓰는 사람이 자기 필적을 바꾸지 않고 썼다고 생각할 수 있을까?

에기용 공작은 슬슬 겁을 먹고 발을 빼면서 모든 책임을 특별위원회에 넘기려 했다. 특별위원회 소속 위원들도 점점 몸을 사렸다. 그리고 특별위원회는 해체되었다. 그들이 뜻있는 일을 했다면 그것은 렌 고등법원 판사들이 사임한 뒤 감옥에서 재판을 기다리던 피고 235명에 대해 재판을 해준 일이다. 특별위원회는 라 샬로테 재판 문제를 렌 고등법원 판사들 가운데 업무를 중단하지 않은 소수, 업무에 복귀한 소수, 그리고 왕이 새로 임명한 판사들이 다루도록 하면서 물러났다. 파리 고등법원은 이에 반발해 원래 렌 고등법원이 다루어야 한다고 상소했고 피고들은 '에기용 하급법원'의 자격을 인정하지 않으면서 기피했다.

그러는 사이에 루이 15세는 왕세자를 잃었다. 1765년 12월 20일, 왕세자는 폐병으로 죽고 겨우 열한 살짜리 루이 오귀스트가 왕세자가 되었다. 그러나 왕세자가 법적으로 성년이 되려면 아직 스무 달이나 남은 상태였다. 왕은 후계자가 성인이 되어 섭정을 두지 않고서도 나라를 다스릴 때까지 살 만큼 건강했다. 그러나 그는 1744년 메스에서 병에 걸려 거의 죽을 뻔했던 일도 있었다. 그래서 그는 1766년 1월 6일 월요일, 56세가 되기 한 달 열흘을 남겨놓고 책상 앞에 앉아 안경을 쓰고 유언장을 작성했다. 순전히 영혼과 양심을 평화롭게 하고 편히 쉬게 만들어줄 유언장은 다음과 같다.

성부, 성자, 성신의 이름으로, 아멘.
내 최후의 의지를 담아서

나를 창조하신 하느님께 내 영혼을 맡깁니다. 부디 이 큰 죄인을 가엾게 여기소서. 이 죄인은 하느님의 신성한 의지와 신성한 사도의 로마 가톨릭 교회에서 내리는 모든 결정에 따르겠나이다.
성모님과 모든 성인, 특히 내 조상이며 보호자이신 성 루이님께 비옵나니, 부디 내 구세주 예수 그리스도께서 내 죄를 용서하게 해주시옵소서.

이 죄인은 그동안 예수 그리스도의 말씀을 자주 어기고 제대로 섬기지 않았나이다.

나는 이제까지 수많은 사람에게 상처를 주고 불쾌하게 만들었으니 이제 그들의 용서를 빕니다.

전능하신 하느님께 진심으로 바라옵건대, 내 손자의 마음을 밝게 이끌어 주시어 하느님께서 내게 맡겨주셨던 왕국을 나보다 더 잘 다스리게 해주 시옵소서.

나는 지금까지 수많은 잘못을 저질렀습니다. 그러나 내게 의지가 없기 때문이 아니라 재능이 없기 때문에, 특히 종교문제에서 원하는 만큼 도 움을 받지 못했습니다.

내가 죽은 뒤에 호화로운 장례식을 금지하며 내 몸을 될수록 소박한 관 에 담아 생드니 성당에 묻어주시오.

내 심장은 선왕의 심장과 함께 두도록 하시오.

내 장기는 파리 노트르담 성당으로 가져가 루이 14세의 장기 뒤편에 놓 아주시오.

내 죽는 날 엄숙한 미사를 올리고 내 영혼이 편히 쉬도록 날마다 소미사 만 올려주시오.

내가 죽는 장소의 본당에서, 그리고 만일 내가 다른 곳에서 죽을 때에는 베르사유에서 위와 똑같이 해주시오.

내 뒤를 이을 세손에게 내가 소유한 모든 궁전과 거기 있는 것을 다 물려 줄 테니 모든 열쇠를 그에게 주도록 하시오. 그러나 왕세자가 성년이 되 기 전이라면 섭정에게 맡기도록 하시오.

내가 남기는 모든 보배는 세손과 프랑스 안에 있는 내 자식, 손자, 손녀가 원한다면 나눠 가지게 하시오.

내 딸들에게 은급 20만 리브르씩 주고 집과 생활비를 대주며 단 한 명이

남을 때에는 30만 리브르를 주도록 하시오.

내 후계자는 내게 봉사한 하인들을 내보낼 때 충분히 보상금을 주도록

하시오.

1766년 1월 6일 베르사유 궁에서 루이 씀.

이처럼 종교적인 내용을 담은 유언장을 작성해놓고 나서 왕은 어린 왕세
자에게 확고한 절대왕정을 물려주고 싶었을 것이다. 1766년 3월 3일에 그는
파리 고등법원에 나아가 친림법정을 열고, 앞에서 보았듯이 징계의 연설을
했다. 또 만일 파리 고등법원이 왕의 권위에 복종하는 모범을 다른 법원에 보
여주지 않으면 하느님이 백성을 보호하라고 내린 모든 권력을 동원할 수밖
에 없다고 엄포를 놓았다. 그러나 '에기용 하급법원'은 눈치를 보면서 브르타
뉴 지방의 피고들에게 유무죄 여부를 선고하려 들지 않았다. 11월 22일에 왕
은 자기가 보는 앞에서 문제를 해결하려고 결심했다. 마침내 12월 24일에 그
는 아무도 유죄로 인정하기 싫기 때문에 이제 더는 재판을 진행하지 않는다
는 증서를 발행했다. 이렇게 해서 라 샬로테와 관련자들을 모두 석방했지만
생트로 귀양을 보냈다.

파리 고등법원과 그 뒤를 따라 다른 고등법원이, 그리고 브르타뉴 신분회
가 이제 충성스러운 법관들을 의심하지 말고 다시 불러들여 원래 자리에 앉
히라고 주청했다. 브르타뉴 신분회는 12월 29일부터 이듬해인 1767년 5월
23일까지 계속 열렸다. 제1신분(종교인)과 제3신분(평민)보다는 제2신분(귀
족)이 그만큼 분을 삭이지 못했음을 보여준다. 그러나 루이 15세는 라 샬로

테에게서 빼앗은 문서 가운데 자신을 비판하는 내용에 상처를 받았기 때문에 청을 들어주지 않았다.

귀양 간 법관들은 왕의 자비를 바라지 않고 정당한 재판을 바랐다. 브르타뉴 지방이 계속 들썩거렸다. 그 지방민 대다수가 '에기용 하급법원'을 미워하고 깔보았다. 정부는 체포영장을 마구 발행하면서 대중을 압박했다. 더욱이 에기용 공작이 멋대로 부과한 조치를 법적으로 유효하게 하려고 브르타뉴 신분회를 압박하는 법을 반포하겠다고 예고하자 브르타뉴 사람들은 극도로 분노했다. 슈아죌이 다시금 왕에게 이 문제를 양보하면서 다른 것을 얻으라고 주청했다. 1768년 2월에 브르타뉴 신분회가 비상회의를 열었다.

왕은 에기용 공작 대신 플레셀Jacques de Flesselle(1721~1789)을 참석시켰지만 이 사람도 에기용만큼 인기가 없었다. 신분회는 다시 한번 라 샬로테의 정식 재판을 요구하고 렌 고등법원을 1765년 5월 이전의 상태로 회복시켜야 한다고 주장했다. 에기용 공작은 더는 그곳 군장관직을 수행할 수 없어서 1768년 8월에 사임한 뒤 베르사유 궁으로 돌아갔다. 루이 15세는 그를 환대하고 궁부 소속 군대를 지휘하게 했다. 에기용 공작은 이제 어떻게든 슈아죌 공작에게 복수할 기회만 노렸다. 왕이 양보하고 마침내 1769년 7월에 브르타뉴 지방의 고등법원은 라 샬로테를 빼고 거의 전처럼 복귀했다.

렌으로 돌아간 고등법원 인사들은 라 샬로테가 귀양살이에서 풀리지 않는 한 베르사유 궁전까지 적들을 뒤쫓아가서 친구들의 복수를 하겠다고 결심했다. 그들은 에기용 공작을 고소했고 그를 대귀족 법정에 세웠다. 왕이 그를 재판하도록 허락하지 않자 다시금 여론이 들끓었다. 이렇게 해서 브르타뉴 고등법원의 문제는 지방의 문제가 아니라 모든 고등법원이 공동대처할 왕국 전체의 문제가 되었다.

이 사태에서 무슨 문제를 알 수 있는가? 무엇보다도 라 샬로테가 정확한 증거도 없이 체포, 구금되어 정식 재판도 받지 못한 채 박해를 받았다는 것이다. 같은 시대 영국에서는 언론인 존 윌크스John Wilkes가 1763년 조지 3세의 연설을 거짓말이라고 비난했지만 정식 재판을 받았고, 또 자신을 법정에 세운 사람들에게 재판을 걸었다. 이것은 영국이 1679년에 벌써 '인신보호법 Habeas Corpus Act'을 제정했기 때문에 가능했다.

그러나 프랑스에서는 '봉인장lettre de cachet(구속명령서)'을 제대로 발행하지도 않은 채 사람들을 밤에 체포해 바스티유 감옥에 보내는 사례가 많았다. 물론 나중에 구색을 맞추려고 봉인장을 발행했지만 사람들은 프랑스 혁명기에 육군장관을 지낸 세르방Joseph Servan이 일찍이 한 말에 동조했다.

"바스티유란 굳건히 건축되고 단단히 닫힌 채 부단히 감시받는 곳으로서, 거기에 갇힌 사람들은 신분·나이·성별과 관계없이 이유도 모른 채 들어가 얼마나 있을지도, 또 어떻게 나갈지도 전혀 모르면서 풀려날 날이 오기만을 기다린다."

여기서 바스티유는 파리의 바스티유를 뜻하지만 당시 왕국의 전반적인 행형제도를 대표하는 말이었다. 라 샬로테 같은 거물급 인사도 정식 재판을 받지 못한 채 정치적이고 자의적인 결정으로 귀양살이를 하게 되었다는 사실은 절대왕정을 '대신들의 전제정'이라고 비난하는 분위기를 드높였다.

이 사태가 가져온 결과는 무엇인가? 역사가 미셸 앙투안Michel Antoine은 이 사태가 브르타뉴 고등법원과 왕권을 대표하는 에기용 공작의 대립에 그치지 않고 일종의 '부분들의 단결l'union des classes'을 촉진해 절대왕정을 위험하게 만들었다고 말한다. '부분 이론'은 1756년 파리 고등법원이 생각해낸 것으로서 왕국에 있는 모든 고등법원은 한 몸을 이루는 부분이라는 것이다.

이 이론은 1760년대 7년 전쟁 말기부터 고등법원의 투쟁에 투영되었다. 1765년 5월 이후 모든 고등법원과 상급법원이 전보다 더 조직적으로 상소문을 올리고 발간했다. 프랑스 왕국의 여론을 이끄는 집단은 주로 문필가와 계몽사상가였는데 여기에 법관들이 본격적으로 가세했다. 법관들은 왕국의 기본법을 지킨다고 자처하면서 왕권을 대표하는 대신들이 제멋대로 전통과 관습을 무시하고 왕정을 전제정으로 타락시켰다고 비판했다.

그러나 오늘날에는 고등법원의 편에서 생각하기보다는 고등법원을 비판하는 편에서 보는 역사가가 많다. 다시 말해 당시 사람들이 고등법원이야말로 왕이나 대신들의 전제정을 막고 왕국의 기본법을 지킨다고 생각했으며 19세기 프랑스 사람들도 그러한 해석을 좇는 경향이 우세했지만, 오늘날에는 고등법원 인사들이 집단적인 편견과 특권을 지키려고 왕권에 도전했다고 해석하는 견해를 지지하는 사람들이 늘어났다.

우리는 두 가지 견해가 강점뿐만 아니라 약점도 가지고 있다고 생각해야 한다. 고등법원이 자기 이익을 지키려고 왕권에 도전했다 할지라도 그들은 왕의 명령으로 귀양살이를 하거나 체포되어 간히기도 했다. 당시는 국가를 다스리는 원리에서 왕의 의지가 제도 못지않게 중요한 시대였음을 부인할 수 없을 것이다.

6
모푸 정변

절대왕정 시대에 왕국의 한 지방이 똘똘 뭉쳐서 왕권에 저항한다 하더라도 그것은 저항일 뿐이었다. 게다가 왕국의 모든 고등법원이 브르타뉴 지방의 고등법원과 발걸음을 맞춰 저항했다 하더라도 왕의 의지를 바꿀 수 있는 사람들을 설득하지 못하는 한 한계에 부딪히게 마련이었다. 에기용 공작은 브르타뉴 고등법원과 파리 고등법원에서 재판을 받아야 할 처지였지만 루이 15세가 든든한 후원자로서 그를 욕된 상황에 빠지지 않게 막아주었다.

에기용 공작은 브르타뉴 지방에서 인기를 잃고 하려는 일마다 저지당했지만 그것은 낮잠을 자다가 잠시 꾼 악몽과 같았다. 그는 루이 15세 곁으로 돌아가서는 더욱 화려하게 정치무대에 나섰고 정적을 물리쳤기 때문이다. 예를 들어 그는 1770년 12월 7일에 베르사유에서 열린 친림법정에 대귀족들과 나란히 참석했다. 이날은 대법관 모푸가 파리 고등법원 법관들을 굴복시킨 날이었다. 한때 에기용 공작을 놀리던 풍자시가 무색해졌다. 1764년 10월 15일 바쇼몽의 『비밀회고록』을 보자.

가루와 영광에 덮인
생카스트의 아주 유명한 영웅이여,
승리했지만 겸손하시라,
누구라도 가볍게 날려버릴 수 있으리,
그대를 덮은 가루와 영광을.
Couvert de farine & de gloire,
De Saint-Cast héros trop fameux,
Sois plus modeste en ta victoire,
On peut d'un souffle dangereux
Te les enlever toutes deux!

이 풍자시에서 말하는 '가루'는 가발에 뿌리는 가루를 뜻하는 것 같다. 생카스트Saint-Cast는 브르타뉴 지방 바닷가의 지명이다. 이 풍자시는 7년 전쟁 때 영국군이 생카스트에 상륙하려 할 때 그곳 군사령관 에기용 공작이 우물쭈물하면서 준비를 제대로 갖추지 못한 상태에서도 어쨌든 영국군을 막아낸 이야기를 상기시킨다. 운이 좋아서 이겼으면 겸손할 줄 알라, 함부로 행동하면 나락으로 떨어지기 쉬우니까 부디 경거망동을 삼가라는 교훈을 주는 시다. 에기용 공작은 브르타뉴에서는 실패했지만 겸손해질 필요도 없었고 그 결과가 경력에 나쁘게 작용하지도 않았다.

에기용 공작이 계속 승진하고 슈아죌 공작이 밀려나는 과정은 아마 프랑스 정치사에서 1789년 혁명이 일어나기 전에 가장 큰 '혁명'(당시의 말로 아주 중대한 변화라는 뜻)이었다. 이러한 변화는 슈아죌 공작이 주도하는 정책이 실패한 결과와 맞물렸다. 프랑스는 7년 전쟁에 지면서 세력균형체제에서 차지하던 지위를 많이 잃어버렸다. 영국은 제국을 더욱 크게 확장했지만 프랑스는 오스트리아, 에스파냐와 동맹을 맺어서 아무런 이익도 보지 못했고 루이 15세의 장인이 다스리던 동맹국 폴란드를 동유럽 열강들이 1772년에 나눠 먹는 과정을 뻔히 보면서도 지켜주지 못했다.

외교문제는 강력한 육군과 해군의 힘에 좌우되었고 군대의 힘은 결국 재정문제에 의지했다. 절대왕정이 존재하는 근본적인 조건 가운데 하나인 상비군을 유지하는 방법은 효율적인 징세제도에서 찾아야 했지만 면세특권과 불평등이 존재했기 때문에 재정적자를 벗어날 길을 찾기란 어려웠다. 국가가 면세특권을 혁파하면 수입을 늘릴 수 있을 테지만 고등법원은 세금을 신설하는 왕령을 등기부에 기록하지 않으면서 특권을 보호했다. 이것이 전쟁에 진 나라를 더욱 고통스럽게 만드는 현실이었다.

1760년대 프랑스는 절대왕정을 유지할 수 있느냐 없느냐의 갈림길까지 갔던 것이다. 앞에서 이미 말했듯이 브르타뉴에서 일어난 일이 '부분들의 단결'로 발전해 파리 고등법원이 앞장서서 '부분들'을 이끌게 되었다. 이러한 상황에서 벗어나려는 시도가 이른바 '모푸 정변'이었다. 그러므로 모푸 정변은 국가를 근대화하는 과정이라고 평가할 수 있다.

대법관 모푸는 르네 샤를 드 모푸René Charles de Maupeou(1688~1775)의 아들이다. 귀족으로서 아버지처럼 그도 파리 고등법원 재판장을 지냈고 아버지가 잠깐 대법관직에 올랐다가 즉시 그를 위해 사임한 덕에 그는 대법관이 되었다. 이렇게 해서 모푸는 1768년 9월 18일에 실권을 쥐게 되었다. 그는 대법관으로서 국새까지 손에 쥐었기 때문이다. 모푸가 비록 대법관이 되기는 했지만 실세는 여전히 슈아죌 공작이었다.

그러나 왕국의 고등법원이 똘똘 뭉쳐 왕권에 도전하는 상황에서 슈아죌 공작을 반대하던 경건파가 에기용 공작을 지지했다. 모푸는 에기용 공작에게 접근했다. 모푸와 그의 지지자들이 왕을 설득했다. 이리하여 왕은 에기용 공작을 기소한 재판을 파기하고 세금 신설에 반대하는 고등법원을 탄압했다. 그리고 당시 슈아죌 공작의 정책을 승인하지 않았다. 프랑스의 동맹국 에스파냐가 영국과 포클랜드 영유권을 놓고 싸우는데 슈아죌은 영국과 전쟁을 하는 방안을 찾고 있었던 것이다. 왕은 결국 포클랜드 문제를 영국에 양보했고, 이렇게 해서 지난 12년 동안 슈아죌 정부가 밀고 나가던 정책을 거의 모두 거부하면서 1770년 12월 24일에 슈아죌 공작을 해임하고 귀양 보냈다.

슈아죌 공작이 밀려나는 과정에서 루이 15세의 새 여인 뒤바리 백작부인의 역할도 컸다. 슈아죌 공작이 회고록에서 밝히듯이 그는 뒤바리 백작부인을 별로 예쁘지도 않고 품위도 없다고 평가하면서 멸시했다. 그런데 이 여인이 침대에서 늙은 왕을 되살리고 녹초를 만들면서 실세가 되었다. 이러한 현실에 깜짝 놀란 당시 사람들은 "퐁뇌프 다리에서 트론(왕좌, 왕의 침대)까지 한걸음에" 달려간 뒤바리 부인을 "가장 유명한 창녀"라고 불렀다.

왕 주위에 있는 사람들은 실제로 왕과 이 여인의 결혼을 진지하게 고려했다. 모푸가 1771년 6월 1일에 뒤바리 부인에게 보낸 편지가 그 증거다. 모푸는 루이 14세가 멩트농 부인과 결혼한 사례를 들먹이면서 상황이 아주 유리하게 돌아간다고 말했다. 선왕이 이처럼 신분이 다른 결혼을 했는데 루이 15세가 뒤바리 부인과 결혼하지 못할 이유가 어디 있단 말인가? 모푸가 뒤바리 부인에게 이 같은 편지를 쓸 정도면 루이 15세 본인도 뒤바리 부인과 결혼하는 문제를 생각해보았을 것이다.

그러나 진실로 왕의 결혼을 바라는 사람은 모푸, 에기용, 뒤바리 일파였지 왕 자신은 아니었다. 루이 15세는 비록 흐트러진 생활을 했지만 종교적 가르침을 완전히 저버리지는 않았다. 아무튼 이 사례에서 보듯이 뒤바리 부인은 왕의 침대, 왕의 침실에서 국사를 논하는 어전회의까지 따라다녔다. 슈아죌 공작은 사태를 잘못 파악했다. 그는 가장 비천한 거리의 여인으로 살다가 루이 15세의 곁에 붙어 다니게 된 뒤바리 부인을 멸시해 왕에게 다른 부인을 천거했다. 뒤바리 부인은 난봉꾼에게 유명한 포주인 구르당 부인의 논다니집을 드나들고 노름판에서 악당roué(단매에 때려죽일 놈) 뒤바리 백작의 '젖소(착취를 당하는 몸)' 노릇을 하던 여인이었다. 그러나 루이 15세는 뒤바리 부인의 빼어난 기술에 완전히 혼이 빠져 있었다. 그러므로 슈아죌 공작은 스스로 무덤을 판 격이었다.

뒤바리 부인이 혼자 힘으로 슈아죌을 몰아내지는 않았다 해도 그의 주위에는 슈아죌을 싫어하는 사람들이 모여들었다. 왕도 그동안 슈아죌이 추진한 정책으로 실속을 차리지 못했기 때문에 그를 싫어하게 되었다. 1768년에 대법관이 된 모푸는 원장신부 테레Joseph Marie Terray(1715~1778)를 재무총감으로 추천했다. 그의 가문은 원래 농부 집안이었다. 그러나 그의 아버지가 소금세 총재directeur général로 일하다가 1720년에 귀족이 되었다. 그의 숙부는 파리 고등법원 판사였다. 그는 쥐이Juilly 중등학교에서 공부한 뒤 종교인의 길을 가려고 삭발례를 치렀다. 종교인이 된 그는 1736년 2월 17일에 숙부로부터 고등법원의 판사직을 물려받고 종교인 판사conseiller-clerc가 되었다.

모푸의 추천을 받은 원장신부abbé 테레는 1769년 12월 23일에 재무총감이 되었다. 그는 6,000만 리브르 이상 적자인 재정을 맡았고 1770년의 수입으로는 1억 리브르나 적자라고 예상했다. 그러나 1774년에 이르러 그는 2억 3,400만 리브르의 지출에 겨우 2,700만 리브르의 적자를 예상할 수 있었다. 이것은 600리브르 이상의 은급을 15퍼센트에서 30퍼센트까지 깎고 절약한 결과였다. 이렇게 앙시앵레짐을 구하려고 노력한 모푸와 테레를 풍자하는 시가 나왔다.

모푸를 임명했네
노하신 하늘이 법의 중추기관으로,
아버지보다 더 음흉한 모푸,
천 배나 더 간악하다네,
우리를 영원히 가난하게 하려고
방금 테레를 선택했다네.
배반자는 공범을 원했다네,

그러나 그는 고통을 받을 테지
엉큼한 원장신부의 마음 때문에.

Maupeou, que le ciel en colere
Nomma pour organe des loix,
Maupeou, plus fourbe que son pere,
Et plus scélérat mille fois,
Pour cimenter notre misere,
De Terrai vient de faire choix.
Le traître vouloit un complice :
Mais il trouvera son supplice
Dans le coeur de l'abbé sournois.

이 풍자시는 모푸를 배반자로 표현하는 것으로 보아 파리 고등법원 인사의 작품일 것이다. 고등법원 재판장 출신으로 고등법원을 탄압하는 모푸는 그보다 더 악당인 원장신부 테레를 선택한 대가를 톡톡히 치를 것이라는 저주를 퍼붓는 작품이다. 그만큼 두 사람의 활약은 정국을 뒤흔들 것이었다. 과연 모푸와 테레는 정부의 개혁을 강도 높게 추진했다.

모푸는 왕권에 도전하는 고등법원을 제압하려면 슈아죌도 함께 제거해야 한다고 왕을 설득했다. 특히 슈아죌은 고등법원과 힘을 합쳐 에기용 공작을 파멸시키려 노력하면서, 만일 그들 뜻대로 된다면 그것은 곧 왕의 권위를 무너뜨리는 결과를 낳을 것이라고 말했다. 왕이 쉽게 결정을 내리지 못할 때 뒤바리 부인이 한몫했다. 왕에게 술을 진탕 먹이고 침대로 끌고 가서 왕을 녹여버린 뒤에 슈아죌을 귀양 보내는 봉인장에 서명하도록 만들었다. 루이 15세가 술에 취할 때마다 서명하고 깬 뒤 찢어버린 봉인장이 마침내 1770년 12월 24일에 발행되었다.

슈아죌 공작에게 고하노니, 경은 국무비서직과 국내우편 총감직을 내놓고 샹틀루로 물러가 새로운 명령을 받을 때까지 있으라. 경은 스물네 시간 안에 그곳에 가 있도록 하라. 과인이 경의 부인을 각별히 존중하고 특히 그의 건강을 염려하지 않았다면 실은 더 먼 곳으로 보냈을 것임을 명심하라. 경은 부디 행동을 조심하여 과인이 다른 결정을 내리지 않도록 하라. 경은 오직 가족과 내가 허락하는 사람만 만나도록 하라. 이와 함께 과인은 하느님이 경을 특별히 보살펴주시기를 기도한다.

뒤바리 부인은 에기용 공작의 문제에도 깊이 관여했다. 그는 왕을 설득해 에기용 공작이 재판을 받지 않도록 처리하게 했다. 그는 왕족, 대귀족, 판사, 프랑스와 전 유럽이 보는 앞에서 왕을 설득해 에기용의 지위를 대단히 부끄럽게 뒤엎어버렸다. 이 사건은 〈변절자Déserteur〉의 곡조에 맞춰 부르는 풍자 노래로 더욱 유명해졌다. 에기용 공작은 이렇게 노래한다.

마지막 흔적까지 잊어버리자
연기된 내 소송의 흔적을.
은총의 면장으로써
교수형을 면한다.
나는 질투를 이긴다.
나는 특별한 배려를 받는다

여자 친구의 도움으로!

나는 무죄방면되었다. 명예를 바치면서.

Oublions jusqu'à la trace

De mon procès suspendu :

Avec des Lettres de grâce,

On ne peut être pendu.

Je triomphe de l'envie,

Je jouis de la faveur ;

Grace aux soins d'une amie !

J'en suis quitte pour l'honneur.

귀족으로서 자존심이 있는 사람들, 특히 원수maréchal 브리삭 공작은 이 노래를 듣고 뒤바리 백작부인이 에기용 공작의 머리는 구했지만 그의 목을 비틀었다고 익살스럽게 평했다. 그러나 정작 에기용 공작은 뒤바리 부인 덕택에 자신이 지긋지긋한 재판에서 벗어나 홀가분해졌다고 생각했다. 왕 자신이 뒤바리 부인에게 놀아나는 판에 그 신하가 그 애첩의 덕을 보고 고마워한다 해서 무엇이 이상했으랴! 더욱이 루이 15세는 뒤바리 부인과 저녁을 먹을 때 에기용 공작을 곁에 앉혔다. 에기용 공작은 고마운 뜻으로 뒤바리 부인에게 무려 5만 2,000리브르짜리 훌륭한 마차를 선물했다.

대법관 모푸와 재무총감 테레, 에기용 공작은 뒤바리 부인과 함께 루이 15세 곁에서 고등법원을 탄압하고 재정적자를 메우는 일을 추진했다. 대법관 모푸는 1771년 1월 20일에 "파리 고등법원 소속 모든 관리의 관직을 박탈하고, 앞으로 그 일을 수행하지 못하는 동시에 파리 고등법원 구성원의 지위도 누릴 수 없도록 명령"하는 법을 반포했다. 이렇게 될 때까지 고등법원의 반발도 컸지만 부러질망정 결코 구부러지지 않는 모푸는 더욱 강경하게 나갔던 것이다.

이 음흉한 대신은 프랑스의 폭군이라네
그의 통치방식은 모든 것을 불태우기
내 생각엔 그에게 밧줄cordon이 어울려
물론 성령기사단의 리본cordon bleu은 아니야

Ce noir visir, despote en France,
Qui pour régner met tout en feu,
Méritoit un cordon, je pense,
Mais ce n′est pas le cordon bleu.

귀족의 특권 가운데 사형을 받을 때 무관답게 참수형을 받을 권리가 있다. 그러나 이 풍자시는 모푸를 죽일 때 평민처럼 목을 매달아야 한다고 주장하면서 극도의 증오심을 표현한다. 풍자시가 바라는 것과 달리 모푸는 루이 15세의 명령을 얻어내 고등법원 판사들을 모두 귀양 보냈다. 1월 20일 밤사이 법관 167명이 프랑스 전역으로 흩어졌다. 이것이 이른바 '모푸 정변'이었다. 모푸 정변은 고등법원들의 반란을 더는 묵과할 수 없었기 때문에 루이 15세가 허락한 일종의 혁명이었다.

1766년 이후 고등법원들은 '부분들의 단결' 이론을 앞세우면서 계속 왕권에 도전하는 동시에 일종의 '계약이론'도 발전시켰다. 이 이론은 군주정의 전통에 어울리지도 않을 뿐만 아니라 왕국의 헌법을 무시하는 이론이었다.

이 이론은 왕을 정치체의 우두머리로 인정하지 않았다. 나라에는 왕의 권력과 국민의 권력이 따로 존재하며 이 두 권력을 연결해주는 협약이 바로 왕국의 기본법이기 때문이다. 이것은 절대왕정의 원리를 부정하는 위험한 주장이었다. 다시 말해 고등법원은 국민의 대표이므로 왕과 협약을 맺는 당사자라는 논리다. 절대군주가 이 같은 주장을 하는 고등법원 법관들을 가만히 놔둔다면 그는 수백 년 지속된 왕정과 조상인 루이 14세가 이룩한 절대군주정을 스스로 포기하는 왕이 될 것이다. 그러므로 모푸 정변은 오만한 법관들에게 단지 벌을 내리는 차원이 아니라 절대왕정을 회복하는 일이었다.

변호사들이 귀양간 법관들을 제자리로 돌려보내라고 하면서 파업했지만 루이 15세는 끝까지 아랑곳하지 않았다. 그리고 모푸는 법조계를 완전히 뒤바꾸었다. 관직보유자인 법관들에게 일정한 돈을 지불하고 관직을 폐기처분했다. 물론 관직보유자들은 언젠가 관직을 되찾을 수 있으리라고 믿었지만 모푸가 추진한 개혁에서 법관직은 이제 매매 대상이 아니었다. 새로운 법원을 설립한 결과, 누구나 신속한 재판을 받을 수 있고 전처럼 '재판세épice (재판비용)'를 판사에게 줄 필요가 없기 때문에 무료로, 또 좀더 쉽게 재판을 받을 수 있게 되었다. 더욱이 관직매매제도를 폐지했기 때문에 법관직은 처음처럼 정화되었다. 13세기부터 발달한 고등법원을 억누르고 왕이 자유롭게 임명하고 해임할 법관직을 창설하는 제도는 모푸 정변의 중요한 요소였고, 그것은 국가를 좀더 자유롭게 개혁하는 길이었다. 모푸가 고등법원을 개혁할 때 장차 루이 16세가 될 왕세자는 찬성했다. 그러나 겨우 3년 4개월도 지나지 않아 그 자신이 왕이 되자 옛 고등법원을 부활시켰다.

7
루이 16세와
마리 앙투아네트의 결혼

1770년 4월 21일 토요일, 오스트리아 대
공녀 마리아 안토니아 요제파 요아나는 어머니 마리아 테레지아의 품을 떠
나 프랑스로 향했다. 5월 7일 아침, 그는 라인 강의 섬(켈Kehl과 스트라스부르
의 중간)에 프랑스 측이 새로 지은 건물로 들어가 오스트리아의 옷과 장신구
를 모두 벗었다. 알몸이 된 그는 거기까지 따라간 수행원을 남겨둔 채 보이지
않는 중간 금을 넘었다. 열네 살 반짜리 소녀는 프랑스 땅으로 첫발을 디뎠
다. 이로써 그는 완전히 다시 태어났다.

소녀는 곧바로 프랑스 측에서 마련해둔 새 옷을 걸치고 프랑스 왕세자빈
으로 태어났다. 그는 이제 마리 앙투아네트 조제프 잔Marie-Antoinette Josèphe
Jeanne이라는 새 이름을 가졌다. 거기까지 수행한 스타렘베르크 백작을 신성
로마제국에 남겨두고 프랑스로 넘어간 마리 앙투아네트는 노아유 백작의 환
영을 받고 루이 15세가 보내준 마차를 타고 국경도시 스트라스부르의 주교
청으로 향했다. 그곳 시장이 독일어로 환영사를 하자 마리 앙투아네트는 이
제부터는 독일어가 아니라 프랑스어만 들을 테니까 프랑스어로 환영사를 해
달라고 말했다.

마리 앙투아네트는 프랑스 세자빈으로 간택된 뒤부터 루이 15세가 비엔
나로 보낸 미용사에게 몸단장을 맡기고 가정교사에게 말을 배웠다. 루이 15세
가 오스트리아 황실에 가정교사로 파견한 원장신부 베르몽abbé de Vermond은
마자랭이 세운 카트르 나시옹 중등학교collège des Quatre-Nations의 사서로 일하

던 사람이었다. 그의 아버지는 작은 마을의 외과의사였고 형은 왕비의 조산원 accoucheur이었다.

마리 앙투아네트의 침전상궁인 캉팡 부인Madame Campan은 회고록에서 베르몽이 "별로 눈에 띄지 않는" 부르주아 계층 출신으로 당시 계몽주의의 모든 원리를 받아들이고, 그 대신 종교계의 서열을 존중하지 않으며 얄팍한 데다 말도 많고, 날카로우면서도 느닷없는 성격에 못생겼으면서도 아주 빼어난 척하는 사람이라고 평했다. 그는 오스트리아의 쇤브룬 궁에서 세자빈에게 프랑스어를 가르치고 나중에 베르사유 궁에서 왕비가 쓴 프랑스어 편지를 고쳐주거나 책을 읽어주면서 신분이 높은 사람과 맞먹기도 하고 심지어 아랫사람 대하듯 하면서 벼락출세한 티를 냈다. 이런 사람이 남의 영향을 받기 쉬운 어린 세자빈을 맡아 교육하고 지속적으로 영향을 끼쳤다는 것이다.

이 혼사는 슈아죌 공작의 정책이 만들어낸 작품이었다. 1769년 초부터 프랑스 대사 뒤르포르Durfort 후작은 베르사유 궁으로 보고서를 보낼 때 쇤브룬 궁에서 본 마리 앙투아네트의 매력을 칭찬했다. 대공녀 앙투아네트는 춤도 우아하고 예쁘게 추며 매력을 뿜어내고 프랑스에 대한 지식도 착실히 갖추었다고 칭찬했다. 루이 15세는 화가 뒤크뢰Ducreux를 보내 대공녀의 초상화를 그려 보내라고 했다. 뒤르포르 후작은 뒤크뢰가 몇 번 재촉을 받고 완성한 초상화를 자기 아들 편에 들려 루이 15세에게 보냈다.

뒤르포르는 오스트리아 대법관 카우니츠 공Wenzel Anton Fürst von Kaunitz과 오랜 협상 끝에 7월 1일 결혼을 약속하는 증서를 만들었다. 뒤르포르는 루이 15세의 지침을 받고 카우니츠는 마리아 테레지아의 지침을 받으면서 계속 협상을 벌인 끝에 1770년 1월 13일 최종합의안을 채택했다. 이미 1769년 10월 『가제트 드 프랑스Gazette de France』 신문은 비엔나에서 대공녀가 프랑스로 갈 때 지나갈 길을 고치라고 명령을 내렸다는 기사를 실었다. 두 나라는 오랫동안 적대관계를 청산하고 사돈관계로 발전하는 이 결혼을 대대적으로 준비하고 축하했다.

5월 14일 쉰아홉 살을 넘긴 루이 15세는 열다섯 살 8개월짜리 손자를 데리고 파리 북쪽의 콩피에뉴 성을 나섰다. 그는 콩피에뉴 숲가의 베른 다리 근처에서 열네 살짜리 손주며느리가 나타나기를 기다렸다. 물론 단 세 사람이 만났다는 뜻은 아니다. 왕과 공주들 그리고 왕세자는 궁부 소속 신하와 대귀족들을 거느리고 그곳에 나가 마리 앙투아네트 일행을 기다렸다.

마리 앙투아네트는 지난 일주일 동안 스트라스부르, 낭시, 바르 르 뒤크, 뤼네빌, 코메르시, 샬롱, 랭스, 수아송을 거쳐 콩피에뉴로 갔다. 콩피에뉴 숲에서 몇십 리 떨어진 곳에는 마리아 테레지아의 친구인 슈아죌 공작이 마리 나와 마리 앙투아네트를 환영했다. 이제 마리 앙투아네트는 소타반 백작 comte de Saulx-Tavannes과 타세 백작comte de Tassé의 안내를 받아 루이 15세 앞으로 가서 공손히 무릎을 꿇었다. 루이 15세는 마리 앙투아네트를 일으켜 세우고 안아준 뒤 손자에게 소개했다. 수줍은 왕세자는 뚱하고 어색하게 신부를 맞았다. 아무튼 왕세자는 아내가 될 마리 앙투아네트를 가볍게 안아주었다.

콩피에뉴 성으로 돌아간 왕은 왕족들에게 마리 앙투아네트를 소개했다. 오를레앙 공작, 샤르트르 공작부부, 콩데 공, 부르봉 공작부부, 콩티 공, 라마르슈 백작부부, 팡티에브르 공작, 랑발 공작부인은 마리 앙투아네트와 서로 인사했다. 그리고 5월 15일 화요일, 마리 앙투아네트 일행은 콩피에뉴를 떠나 생드니에 들러 카르멜 수녀가 된 시고모 루이즈 공주에게 인사하고 뮈에트 궁으로 가서 루이 15세가 준비해둔 눈부신 다이아몬드 장신구를 받았다. 저녁을 먹을 때에는 뒤바리 백작부인이 함께 앉았다. 이렇게 해서 마리 앙투아네트는 프랑스에서 가장 중요한 인물을 차례차례 만났다.

저녁을 먹은 뒤 16일 새벽 2시에 왕과 왕세자는 먼저 베르사유 궁으로 떠났다. 마리 앙투아네트는 아침 9시에 아주 편안한 복장으로 길을 떠나 베르사유 궁으로 향했다. 거기 도착한 뒤에 본격적으로 신부화장을 하고 복장을 갖춰 입어야 했다. 베르사유 궁에 도착하니 루이 15세가 손부를 맞아 엘리자베트 공주, 클레르몽 백작, 콩티 공의 부인에게 소개해주었다. 마리 앙투아네트는 오후 1시에 왕의 거실로 가고 거기서 일행은 결혼식을 올리러 궁중 예배당으로 갔다. 왕세자와 세자빈이 제단 앞에 선 뒤 랭스 대주교가 금화 열세 닢과 금반지에 축복하고 왕세자에게 주었다. 왕세자는 세자빈의 왼손 약지에 가락지를 끼워주고 금화 열세 닢을 주었다.

금화 열세 닢은 멀리 유대교도의 풍습에서 시작된 것으로 가톨릭교회에서도 받아들인 전통인 것 같다. 보통 한 닢은 가난한 사람들의 몫으로 주례 신부가 갖고 나머지를 신랑이 신부에게 주는데, 원래 그것은 처녀성을 산다는 뜻이었다. 랭스 대주교의 주기도문이 끝날 때까지 신랑과 신부의 곁에는 각각 상리스 주교와 샤르트르 주교가 은색실로 수를 놓은 면사포를 들고 있었다. 파리 사람들도 결혼식을 보려고 삯마차를 3루이(72리브로)씩 또는 말을 2루이(48리브로)씩 주고 빌려서 베르사유 궁으로 갔다. 그날 베르사유 궁에는 5,000명 이상이 북적거렸다.

결혼식이 끝나고 마리 앙투아네트는 자기 처소로 돌아갔다. 세자빈 처소에 속한 대소 관리가 모두 충성의 맹세를 한 뒤 왕의 시종장 오몽 공작duc d'Aumont(1709~1785)이 루이 15세가 보낸 장식장과 열쇠를 전해주었다. 빌로드를 붙인 장식장은 금테를 두르고 청동조각과 황금조각을 붙여 화려하게 만든 것이었다. 이 장식장은 오래전부터 결혼식을 준비한 파피용 드 라 페르테Papillon de La Ferté가 구상해 제작한 작품이다. 열쇠로 문을 열고 서랍을 빼보면 서랍마다 화려한 장신구, 다이아몬드와 아름다운 보석으로 만든 목걸이와 줄, 담뱃갑, 부채, 시계 같은 물건이 들어 있었다.

장식장의 열쇠를 받은 마리 앙투아네트는 답례로 파피용 드 라 페르테와 다른 두 사람에게 아름다운 보석상자를 하나씩 선물했다. 이번에는 국경에서 그를 맞이해 수행한 노아유 백작부인이 외국의 대사, 외국 왕실의 대신을 한 사람씩 소개했다.

밤이 되자 관례대로 신혼부부가 침대에 든 뒤 랭스 대주교가 침대에 축복했다. 왕은 세자에게, 샤르트르 공작부인은 세자빈에게 각각 속옷을 주었다. 그리고 신혼부부 두 사람만 남겨놓고 모두 나갔다. 이튿날부터 베르사유 궁에서는 큰 잔치를 벌였다.

연극, 불꽃놀이, 카드놀이, 춤판, 음악 연주가 어우러지는 잔치가 시작되었지만, 갑자기 날씨가 궂어져 불꽃놀이는 연기하기로 했다. 연회장에는 촛불을 이루 헤아리지 못할 정도로 많이 켜서 대낮보다 더 환하게 만들었고 극장 옆에는 새로 살롱을 지어놓았으며 무대 앞에 연주자 180명을 앉혀 음악을 연주하게 했다. 연습기간이 짧았음에도 오페라 〈페르세우스〉를 비교적 흡족하게 공연한 것은 새로운 무대장치를 고안한 덕택이었다.

새색시를 위한 공연이었지만 어린 신부는 별로 흥미를 보이지 않았다. 아마 연극을 많이 보지 않고 음악을 사랑하지 않는 사람에게는 조금 딱딱한 내용이었기 때문이리라. 아무튼 새로 탄생한 부부를 즐겁게 해주려고 모든 노동자와 군인이 땀을 뻘뻘 흘리면서 고생했다. 파피용 드 라 페르테의 말대로 그날은 왕실이 쉬는 날이지만 나머지 사람들에게는 무척 고된 하루였다. 베르사유 궁전의 안과 정원, 운하가 모두 무대였다. 곳곳에서 음악이 흐르고 어릿광대들이 사람들을 웃겼다. 파리의 서민들은 돈 6리브르, 빵, 포도주, 고기를 배급받았고 외곽에는 장이 섰다.

16일 밤에 폭우가 쏟아졌기 때문에 연기한 불꽃놀이는 19일 토요일 밤하늘을 화려하게 수놓았다. 불꽃놀이는 모렐Morel과 토레Torré의 작품이었다. 이들은 무려 2만 발 이상을 하늘에 쏘아 올리고 마지막에는 밤하늘에 수많은 꽃을 활짝 피게 만들어 왕을 몹시 흡족하게 해주었다.

장 바티스트 토레Jean-Baptiste Torré는 이탈리아 출신으로 1764년 생마르탱 문 근처의 신작로에 '복살 데테Vauxhall d'été(여름 복살)'라는 1,200명이 들어가는 극장을 열어 〈에트나 화산에 있는 불카누스의 대장간Forges de Vulcain sur le Mont Etna〉, 〈지옥에 간 오르페우스와 에우리디체Orphée et Eurydice aux enfers〉 같은 화려한 공연을 했다. 그러나 이웃 주민들이 불꽃놀이 때문에 화재가 날까봐 두려워하면서 탄원서를 제출하는 바람에 송사에 휘말리고 결국 문을 닫았다. 그 뒤에도 토레는 계속 비슷한 사업을 했다.

루지에리Ruggieri는 파리에서 '복살 디베르Vauxhall d'hiver(겨울 복살)'를 열고 토레와 함께 사업을 했는데 그가 파리의 불꽃놀이를 기획했다. 5월 30일 수요일 결혼잔치를 끝내는 날, 루지에리는 파리의 루이 15세 광장(오늘날의 콩코르드 광장) 아래 강가에서 파리의 밤하늘에 화려한 꽃밭을 연출했다.

약 40만 명이 모였다고 하는데 불이 났다. 다행히 불길을 처음에 잡았지만 사람들이 이리저리 쏠리다 보니 참사가 났다. 루아얄 거리는 상류층이 세워둔 마차로 막혀 있었다. 상류층 인사들은 왕이 소유한 건물(현대에는 해군본부 건물로 썼다)의 벽에 기대어 쌓은 단에서 불꽃놀이를 보았다. 일반 대중은 좁은 길을 찾아 집으로 돌아가려다가 서로 밀치고 넘어지면서 수백 명이 다치고 132명이나 죽었다. 파리 시, 파리 치안총감, 기마순찰대가 제대로 대비하지 않아서 일어난 사건이었다.

그날 마리 앙투아네트는 불꽃놀이를 보려고 현장의 근처까지 갔다가 사고 때문에 더 나아가지 못했다. 남편 루이 오귀스트는 어디 있는지 보이지 않아서 마리 앙투아네트만 파리로 갔던 것이다. 파리 시 당국은 거기서 죽은 사람들을 마들렌 공동묘지에 묻었다. 왕세자와 세자빈은 자신들의 결혼을 축하하려고 모였다가 참변을 당한 가족을 위로하도록 그해의 수입을 모두 보내주었다. 그러나 누가 앞날을 미리 알 수 있으랴! 루이 16세가 20년 뒤에 바로 그 광장에서 처형당하고 그들과 같은 묘지에 묻히게 되리라는 것을. 당시 유리가게를 운영하던 자크 루이 메네트라는 그날의 끔찍한 기억을 회고록에 다음과 같이 옮겼다. "그 운명적인 결혼은 (……) 프랑스인의 불행을 알리는 전주곡 같았다."

메네트라는 혁명 전부터 혁명기까지 자기가 겪은 일을 적당히 허풍도 섞어가면서 회고했는데, 이 부분을 보면 그는 루이 16세가 1792년 이후에 얼마나 비참해지는지 아는 시점에 회고록을 쓴 것 같다.

왕세자 부부는 결혼 뒤에 프랑스에 근심을 안겨주었다. 왕비는 왕조를 확실히 잇도록 아들을 많이 낳아주어야 했는데 아기가 생기지 않았기 때문이다. 처음에는 철부지라서 그랬는지 몰라도 왕세자 부부는 점점 심리적으로 부담을 가졌으리라. 더욱이 왕세자에게는 경쟁자가 두 사람이나 있었다. 동생 프로방스 백작과 아르투아 백작은 왕세자가 자식을 얻지 못할 경우 왕위 계승권을 얻을 수 있었다.

프로방스 백작은 1755년에, 아르투아 백작은 1757년에 태어났다. 이 두

동생은 각각 1771년과 1773년에 사르데냐 왕세자의 딸 자매와 결혼했고 아르투아 백작이 1775년 3형제 가운데 가장 먼저 아들을 얻었다. 새댁들 가운데 마리 앙투아네트가 가장 아름다웠다. 프로방스 백작의 아내는 연상이며 못생긴 데다 가슴이 털로 덮였다는 소문까지 났다. 3형제는 가끔 티격태격하면서도 의좋게 지냈다.

형이 먼저 장난을 걸어 싸움으로 번지기도 했다. 두 사람 모두 결혼을 한 뒤에도 싸웠다. 예를 들어 프로방스 백작의 취미는 자질구레한 물건을 모으는 것이었는데, 어느 날 왕세자가 마리 앙투아네트와 짜고서 동생이 아끼는 도자기 인형을 집어 들고 동생이 불안해하는 모습을 보면서 땅에 떨어뜨려 깨뜨렸다. 동생이 형에게 덤벼들어 싸움이 일어나자 마리 앙투아네트가 말렸고 그때 손에 상처를 입었다.

또 어느 날은 마리 앙투아네트가 프로방스 백작과 카드놀이를 하는데, 왕세자가 심심하니까 바게트(막대빵)를 가지고 동생을 툭툭 쳤다. 동생은 신경질을 내더니 형과 싸우기 시작했다. 마리 앙투아네트가 빵을 빼앗아 마구 분지르고 조각내고 나서야 싸움을 멈추었다. 이 사건은 자칫 큰 불행을 몰고 올 수 있었지만 마리 앙투아네트가 잘 조정해 좋게 끝났다. 왕세자는 왕과 같은 존재라 아무리 형제간의 싸움이라 하더라도 상대방은 큰 벌을 받아야 하기 때문이다.

아무튼 형제간의 우애와 왕위계승권이 묘하게 작용했다. 아르투아 백작이나 그의 아들보다는 프로방스 백작이 왕위에 더욱 가까이 있었다. 루이 16세와 마리 앙투아네트가 1781년에 아들을 얻을 때까지는 그랬다.

마리 앙투아네트는 왕세자 루이 오귀스트와 동생이 싸울 때 적극적으로 뜯어말렸을 뿐만 아니라 남편의 행실을 심하게 나무라기도 했다. 예를 들어 부르봉 가문의 왕들은 사냥을 '큰 즐거움'이라 하고 오페라나 연극을 '작은 즐거움'이라 했다. 중세에는 모든 신분이 사냥을 했지만 점차 귀족이 숲과 강의 소유권을 주장하면서 평민의 고기잡이와 사냥을 금지하게 되었다. 마침내 16세기에 들어서면서 사냥을 하는 신분이 귀족에 한정되었다. 그리고 사냥의 권한droit de chasse은 원칙적으로 왕이 내리는 것이 되었다.

부르봉 가문의 왕들은 특히 사냥을 즐겼다. 베르사유 궁은 루이 14세가 아버지 루이 13세를 따라 사냥을 갔다가 쉬던 작은 궁을 헐고 지은 것이었음을 잊지 말자. 루이 15세는 사냥개 사육장을 짓는 데 12만 리브르를 썼다. 영국에서 들여온 사냥개는 한 마리에 1,000리브르였다. 루이 오귀스트도 부르봉 가문의 피를 속일 수 없었는지 '큰 즐거움'에 심할 정도로 빠져들었다. 그래서 어느 날 마리 앙투아네트는 시동생들이 보는 앞에서 남편이 건강을 상할 정도로 사냥을 하러 다닌다고 나무랐고 왕세자는 창피해서 그랬는지, 아니면 분해서 그랬는지 울어버렸다.

왕세자는 목공일을 하거나 열쇠를 만드는 취미도 가졌다. 이렇게 사냥이나 물건을 만드는 일로 시간을 쓴다고 마리 앙투아네트는 남편을 닦아세웠다. 그렇다고 해서 루이 오귀스트가 루이 16세가 된 뒤에도 부인의 말에 울음을 터뜨리면서 살았거나 왕비가 된 마리 앙투아네트가 남편을 계속 무시했다고 생각해서는 안 된다. 물론 루이 16세가 친정체제를 지키다가 로메니 드 브리엔이나 네케르를 총리대신의 지위로 높여준 것은 그가 자신감을 잃었기 때문이라고 생각할 수 있으며, 왕비에 대한 의존도도 전보다 더 높아진 것은 사실이다.

루이 16세 즉위부터
전국신분회 소집까지

제 3 부

대통령제에서도 대통령의 개성이 제도를 운영하는 데 중요한 요소일진대 하물며 절대왕정에서 군주의 성격을 말해 무엇 할 것인가! 루이 15세가 '사랑하는 루이'라는 애칭을 얻은 뒤부터 성스러운 표상을 잃기 시작했듯이 루이 16세도 절대권 없는 절대주의를 이끌어 갔다. 그는 루이 15세 치세 말에 추방했던 고등법원을 왕이 된 지 7개월 뒤에 다시 불러들였다. 전통적으로 가장 중요한 세력인 법관들의 협조를 얻어 나라를 잘 다스리고자 노력한 결과였기 때문에 프랑스 혁명과 연결해 그 잘잘못을 따지기보다는 그 자체의 의미를 찾아야 할 것이다.

루이 16세는 왕세자 시절부터 마리 앙투아네트에게 잔소리를 들었듯이 정치수업보다는 가문의 '큰 즐거움'인 사냥에 빠졌고 자기 침실 위층에 공방을 차려놓고 열쇠를 만들거나 목공일을 했다. 그가 할아버지의 증조할아버지인 루이 14세 때 정착시킨 제도를 제대로 꾸려가기가 어려울 정도로 그동안 여건이 많이 바뀌었다. 그가 왕이 되었을 때부터 왕 자신, 왕비, 대신들, 베르사유 궁의 여러 파벌, 파리, 여론이 계속 간섭하면서 상황을 어렵게 만들었다.

루이 16세는 계몽사상가 튀르고를 중용했지만 치세 초부터 곡물 값을 안정시키지 못해 '밀가루 전쟁'을 맞아야 했고, 튀르고의 정책에 반대한 네케르를 중용했지만 이 사람이 추진하는 '영국식 군주정(입헌군주정)'을 받아들이려 하지 않았다. 더욱이 궁정에서 그의 동생 프로방스 백작의 질투와 음모, 그의 사촌 오를레앙 가문의 야망, 왕비의 측근들을 경계하면서 다른 뾰족한 수를 찾아내지 못하고 그저 전통적인 방식으로 권력을 행사하려고 노력했다. 루이 16세는 처음에는 내키지 않았지만 결국 아메리카 독립전쟁에 참여하는 결정을 내렸다. 그것이 절대주의 체제를 더욱 거세게 뒤흔드는 위기의 시작이었다. 이제부터 루이 16세 치세에 일어난 일을 간단히 살피면서 혁명으로 나아가는 과정을 이해하기로 한다.

1
고등법원의 소환
(1774년 11월 12일)

프랑스 왕국이 복잡하게 발달하면서 조정에서 전문화된 기관으로 발달한 고등법원은 왕을 대신해 법을 보호하고 시행하는 역할을 맡았지만 점점 절대왕권이 전제정으로 흐르지 않도록 막는 권력기관이 되었다. 무엇보다도 고등법원은 지사나 군장관이 내리는 조례를 심판할 권한(조례심판권arrêt de règlement)을 가졌다. 고등법원이 내린 판결은 가장 일반적인 구속력을 가졌다. 고등법원은 왕령을 등기부에 올리는 권한(등기권)을 행사했다. 왕령을 등기부에 올리지 않는 한 왕령은 효력을 갖지 못했다. 또 고등법원의 상소권은 왕령의 부당함을 '다시 보여주는' 권한이다. 고등법원은 이 권한을 앞세워 왕령이 왕국의 관습법과 맞지 않는 경우 상소하면서 왕권이 전제권으로 나아가는 길을 막았다. 고등법원 법관들의 관직은 일종의 재산으로 보호받았다. 이 관직보유권은 1467년부터 평생의 권한이 되었다. 그 뒤 관직을 매매할 수 있게 되자 왕의 법관지명권은 힘을 잃고 관직보유자는 관직을 물려줄 수 있게 되었다. 왕은 관직보유자에게 관직에 합당한 돈을 지불하지 않는 한 그 어떤 관직도 폐지할 수 없게 되었다.

고등법원은 자신의 이익보다는 '애국'을 생각하는 집단이었던가? 18세기 말에는 고등법원 법관들이 전제정으로 흐르는 왕정에 저항하다가 박해를 당했다고 생각하는 사람이 많았고, 19세기에는 바로 이 같은 견해를 받아들인 역사가가 많았다. 그러나 20세기에 들어서 고등법원이 집단 이익을 먼저 생각하면서 오히려 절대왕정이 근대화를 추구하는 일을 방해했다는 견해가 우세해졌다. 심지어 이렇게 생각하는 역사가들(예를 들어 무니에Mousnier, 메티비에Méthivier, 앙투안Antoine)은 고등법원이 반대자가 아니라 반항자rebel였다고 보았다. 물론 고등법원이 가끔 왕정의 근대화 사업에 전혀 보조를 맞추지 않았다고 말하기는 어렵다. 그러나 이것으로는 부족하다. 좀더 근본적인 질문에 대답해야 한다.

영국 역사가로서 보르도 고등법원을 깊이 연구한 윌리엄 도일은 다음과 같이 몇 가지 질문을 던지면서 고등법원의 실체를 밝혔다. 고등법원이 겁도 없이 법과 공중의 자유(특권)를 옹호하려 했다고 하지만 왜 그들은 언제나 마지막에는 왕권에 복종했는가? 어째서 그들은 모푸 같은 적을 상대할 때 일치단결하지 않았는가? 다시 말해 왜 수많은 법관이 전혀 고등법원의 편을 들지 않았던가? 관점을 바꿔 그들이 반항자, 반역자였다 할지라도 똑같은 질문을 할 수 있다. 그들이 국가의 개혁을 막았다고 해도 어떻게 모푸는 그들을 쉽게 제압할 수 있었는가? 그리고 1774년에는 어째서 수많은 사람이 심지어 정부 관리까지도 그들이 옛날의 자리로 되돌아가기를 바랐던가?

도일은 다음과 같이 분석했다. 그들의 힘은 아주 여러 곳에서 나왔으며 그 원천이 마를 때까지 그들은 프랑스 공공생활에서 없어서는 안 될 부분이었다. 더욱이 루이 16세는 그러한 기관을 폐지하려는 의지가 없었다. 고등법원은 대중의 지지를 받았다. 그들은 또한 지식인의 지지도 받았다. 물론 고등법원 법관들이 똑같이 행동하지 않았듯이 대중이 모두, 게다가 지식인이 모두 고등법원을 지지했다는 말은 아니다. 더욱이 고등법원이 대중과 지식인의 지지를 받는다는 사실을 그들뿐만 아니라 정부도 알았다. 18세기 중엽 이후 종교뿐만 아니라 정치와 경제 문제를 다루는 여론이 형성되고 지속적으로 체제를 비판했으며 문인, 계몽사상가와 함께 법관들도 여론을 형성하고 이끄는 세력이었음을 왕정의 오른팔들(정부의 대신, 지사, 군장관들)도 인정했다는 것이다.

게다가 역사가들은 지방에서는 지사와 고등법원의 수석재판장이나 검찰총장들이 자주 만나서 협의했고, 심지어 프로방스의 지사는 엑스 고등법원의 수석재판장이었다는 사실을 늦게야 주목하게 되었다. 전통적인 무관귀족이 그보다 훨씬 뒤에 생긴 문관귀족을 얕보는 경우가 있었다 하더라도 서로 인척관계를 맺거나 왕정에 참여해 고위관리로서 서로 존중했듯이 고등법원 재판장이나 심리부 판사들은 관직보유자officiers이면서도 왕이 임명하는 관리(수임자commissionnaires)가 되어 지방행정관으로 나갔다. 이렇게 볼 때 고등법원은 자타가 인정하는 권력기관이었으며 제아무리 왕의 정책에 반항했다 하더라도 체제순응주의를 벗어나지는 못했다.

그러므로 1771년에 모푸가 나설 때까지 왕은 고등법원이 저항할 때마다 친림법정을 열어 새로운 세금과 종교에 대한 침묵을 강요할 수 있었다. 만일 고등법원이 상소문을 올리고 업무를 중단한 채 일시적이나마 집단 사의를 표시한다 해도 왕은 극단적인 법관들을 추방하거나 귀양 보내고 감옥에 가두었다. 이렇게 하면서 왕과 고등법원은 갈등을 빚고 그로 인해 생긴 상처를 봉합하면서 지났다. 그러나 1771년에 모푸가 파리 고등법원과 갈등을 빚으면서 모푸 자신도 처음에는 의도하지 않은 결과를 향해 나아갔다. 기존의 정치제도(고등법원)를 이런 식으로 파괴한 결과, 그 기관뿐만 아니라 그것을 뒷받침하던 공중의 신뢰마저 무너뜨리고 말았던 것이다.

루이 16세는 왕위에 오르는 해에 고등법원을 소환했다. 선왕이 마음대로 추방할 수 있는 고등법원이라면 마음대로 불러와도 크게 문제가 되지 않았다. 실제로 루이 15세가 마음먹고 단행한 법적 개혁을 당시 고등법원이 제대로 막아냈다면 고등법원은 추방되지도 않았을 것이다. 그러므로 루이 16세가 그들을 불러들였다고 해서 당장 큰일이 날 이유도 없었다. 루이 16세가 그들과 의사소통을 잘하면서 체제를 살린다면 오히려 더 나은 세상을 만들 수도 있었을 것이다. 루이 16세는 옛 고등법원과 새 고등법원을 지지하는 사람들의 의견을 골고루 들으면서 고민했지만 한편으로 왕비 마리 앙투아네트의 의견과 스승 모르파 백작의 의견에 마음을 움직였다.

마리 앙투아네트는 '3두정'의 희생자인 슈아죌 공작을 잃은 뒤 힘들었고 모르파 백작은 루이 15세가 귀양을 보냈기 때문에 그의 정책에 반대했던 것이다. 게다가 재무총감 튀르고도 모푸의 고등법원보다 옛 고등법원을 소환하는 데 찬성했다. 왕은 튀르고, 모르파, 국새경 미로메닐, 해군대신 사르틴이 참여하는 비밀위원회에서 함께 소환방법을 연구한 뒤 마지막으로 1750년대 도서출판행정총감을 지냈으며 1770년대 초까지 소비세 재판소Cour des Aides* 수석재판장을 지낸 말제르브의 의견을 듣고 결론을 냈다.

---

* 이 세금Aides을 '보조세'로 옮기는 경우가 있다. 사료를 검토하면 특정 상품에 대해 붙이는 세금임을 알 수 있다. 예를 들어 1789년 10월 2일 국민의회의 재정위원회가 제출한 법안 자료를 보면 "엄밀하게 말해 이 세금aides은 도매건 소매건 음료수를 판매할 때 매기는 세금이다. 그리고 특정 장소에 음료수를 들여가거나 제조할 때 매기는 세금이기도 하다"라고 했다. 특히 포도주의 경우, 소비자 가격은 파리 문밖과 문안에서 큰 차이가 났고, 주머니가 가벼운 사람들은 문밖으로 나가서 포도주를 더 싸게 마시고 돌아갔다. 이 세금을 다루는 재판소는 통관세traité, 타이유세도 함께 다루었다(*Archives parlementaires*, t. 9, pp. 270 이하, Vues générales sur l'impôt des Aides, les inconvénients de sa suppression et la possibilité de sa réforme 참조).

루이 16세가 불러들인 옛 고등법원의 법관들이 이빨 빠진 호랑이가 되었다 하더라도 여전히 왕권을 견제하는 세력이었기 때문에 왕은 할아버지 루이 15세가 3두정을 이용해 체제를 구하려고 했던 노력마저 무산시켰다. 3두정은 법적 개혁에 성공한 뒤에는 고질적인 재정문제를 개선했다. 재무총감 테레 신부는 '소매치기Vide-gousset'라는 별명을 들을 만큼 악명 높게 살림을 꾸렸다. 국고의 구멍을 막으려고 온갖 방법을 썼다. 예를 들어 총괄징세청부업의 수익금에 세금을 매기고 국가채무의 이행을 유예했다. 더욱이 모푸가 고등법원이라는 장애물을 치워버린 뒤 테레 신부는 1771년 11월에 왕령으로 세제개혁을 단행했다.

테레는 1749년에 신설되었고 원칙적으로 한시적인 제1차 5퍼센트세를 무기한 연장했다. 이 직접세는 특권을 인정하지 않았다. 이 세는 네 종류의 수입에 부과되었다. 부동산 소유자나 부동산 사용자의 수입, 유동자산의 수입, 상업과 제조업 수입, 관직의 수입에서 5퍼센트를 거두었으니 노동자와 봉급생활자에게는 상관없었다. 그리고 7년 전쟁을 치르려고 신설한 제2차 5퍼센트세를 1780년까지 연장했다. 테레 신부는 이처럼 욕을 먹으면서 국고가 새는 구멍을 막고 재원을 확보했다.

그러나 루이 16세가 고등법원을 불러들인 뒤 아메리카 독립전쟁에 휩쓸리고 재정이 악화되는 동안 고등법원 인사들은 합리적인 세제를 확립하려는 시도에 '왕국의 기본법'을 앞세우면서 제동을 걸었다. 따라서 강력한 의지가 없는 루이 16세로서 이 같은 전력이 있는 제도를 회복시킨다는 것은 사실상 세제개혁을 포기하는 것과 같았다. 실제로 루이 16세가 스승으로 삼은 모르파 백작과 국새경 미로메닐은 모두 과거지향적인 사람이었기 때문에 루이 16세의 의지가 비록 선량했다 하더라도 앞날은 순탄치 못할 것이었다.

루이 16세는 자유주의에 물든 튀르고를 재무총감으로 임명했다. 튀르고는 곡물의 자유거래를 인정하고 부역제도를 폐지하며 동업자 조합을 폐지하는 정책을 밀고 나갔다. 곡물 자유거래는 바람직한 정책이었음에도 흉년 때문에 빵값이 뛰면서 반대파의 드센 비판을 받았다. 동업자 조합을 폐지할 때 고등법원은 특권층의 이익을 대변하며 저항했다. 그러나 루이 16세는 친림법정을 열어 강제로 법을 등기부에 올렸다. 이처럼 루이 16세 치세에도 고등법원은 특권의 대변자 노릇을 했고 왕은 강제로 왕령을 등기시켰다.

루이 16세는 아메리카 전쟁이 끝난 뒤 더욱 악화된 재정상태를 개선하려고 명사회를 소집해 개혁을 호소했지만 거절당했다. 루이 16세가 이렇게 약점을 드러냈을 때 고등법원은 상대적으로 정치무대에서 주목받을 만큼 기력을 회복했다. 물론 고등법원의 '번영기'—이런 것이 있었다면—는 1771년에 끝났으며 루이 16세가 원상태로 되돌려놓은 뒤에 서서히 기력을 되찾았다고 해도 약점이 있는 왕정(특히 재정문제)에 저항할 정도였을 뿐이다. 이렇게 말할 수 있는 이유는 1789년 이후의 고등법원을 보면 분명해진다.

모푸 정변 이후 지식인의 세계에서는 좀더 폭넓은 합의에 바탕을 둔 정치문화를 갈망하는 분위기가 무르익었다. 1771년 고등법원을 추방했을 때 소비세 재판소 수석재판장 말제르브는 전국신분회를 소집하라고 주장했다. 그를 좇아 각계각층에서 전국신분회를 소집하라 또는 부활시키라고 요구했으나 루이 15세는 그 요구를 무시할 수 있었다. 그러나 루이 16세는 재정난을 극복하려고 1787년 명사회를 소집한 뒤부터 계속 밀리면서 결국 1788년 전국신분회를 소집하도록 허락했다. 전국신분회에 제3신분 대표수를 두 배로 늘리는 문제가 중요한 쟁점이 되었을 때 고등법원은 주목할 만한 역할을 했다. 고등법원은 법을 존중하는 태도를 강조하면서 왕의 권위를 무너뜨리는 데 한몫했다. 그럼에도 1789년 막상 전국신분회가 열린 뒤 사정이 급변했다. 국민의회가 헌법과 법률을 제정하는 과정에서 절대군주였던 왕은 겨우 행정부를 대표하게 되었으며 고등법원은 왕보다 더 급속히 무기력하게 되었던 것이다.

2
밀가루 전쟁

1774년 8월 24일, 튀르고는 루이 16세에게 재무총감직을 수락하는 편지를 썼다. 그는 책임감에 어깨가 무겁지만 앞으로 세 가지에 주력하겠다고 말했다. 앞으로는 국가재정을 파산하지 않게 하겠다. 더는 세금을 올리지 않겠다. 그리고 무엇보다 돈을 꾸지 않겠다. 특히 돈을 빌리면 결국 파산하거나 세금을 올려야 하기 때문에 이러한 정책을 절대로 쓰지 말아야 한다고 강조했다.

이 세 가지 방향을 모두 충족시키는 방법은 단 한 가지, 국고에서 나가는 돈을 아끼는 일뿐이다. 아끼고 아껴서 옛날에 진 빚을 해마다 2,000만 리브르씩 갚아야 한다. 그렇게 하지 못하면 나라 살림이 거덜난다. 그러므로 루이 16세는 왕국의 크고 작은 부서의 지불명령관ordonnateur에게 앞으로 예산을 지출할 때는 반드시 재무총감과 상의하도록 명령해달라고 부탁했다. 그리고 루이 16세 자신도 협조해야 할 텐데 그 방법은 "전하가 선심을 쓰지 않도록 마음을 단단히 잡는 데" 있다고 했다.

"전하, 신하들에게 나눠주는 돈이 어디서 오는지 살피소서. 돈을 꼬박꼬박 내야 하는 사람들의 비참한 처지와 전하의 은혜를 입고 게다가 온갖 직책을 누리는 사람들의 처지를 비교하소서."

튀르고는 징세제도가 귀족에게는 부패의 원천이며 민중에게는 억압의 원천이라고 비판한다. 징세청부업자가 얻는 이익은 국가재정에 보탬이 되거나 가난한 사람의 고통을 덜어주기는커녕 그 제도의 뒤에 숨어서 이익을 챙기는 권력자들에게 돌아가기 때문이다. '자연으로 다스리기'를 철학적 기본으로 삼는 중농주의자답게 튀르고는 아주 난처한 시기에 중책을 맡는 심정을 솔직히 밝히면서, 왕이 징세청부업자들에게서 나오는 돈을 가지고 신하들의 봉사에 대가를 지불하면 할수록 징세청부업자들에게 휘둘리기 십상이기 때문에 자신에게 인민의 행복을 맡긴 이상 그 어떤 모함이 들어와도 자신을 믿어달라고 부탁했다. 자신은 왕에게 쓸모없는 인간이라고 느끼면 언제라도 떠날 준비가 되어 있지만 왕은 자신의 충정을 헤아려 자신이 추진하는 개혁을 뒷받침해달라고 주문했다.

튀르고는 1727년에 파리 시장의 막내아들로 태어나 종교인의 길에 들어섰다가 "평생 가면을 쓰고 살 수 없기 때문에" 방향을 바꿔 파리 고등법원 판사, 심리부 판사를 거쳐 리모주 지사로 13년간 일하다가 베르사유로 불려가 중책을 맡았다. 그는 파리에서 살롱을 드나들며 계몽사상가들과 사귀었다. 특히 케네, 뒤퐁 드 느무르Dupont de Nemours 같은 중농주의자들과 자주 어울렸다. 그는 왕국에서 별로 혜택을 받지 못하면서도 세금을 많이 내야 하는 리모주에서 겪은 경험으로 자기 이론을 뒷받침했다. 그는 1770년 재무총감 테레 신부에게 '곡식의 자유거래'를 주제로 편지를 썼다. 그는 1774년 7월 2일에 해군대신이 되었고 8월 24일에는 재무총감이 되었다.

튀르고가 재무총감이 되었다는 소식에 계몽사상가들은 크게 기뻐했다. 그는 계몽사상가 친구인 뒤퐁 드 느무르, 콩도르세Condorcet를 곁에 두고 함께 개혁을 해나갔다. 마침내 9월 14일에 곡식을 자유롭게 거래하도록 법을 바꾸었다. 그때까지 농민은 자기가 생산한 곡식을 반드시 시장에 내다 팔아야 했다. 왕은 곡식의 거래를 경제문제가 아니라 치안문제로 접근했기 때문이다. 만일 농민이 값을 높이려고 곡식을 감춰둔다면 가난한 사람들이 빵값을 감당하지 못해 폭동을 일으킬 수 있었다. 농민은 곡식상인과 제빵업자에게 곡식을 팔기 전에 시장에서 개인들에게 먼저 곡식을 팔아야 했다. 장이 세 번 서는 동안 팔지 못하고 남는 곡식은 모두 아주 헐값에 넘겨야 했다. 이처럼 강제적인 법 앞에서 농민은 착취를 당할 수밖에 없었다. 오늘날 후진국에서 도시가 농촌을 착취하고 남자가 여자와 어린이를 착취하고 국가가 국민을 착취하는 구조와 비슷했다.

곡식의 자유거래가 제한적이나마 실시된 적이 있었다. 재무총감 라베르디Clément Charles François de Laverdy(1723~1793)는 루이 16세 아버지의 후원에 힘입어 1763년 5월 25일과 1764년 7월에 왕령을 반포했다. 전자는 '왕국 내 곡물의 면세 유통'을 규정하는 법이었고, 후자는 '곡식을 왕국으로 자유롭게 들여오고 내보내는' 법이었다. 후자는 토지 생산물이야말로 국가에서 가장 중요한 산물이기 때문에 여태껏 거래를 한정하던 모든 제약을 없애고 곡식과 밀가루의 수출입을 자유롭게 하여 생산자의 의욕을 북돋아주려고 정한 법이었다.

그러나 특히 국가가 보호해줘야 하는 가난한 소비자는 갑자기 자유주의 바람에 보호막이 사라지면서 몹시 불만스러워졌다. 생활필수품의 위기를 맞이하자 재무총감 라베르디는 기업정신이 왕성하고 빈틈없는 제빵업자 말리세Malisset의 힘을 빌렸다. 그는 이미 1748년부터 여러 번 이 같은 일에 개입해 곡식을 공급하고 또 '왕의 곡식grain du Roi'을 비축했다. 1765년 8월 라베르디는 말리세와 계약을 맺어 회사를 설립하게 했다. 세상 사람들은 이들을 의심했다. 그리하여 결국 대신들이 물자가 부족한 상태를 이용해 인민의 빵을 빼앗고 은밀하게 불법으로 막대한 이익을 챙긴다는 소문이 널리 퍼졌다.

농촌, 선술집, 시장에서 사람들은 내놓고 이런 소문을 퍼뜨렸다. 심지어 왕도 이러한 속임수에 가담했다고 비난받았다. 농사의 대부분을 하늘의 뜻에 따라야 하는 시대에 1766년, 1767년, 1768년이 차례로 작황이 나빠서 민심이 더욱 흉흉해졌다. 1768년 루앙 고등법원은 겁도 없이 루이 15세에게 편지를 보내 대신들이 기근을 이용해 자기네 이익을 챙기려는 끔찍한 음모를 꾸미는데 왕도 거기에 가담했다고 비난했다. 법학자 르 프레보 드 보몽Le Prévost de Beaumont은 「기근 협정을 고발함Dénonciation d'un pacte de famine」이라는 소논문을 쓴 죄로 체포되어 뱅센 감옥에 갇혔다. 1789년 말에는 그가 22년간 뱅센 감옥에 갇혔다가 구출되었다는 판화가 나오기도 했다.

'기근 협정'은 빵값이 조금만 올라도 그 원인을 왕과 특권층의 음모로 돌리는 사람들이 거듭 이용하는 주제가 되었다. 급기야 1769년 봄에 생활필수품이 부족한 데 불만을 품은 민중이 들고일어났다. 그 원인을 곡식의 자유거래법에서 찾는 분위기로 말미암아 경제가 아니라 치안의 논리가 되살아났고 그해 12월에 재무총감이 된 테레 신부는 정책을 바꿔 곡물 거래를 국가가 통제하도록 했다. 그러나 그가 1770년 7월 14일에 적용한 법은 1763년의 자유주의 정신을 완전히 뒤바꾸지는 않았다. 국가는 곡식이 부족할 때 수출을 정지한다는 원칙을 세웠을 뿐이다.

이 같은 상황에서 튀르고는 자유주의 정책을 도입했다. 대체로 50세에 통풍으로 죽는 집안 사람인 그는 47세로서 통풍환자였기 때문에 3년만 봉사하리라고 생각했을 것이다. 그는 부역, 십일조, 소금세를 폐지하고 특권층이 왕국을 발전시키려고 세금을 내는 나라를 만들고 싶었다. 그는 열두 살 차이 나는 뒤퐁 드 느무르, 열여섯 살 차이 나는 콩도르세와 함께 불합리한 제도를 파상적으로 고쳐나갔다. 이 두 사람을 튀르고에게 천거한 사람은 동갑나기 모를레 신부André Morellet(1727~1819)였다. 1774년 9월 13일, 튀르고는 파리의 재무총감청에 앉아 곡식의 자유로운 거래가 "필요한 수량과 과잉의 균형을 이루는 가장 좋은 방법"이고, 정부가 생활필수품을 통제하는 일은 실패하게 마련이며, 비록 품귀현상이 나타나는 경우가 있겠으나 정부가 값을 매겨서는 안 되고, 정부는 오직 상황이 악화되지 않게 개입해야 할 뿐이라는 정신을 반영하는 법안을 공포했다. 이제 1763년의 법이 되살아나 곡식의 외국 반출도 가능해졌다. 그러나 농사법이 크게 바뀌지 않고 농기구나 비료가 개선되지 않는 상태에서 하늘만 쳐다보는 현실이 사라지지 않는 한 품귀현상은 자주 나타날 수밖에 없었다.

튀르고의 전임자 테레 신부는 1771년 '밀 관리 공사régie du blé'를 파리 지역에 세우고 상인인 소랭Sorin과 두메르Doumerc에게 운영하도록 했으며, 국무위원으로 구성된 위원회의 감독을 받게 했다. 이렇게 해서 제빵업자에게 일정한 값으로 밀가루를 안정적으로 공급해 밀가루 파동이 생길 때에도 빵값을 8수에서 10수 사이에 묶어둘 수 있었다. 그런데 튀르고가 재무총감이 되어 가을에 비축분을 모두 팔아버렸다. 이미 그해 3월부터 파리를 중심으로 빵값은 한 덩어리에 12수였고 10월 노르망디의 캉에서는 13수를 받았다. 1775년 4월 빵값은 24리브르까지 치솟았다.

부르고뉴 지방의 중심지 디종에서 1775년 4월 17일에 처음으로 소요사태가 일어났다. 디종은 산업화 초기의 도시로서 옷감을 짜고 물들이는 공장이 많았는데 거기서 일하는 남녀 노동자들이 근처의 창고를 습격하고 심지어 그곳 고등법원 판사의 집까지 들이닥쳐 기물을 마구 부수었다. 민중은 여기저기서 들고일어났다. 그리하여 4월이 다 가기 전 일드프랑스 전역에서 시장과 빵집을 털었다. 27일에는 보몽 쉬르 우아즈(파리 북쪽 샹티이와 퐁투아즈 사이)에서 소요사태가 일어났다. 이곳은 북쪽에서 파리로 곡식을 실어 나르는 배가 센 강으로 들어가는 입구였다. 29일에는 퐁투아즈, 5월 1일에는 생제르맹에서 소요사태가 일어나더니 2일에는 베르사유에도 불길이 번졌다. 왕은 그날 저녁을 먹지 못할 정도로 수심에 잠겼다. 그는 곧 빵값을 1리브르(파운드)당 2수만 받으라고 명령했다가 얼마 뒤에는 그 말을 취소하고 오르기 전에 받던 값만 받으라고 말했다.

그리고 3일에는 급기야 파리에서도 소요사태가 일어났다. 빵가게를 약탈한 혐의를 받은 파리의 가장 가난한 주민 프랑수아 이보르(60세)와 함께 심문을 받은 자크 르 마르샹(23세)은 빵값을 비싸게 달라는 주인에게 1리브르에 2수만 내도 좋다고 들었다며 항의하니까 주인도 다른 말을 하지 못했다고 증언했다. 그들은 왕이 한 말을 전해 들었지만 자신들에게 유리한 쪽으로만 들었다. 파리에서 시위를 진압하고 잡아들인 사람 가운데에는 파리 태생이 아닌 사람도 많았다. 예를 들어 아주 가난한 오베르뉴 지방에서 일거리를 찾아 파리로 가서 사는 사람들은 주로 장작을 패는 일을 했다. 그들은 방 하나를 얻어 교대로 잠을 자고 일터로 나갔는데 많게는 30명까지 같은 방을 쓰면서 생활했다.

소요에 가담했다고 해도 모두가 약탈자가 되지는 않았다. 어떤 사람들은 빵집에 들어가 빵을 뒤져낸 후에 주인에게 자신이 생각하는 적정가격 12수를 던져주고 가져갔기 때문이다. 이 반란의 불은 곡식을 실은 배가 다니는 강을 따라 차례로 옮겨 붙었다. 4월 29일에는 퐁투아즈와 보베, 5월 1일에는 파리에 더 가까운 푸아시, 생제르맹앙레, 생드니, 고네스, 2일에는 베르사유까지 옮겨 붙었다. 3일에는 파리를 거쳐 센 강 상류 쪽도 안전하지 않았다. 강을 타고 번지는 불길은 강과 닿는 도로를 따라 번지고 흉흉한 소문이 불길보다 앞서 퍼졌다.

밀가루 전쟁은 군중시위와 폭동이었지만 다른 차원에서도 접근할 수 있다. 그것은 튀르고와 네케르, 그리고 두 사람의 지지자들이 벌인 담론의 전쟁이기도 했다. 튀르고가 곡식의 자유거래를 주장할 때 네케르는 규제를 주장했기 때문이다. 그 과정을 잠시 짚어보자. 노르망디의 캉에서는 1774년 10월부터 빵 한 덩어리를 13수에 팔았다. 그곳 지사는 튀르고에게 민중이 시장에서 곡식을 구하지 못하자 곡식의 자유거래를 허용한 정책을 비난한다고 보고했다.

1775년에는 왕의 대관식을 거행할 예정이었기 때문에 튀르고는 이 중대사를 치른 뒤에는 본격적으로 재정의 걸림돌을 하나하나 치우려는 계획을 세워놓고 있었다. 그는 앞으로 왕실과 군대의 지출을 줄여나가면서 점차 재정적자 폭을 줄이고 마침내 흑자를 내겠다고 생각했다. 그러나 상황은 그에게 유리하지 않았다. 1775년에는 빵값이 더 오를 전망이었고 실제로 더 오르고 있었다.

이 같은 상황에서 네케르는 직접 쓴 『곡식의 법률과 거래에 관한 논고*Sur la législation et le commerce des grains*』를 가지고 튀르고가 일하는 재무총감청으로 찾아갔다. 마침 모를레 신부가 튀르고와 함께 있었고 나중에 그날의 대화를 정리해 세상에 알렸다. 네케르가 재무총감이 자기 원고를 읽어보고 출판해도 좋은지 허가해주면 좋겠다고 정중하게 말하자 튀르고는 누구든지 자기 마음대로 출판하면 그만이지 그런 것까지 물어보느냐고 퉁명스럽게 대답했다고 한다. 튀르고는 대중이 알아서 읽지 않을 것을 자기가 막을 필요가 있겠느냐고 말했다는 것이다.

네케르는 튀르고의 말에 상처를 입고 인사도 하지 않고 나갔다. 그러고는 3월 12일에 원고를 출판했다. 네케르의 『논고』는 튀르고의 반대자들을 선동했다. 그는 곡식의 수출과 수입이 국내 산업에 미치는 영향, 도매상인과 소매업자의 관계, 곡식과 다른 상품의 관계를 다각도로 검토했다. 그는 거물급 도매업자가 곡식을 독점하면 일반 민중을 상대하는 소매업자가 죽고 민중도 못 견디게 될 것이라고 주장했다. 파리 고등법원 내 보수 성향의 인사들이 그를 지지했다. 그는 성공한 은행가로서 이름을 날렸기 때문에 스위스, 영국, 스웨덴, 독일에서도 그를 지지하는 사람들이 나왔다. 한 가지 문제를 해결하는 답이 정반대되는 단 두 가지로 갈리는 경우는 없겠지만 일상적으로는 대립하는 두 가지 주장이 돋보이는 상황이 많다. 튀르고와 네케르의 밀가루 전쟁, 그것은 진보와 보수를 나누는 기준이 되는 듯했다.

밀가루 전쟁은 결국 파리에서 5월 4일 잔인하게 진압되면서 사실상 수그러들었다. 물론 그 뒤에도 일주일 동안 다른 곳에서 소요사태가 있었지만. 파리 치안총감 르누아르는 병력을 동원하는 일을 달가워하지 않았기 때문에 4일 아침에 해임되었다. 왕은 튀르고의 정책을 지원했다. 베르사유에서 총기병을 보내 저녁 7시경 마지막 시위대를 진압했다. 이렇게 볼 때 파리에서 1740년대에 태어나 두세 차례 소요사태를 경험한 극작가 메르시에가 한 말은 밀가루 전쟁에 대해서는 적절했다.

"소요사태가 폭동으로 악화되는 일은 실제로 불가능해졌다. 경찰이 감시하고 스위스 수비대와 프랑스 수비대가 파리 근처의 여러 도시에 주둔하면서 언제라도 출동할 태세이기 때문이다."

그렇지만 우리는 왜 1775년에 불가능했던 일이 1789년에는 가능해졌을까 질문하고 그 답을 찾으려 노력해야 한다. 먼저 1775년에 일어난 사건은 더도 덜도 아닌 밀가루 전쟁이었다. 사람들은 왕이나 튀르고를 탓하지 않았고 단지 곡식과 빵을 사는 데만 신경 썼다. 물론 네케르와 그 지지자들은 튀르고의 정책을 탓했지만 그것과 실제로 일어난 사건을 연결하기란 어렵다. 그러나 1789년은 여러모로 상황이 바뀌었다. 빵값이 치솟은 점도 민중의 불만을 부채질한 요인이지만 더욱 복잡한 일이 얽혀서 작용했다.

군대가 시위대를 대하는 태도도 달라졌다. 1789년 7월 12일, 파리에서 네케르를 해임했다는 소문을 듣고 시위대가 시 울타리와 생라자르회 수도원에 불을 질렀다. 이때 군대가 튈르리 궁전 앞에서 군중을 공격했지만 프랑스 수비대는 무질서한 상황을 너그럽게 대했다. 그리고 이틀 뒤에는 시위 군중이 바스티유를 공격하고 요새 사령관 로네와 파리 시장 플레셀을 학살했다. 루이 16세 치세에서 14년 동안 모든 상황이 변했고 평생 정치와 직접 관련 없이 살아가야 했던 사람들이 정치화하면서 자기 운명을 스스로 결정할 수 있게 되었던 것이다.

그것은 앙시앵레짐의 문화가 변화를 겪었기 때문이다. 이미 자유주의와 개인주의 성향이 나타나고 1788년 왕이 전국신분회를 소집한다고 할 때부터 제3신분의 대표수를 두 배로 늘리고 신분별 투표가 아니라 개인별 투표를 하자는 주장이 나온 데다 1789년 1월 24일 선거법이 공포되자 도시민부터 농민까지 모두 정치화했던 것이다. 그리하여 14세기 초에 처음 생긴 전국신분회가 17세기 초에 마지막으로 모인 뒤 175년 만에 모였을 때, 그것은 곧 국민의회로 변화하기에 충분한 조건을 갖추었다.

3
아메리카 독립전쟁

프랑스는 1756년 이후 거의 20년 동안 외교정책의 방향을 바꾸지 않았다. 루이 15세와 슈아죌 공작이 에스파냐, 오스트리아와 맺은 동맹관계를 유지했다. 그러나 요제프 2세가 1778년 바이에른을 합병하려는 속내를 드러내자 프랑스는 오스트리아의 뜻에 동의하지 않았기 때문에 두 나라의 관계가 조금 멀어졌다. 이때 왕비 마리 앙투아네트는 외무대신 베르젠에게 "마치 생선장수 아낙처럼 악을 썼다"고 한다. 친정 오빠인 요제프 2세를 위해 여동생이 나섰지만 루이 16세는 루이 14세 시대인 1648년에 맺은 베스트팔렌 조약의 정신을 받들어 신성로마제국의 약소국을 도와야 한다고 생각했던 것이다. 게다가 그는 1772년 프러시아, 러시아, 오스트리아가 폴란드를 나눠 가지는 것을 보면서 국제정치 질서가 부도덕하게 무너졌다고 생각했다. 그는 될수록 영토확장 전쟁에는 참가하지 않는다는 원칙을 세웠다.

한편 에스파냐와 맺은 부르봉 가문 협약pacte de famille은 흔들리지 않았다. 카를로스 3세는 루이 16세의 아저씨뻘이었으므로 루이 16세는 처가 쪽이 다스리는 오스트리아보다는 영토가 맞닿은 에스파냐와 동맹관계를 더욱 굳게 지켰다. 두 나라 군주는 속내를 터놓는 편지를 주고받으면서 진정한 우호관계를 유지했다. 그러므로 만일 프랑스가 아메리카 독립전쟁에 뛰어들어 영국과 전쟁을 벌인다면 프랑스는 에스파냐와 힘을 합쳐 싸울 것임이 분명했다.

프랑스와 영국은 오랫동안 앙숙이었다. 더욱이 프랑스는 1763년에 끝난 7년 전쟁에서 영국에 당한 모욕을 되갚아줄 기회를 기다렸다. 마침 1776년

7월 아메리카의 영국 식민지가 독립을 선언했다. 프랑스는 아직까지 해군력을 충분히 키우지 못했기 때문에 당장 전쟁에 뛰어들 수 없었다. 그러나 영국이나 심지어 동맹국 에스파냐도 모르게 돈과 물자를 아메리카의 독립전쟁에 지원했다. 이 정책은 루이 16세가 두고두고 후회하게 될 정책이었다.

1792년 해군대신 베르트랑 드 몰빌A.-F. Bertrand de Molleville은 루이 16세에게 '마이소르의 호랑이' 술탄 티푸의 비밀제안을 전했다. 술탄은 만일 프랑스가 군사를 6,000명만 보내주면 자신이 비용을 부담하고 영국을 인도 땅에서 반드시 몰아내겠다고 말했다. 이 말을 들은 루이 16세는 옛날 아메리카 독립전쟁에 참여했던 일이 떠오른다면서 곧바로 거절했다. 그는 그 뒤 그 일을 한 번도 후회하지 않은 적이 없다면서 자기가 젊었기 때문에 대신들에게 휘둘렸다고 말했다.

아무튼 후회는 나중 일이고 프랑스는 아메리카 식민지인을 도왔다. 그런 이유로 튀르고가 옳았고 베르젠이 틀렸다. 튀르고는 국내의 재정문제를 고려해 대외정책을 신중하게 추진하기를 원했지만 재무총감에 취임한 지 2년만인 1776년 5월 12일에 물러났다. 국내 문제는 복잡했기 때문에 정책을 세울 때 고려해야 할 일이 많았지만 대외정책은 국내 정책보다는 간단히 정할 수 있었던 것 같다.

외무대신 베르젠은 취임하자마자 영국에 저항하는 식민지인들을 도움으로써 영국의 힘을 약화시키는 정책을 추진했다. 비록 프랑스가 30년 전쟁 (1618~1648)에서 국익을 생각해 개신교 국가와 동맹을 맺은 적은 있지만 이번에 영국 식민지인들과 맺은 동맹은 전혀 새로운 성격의 동맹이었다. 왜냐하면 영국 식민지인들은 누벨 프랑스Nouvelle-France(캐나다의 프랑스 식민지)를 적대시하고 7년 전쟁 당시에는 가톨릭 신도인 프랑스 식민지인과 일종의 종

제3신분에게 바치는 비유(엑스 앙 프로방스 시청에 걸린 16세기 복장의 그림).

제3신분이 등에 진 지구 모형은 독실한 기독교도 왕의 성심聖心을 표현한다.
하늘에서 내려온 손은 제3신분에게 군주정의 짐을 지탱하도록 한다.
맨 위쪽의 라틴어는 "우리 마음속에는 오직 이것뿐"이라는 뜻이다.
좌우의 성직자와 귀족은 무심한 듯 군주정의 짐을 손으로 쓰다듬는다.
신심 깊은 작가의 세계관을 표현한 그림이다.

신문이 나오면 소식을 빨리 알려는 사람들이 앞 다투어 몰려들어 북새통을 이루었다.

"우리는 역적들을 이렇게 벌했다."
(판화 작자 미상, 파리 프랑스국립도서관^{BNF} 소장)

1789년 4월 28일 생탕투안 문밖. 군대가 성난 민중과 대치한다.
4월 27일과 28일 레베이용 벽지공장 노동자들과 민중은 하루 15수면 충분히 생활할 수 있다는
레베이용의 말에 격분해서 들고일어났다. 그러나 그들은 무자비하게 탄압당했다.

레베이용 벽지공장의 노동자 폭동.

22 avril 1789. A RODEZ CE XXII AVRIL 1789 I

M.

12. may 1789.

Monseigneur NECKER OU MGR FRERE
DU ROI

Anonyme

La sagesse de l'administration de votre grandeur ne
s'auroit mieux se manifester que par les justes mesures qu'elle
prend pour gouverner le Royaume. Les Renseignements
qu'elle cherche pour pourvoir aux Besoins du prince et des
sujets annonce toute la droiture d'une grande ame, aussi la France
a l'ouïe de votre illustre personne la plus haute estime, se
félicitant de vous avoir pour ministre elle beuit le ciel d'avoir
inspiré au monarque de vous donner sa confiance, elle espère
de s'en féliciter encore plus dans la suite par les biens qu'elle
attend de vous. oui monseigneur, la france se flatte de
vous voir trouver dans l'étendue de votre genie et dans l'usage
des materiaux qu'elle vous fournit des Ressources pour Remplir
les coffres du roi sans augmenter des Charges. pour nous
ministres des autels qui avons été rappelés aux états generaux
nous avons senti avec Reconnoissance qu'il étoit de la justice que
cette faveur ne fut pas désirée aux seuls eveques. il ny avoit
que trop long temps que nous gémissions de nous voir foulés
par les eveques sans pouvoir s'en plaindre. nous avons vü
jusqu'ici que ces seigneurs s'engraissent impunement
de la sueur de nos travaux. il est juste aussi que nous nous
nous couvrions de la laine des Brebis dont nous sommes les
pasteurs. les prelats insensibles a nos peines a nos veilles, a nos
fatigues nous ont toujours vüs dans la misere avec indifference

1789년 4월 22일 로데즈 지방에서 '생계비'를 지급받는 어떤 사제가
네케르나 왕의 동생인 프로방스 백작에게 드리는 글.

'생계비'란 십일조를 걷지 않는 종교인이 받는 생활비이며 1년에 750리브르다.
익명으로 쓴 이 글은 로데즈 주교구의 하위성직자의 처지를 대변한다.
밥값, 생활필수품, 난방비, 옷값, 말먹이, 하인과 하녀 급료 외에 가난한 사람들을 돌보는 비용
400리브르를 포함해서 1년치 예산이 2,793리브르나 들기 때문에 '생계비' 750리브르로는
도저히 생활할 수 없다는 내용이다. 모든 것을 줄이고 줄여도 평균 1,200리브르로 올려줘야
근근이 살아갈 수 있다고 호소한다.

교전쟁을 벌였던 사람들이기 때문이다. 따라서 이들을 돕는 일은 오직 영국의 약점을 파고들려는 정책이었다.

프랑스는 영국의 식민지인에게 돈과 물자를 제공했으며 프랑스 항구에서 총과 탄약을 거래하도록 허락했다. 그렇게 해서 모두 100만 리브르를 지원했다. 이 돈은 극작가 보마르셰가 세운 가짜 무역회사를 통해 식민지인들에게 넘어갔다. 보마르셰는 루이 15세의 특사로 중상비방문 작가 테브노 드 모랑드Théveneau de Morande와 협상하러 영국을 오가다가 이러한 일에 끼어들게 되었다.

루이 15세 치세 말 모랑드는 프랑스에서 박해를 피해 영국 런던으로 도망간 뒤 왕 주위의 거물급 인사들을 모욕하는 글을 써서 돈을 벌었다. 『갑옷 입은 신문장이』는 그의 대표작이자 그의 별명이 되었다. 그는 이 작품으로 1,000기니(1,050파운드)를 벌었다. 그는 1773년부터 1774년 초 사이에 파리와 베르사유의 거물급 인사들에게 편지를 써서 만일 돈을 내지 않으면 "은밀하고 파렴치한 일화를 낱낱이 폭로하겠다"고 으름장을 놓았다.

왕립건축물총감 마리니Marigny 같은 거물급 인사는 그와 협상했다. 뒤바리 백작부인도 비슷한 협박편지를 받고 에기용 공작에게 하소연했다. 이 대신은 영국대사와 담판을 지었고 영국대사는 영국 정부에 그 내용을 알리는 편지를 썼다. 영국 왕은 자기 나라에서 병균을 퍼뜨리는 이 괴물을 납치하건 템스 강에 빠뜨려 죽이건 또는 목 졸라 죽이건 상관하지 않겠다고 답변했다. 물론 그 일을 아주 비밀로 처리하고 영국의 모든 법을 해치지 말아야 한다는 조건을 달았다.

프랑스 경찰은 모랑드를 납치하려고 비밀작전을 수행했다. 그러나 파리 치안총감 휘하의 피네는 모랑드를 납치하러 영국에 파견된다는 사실을 당시 런던에 있던 마담 드 고드빌에게 흘렀다. 파리에서 가장 자유분방한 여성으로 소문난 마담 드 고드빌은 피네가 보낸 편지를 받자마자 애인 모랑드에게 위험을 알려주었다. 모랑드는 반격에 나섰다. 1774년 초 그는 마담 뒤바리에 관한 일화를 모아서 『어느 창녀의 비밀회고록Mémoires secrets d'une femme publique』을 네 권짜리로 발간하겠다는 취지서를 퍼뜨렸다.

모랑드는 1765년부터 1768년 사이에 파리의 논다니집을 드나들면서 마담 뒤바리가 될 여성을 직접 만났거나 정보를 많이 수집했음이 분명하다. 그는 이해당사자들이 "5,000루이와 함께 그의 이름으로 연금 4,000리브르"를 지불하지 않으면 이 책자를 발간하겠다고 협박했다. 루이 15세는 극작가 보마르셰와 로라게 백작에게 이 문제를 해결하라고 명령했다.

보마르셰와 로라게 백작은 서적상으로 가장해 모랑드와 협상했다. 보마르셰에게는 이 협상을 반드시 성사시켜야 할 이유가 있었다. 그는 1774년 2월 26일 소송 사건에서 진 뒤 명예를 회복하기 위해 루이 15세가 맡긴 임무—평판이 나쁜 여성인 뒤바리 백작부인의 '명예'를 지켜야 하는 불명예스럽고도 내키지 않는 임무—를 제대로 수행해야 했다. 또 로라게 백작에게도 협상에 나설 이유가 있었다. 모랑드는 로라게 백작을 집중공격하는 중상비방문을 써놓고 발간을 미루고 있었다. 로라게 백작은 그의 비서와 소송을 하고 있었기 때문에 모랑드가 쓴 중상비방문을 어떻게든 막아야 했던 것이다.

협상 초기에는 보마르셰보다는 모랑드가 유리했다. 마침내 흥정이 끝나고 모랑드는 3,000부를 파기하는 대가로 2만 리브르를 받고 추가로 4,000리브르의 종신연금을 받기로 했다. 협상이 끝난 뒤 마담 뒤바리의 전기 3,000부는 단 한 권을 제외하고 모두 런던 근교에 벽돌로 지은 화덕에서 재로 변했다. 만일 이 작품이 다시 나타난다면 모든 약속이 깨졌음을 증명하려고 보마르셰와 모랑드는 나머지 한 권을 둘로 나눠 가졌다.

보마르셰가 모랑드와 협상하려고 런던에 도착했을 때 암스테르담의 마르 미셸 레이를 비롯해 브뤼셀, 루앙, 파리의 서적상들이 모랑드의 원고를 얻으려고 특파원을 보내놓은 상태였다. 그러나 모랑드는 신변의 안전을 생각해 이 서적상들보다는 프랑스 정부 측과 협상했다.

협상이 끝나자마자 루이 15세는 세상을 뜨고 루이 16세가 새 군주로 옥좌에 올랐다. 그리고 모랑드 같은 중상비방문 작가에게 '금광'과 같은 존재인 마담 뒤바리도 가치를 잃었다. 모랑드는 프랑스 정부가 약속한 연금을 제대로 받지 못한 채 빚에 쪼들렸고, 그럴수록 보마르셰에게 매달려 정부가 연금을 빨리 지급하게 해달라고 보챘다. 고분고분하지 않은 모랑드가 빚에서 벗어나려면 보마르셰의 말을 들어야 했다.

보마르셰는 모랑드를 국가에 봉사하도록 길들였다. 우리는 보마르셰가 1775년에 파리 치안총감 사르틴에게 보낸 편지 두 통을 가지고 모랑드가 프랑스 정부를 위해 일하게 된 실마리를 찾을 수 있다. 보마르셰는 첫 번째 편지에서 모랑드에게 프랑스 정부가 약속한 연금 2,000리브르를 지불해줄 것을 촉구하면서 그 대신 모랑드를 중요한 일에 이용할 수 있음을 강조했다.

그(모랑드)는 런던의 인쇄소 지하실까지 중상비방문 작가들을 추적하고 당황하게 만들 정도로 열의가 있으며 이 부분에서 아주 쓸모 있는 염탐꾼 노릇을 할 수 있기 때문입니다. 또 그는 (영국) 야당의 구성원을 많이 알고 있기 때문에 우리에게 신선한 정치 소식을 그 누구보다 잘 전해줄 것입니다.

날짜를 적지 않은 이 편지에 이어서 보마르셰는 1775년 6월 11일에 파리 치안총감에게 또 편지를 썼다.

저는 베르젠 외무대신을 뵙고 모랑드에게 종신연금 2,000리브르를 내려 주시어 그를 빚쟁이들의 압박에서 벗어나게 해주시면 좋겠다고 말씀드 렸습니다. 이미 말씀드렸듯이 저는 그를 밀렵꾼에서 훌륭한 삼림감시원 으로 만들었습니다. 그는 국왕 전하께 여러모로 쓸모가 많을 것입니다. 그러므로 전하께 말씀드려 그에게 연금을 내리도록 해주시기 바랍니다. (……) 그러나 그에게 내리는 돈을 마치 제가 개인적으로 보상해주는 것 처럼 하면 좋겠습니다. 그 돈이 정부가 아니라 제게서 나온 것처럼 하여 정부가 그를 직접 대하면서 생길지 모르는 위험을 막고 그를 언제나 제 가 통제할 수 있게 할 필요가 있습니다.

이 편지에서 우리는 모랑드가 극작가 보마르셰의 덕택으로 '밀렵꾼'에서 '훌륭한 삼림감시원'으로 봉사하기 시작했다는 점, 그러나 보마르셰는 모랑 드를 아직도 편안하게 대하지 못할 위험한 존재로 보고 있다는 점, 그러므로 보마르셰가 프랑스 정부를 대신해 모랑드를 다루는 편이 안전하리라고 생각 했다는 점을 알 수 있다. 혹시 모랑드가 영국 정부에 잡힐 경우, 프랑스 정부 가 아니라 보마르셰 개인을 위해 일한다고 주장하는 편이 유리했던 것이다.

보마르셰는 '갑옷 입은 신문장이'의 편지로 런던에서 돌아가는 일을 잘 알 수 있었다. 예를 들어 1776년 6월 초 루이 15세의 비밀조직에서 일하던 기사 데옹chevalier d'Eon이 영국 해군 부제독 워싱턴 셜리 경을 만나고 다니 는 사실을 보고받았다. 프랑스 정부는 데옹이 루이 15세가 죽은 뒤 비밀조직에 대해 영국 측에 발설할까 늘 걱정하면서 특별감시 대상으로 생각했다.

보마르셰는 모랑드의 정보수집 능력을 프랑스 정부를 위해 활용하게 한다는 명분을 내세우면서도 사실은 자기를 위해서도 이용했다. 보마르셰는 런던에서 모랑드를 매개로 구축한 정보망을 활용해 아메리카 독립전쟁에 프랑스가 개입하도록 적극적으로 노력했다. 이 극작가는 모랑드의 동생(라자르 장 테브노 드 프랑시)을 아메리카에 파견해 보고를 받기도 했다.

루이 16세와 베르젠은 우선 100만 리브르를 지원하면서 아메리카의 독립전쟁을 지켜보았지만 1778년 정식으로 군사개입을 한 뒤로 1783년 전쟁을 마칠 때까지 모두 10억 리브르를 전비로 썼다. 이 일을 1776년에 어찌 예견할 수 있었으랴! 그럼에도 1776년 초 아메리카 문제를 놓고 어전회의에서 논란을 겪었다. 아직 재무총감직에서 물러나지 않은 튀르고는 4월 6일 "대영제국과 식민지의 불화를 보면서 프랑스와 에스파냐가 대응해야 할 방식에 대한 의견Mémoire sur la manière dont la France et l'Espagne doivent envisager les suites de la querelle entre la Grande-Bretagne et ses colonies"에서 프랑스가 직접 개입하지 않는 방법을 권고했다. 영국이 식민지와 계속 싸우면서 힘을 빼는 편이 프랑스에 유리하며, 만일 식민지인들이 독립하게 도와준다면 그 뒤에 유럽 열강들과 식민지의 관계가 완전히 뒤바뀔 것이기 때문이다.

또 프랑스는 충분히 군사력을 키우지 못했기 때문에 간접적으로 도와주는 편이 나으며, 만일 재정상태를 고려하지 않고 직접 전쟁에 참여한다면 국가가 번영하는 데 필요한 개혁을 제대로 하지 못해 결국 인민의 고통을 덜어줄 수 없게 되리라고 주장했다. 루이 16세는 근본적으로 평화주의자였으며 여론에 귀를 기울여야 한다고 믿었다. 그는 대신들의 말을 듣고 신중하게 생각했고 여론이 아메리카 독립전쟁에 호의적이라는 사실을 잘 알았다. 그러면 언제 아메리카의 신생국을 인정하느냐, 다시 말해 정식으로 동맹을 맺느냐가 문제였다.

외무대신 베르젠은 개입에 반대하는 튀르고가 해임된 뒤 물자와 돈을 아메리카로 몰래 보내기 시작했다. 그는 동맹국 에스파냐와 함께 그 일을 추진하려고 노력했다. 1776년 초부터 아메리카 식민지 대표들이 구성한 대륙회의는 프랑스에 사일러스 딘Silas Deane(1737~1789)을 밀사로 파견해 도와달라고 요청했다. 그의 뒤를 이어 벤저민 프랭클린Benjamin Franklin(1706~1790)이 1776년 12월 4일 오레Auray 근처의 항구에 상륙해 20일 파리에 도착했다. 프랭클린은 계몽사상의 본질을 체현한 사람이었다. 작가, 정치이론가, 과학자, 정치가, 발명가가 되기 전에 이미 지식의 대중화에 이바지한 인쇄업자였기 때문이다.

프랭클린은 베르젠에게 대륙회의의 요구사항을 전달했다. 신생국은 병참선 8척, 소총 2만에서 3만 정, 동원 가능한 병력과 군사동맹을 요구했다. 1777년 초 루이 16세가 금지하고 가족이 말렸지만 젊은 장교들이 자발적으로 아메리카 반군을 도우러 떠났다. 그들은 야망, 모험심 또는 이상을 품고 아메리카로 떠났다.

이상주의자 라파예트 후작marquis de La Fayette(1757~1834)은 1777년 6월 7일 고국의 아내에게 "아메리카의 행복은 인류의 행복과 밀접히 연결되어 있습니다. 아메리카는 덕과 정직과 관용과 평등과 안정된 자유의 확실한 안식처가 되어 존경받을 것입니다"라고 썼다.

모탱 드 라 발름Augustin Mottin de La Balme(1733~1780)은 루소풍의 저술가이며 기병대장으로서 특히 군사기마술의 아버지로 불리었다. 그는 도피네 지방에서 무두장이의 아들로 태어나 기마헌병대에 들어간 뒤 뤼네빌에 설립

된 기마학교의 교관이 되어 존경받았지만 귀족의 멸시를 당하자 글을 써서 이름을 날렸다. 그 뒤 루이 16세에게 기마술에 대한 탁월한 논문을 써서 바쳤지만 제대로 평가받지 못했다. 그리하여 그는 아메리카로 떠나게 되었다.

칼브 남작baron Johann Kalb(1721~1780)은 독일 군인이었지만 라파예트 후작을 보호해준 인연으로 함께 아메리카로 떠났다. 미합중국 의회가 파견한 딘은 "칼브 남작이 종교와 사상의 자유를 열렬히 지지하는 사람이지만 아무런 편견 없이 아주 너그러운 마음으로 미합중국에 봉사한다"고 보고서에 썼다.

미합중국 의회는 프랑스의 여론이 유리한 점을 이용하려고 아직 스무 살도 안 된 라파예트 후작을 7월 31일 군사령부 참모장에 임명했고 12월 1일에는 버지니아군의 지휘권을 주었다. 이 같은 분위기에서 외무대신 베르젠은 1777년 12월 17일 에스파냐의 의견을 듣지도 않고 프랑스가 미합중국을 승인할 것이라고 약속했다.

프랑스와 미합중국은 1778년 2월 6일에 동맹을 맺었다. 이 동맹이 더욱 굳건하려면 프랑스는 동맹국 에스파냐까지 끌어들여야 했다. 그러나 에스파냐는 좀처럼 움직이지 않았다. 에스파냐는 식민지를 거느린 제국이었기 때문에 모국에 반란을 일으키는 식민지를 도와줄 마음이 선뜻 일지 않았던 것이다. 그러나 에스파냐는 아메리카의 플로리다, 지중해의 메노르카와 지브롤터를 되찾고 싶었기 때문에 합동작전을 긍정적으로 고려했다. 에스파냐는 전쟁의 목적 가운데 잃어버린 영토를 되찾는다는 조항을 집어넣자고 주장했다.

베르젠은 에스파냐의 대신 플로리다 블랑카와 거의 2년 동안 철저하게 협상한 뒤 마침내 1778년 12월 5일 왕에게 에스파냐가 미합중국을 군사적으로 돕는다는 조건에 동의한다면 그 나라가 내건 조건을 받아들이자고 건의했다. 그 결과 1779년 4월 12일 아란후에스 협약을 체결했다. 프랑스는 미합중국을 도와야 할 뿐 아니라 에스파냐가 영토를 회복하는 데도 힘을 보태야 하는 이중의 부담을 안게 되었다.

루이 16세는 차라리 이 길을 택하는 편이 나았다. 그는 1777년 10월 영국군 5,000명이 사라토가 전투에서 아메리카의 비정규군에 패배했다는 소식을 두 달 안에 들었고 전세가 신생국에 유리하게 돌아간다고 판단했다. 게다가 1778년 1월 6일 바이에른 선거후가 죽었다는 소식이 베르사유 궁에 전달되었다. 루이 16세는 처남 요제프 2세가 이 공국을 합병하도록 도와달라고 압력을 넣으리라는 사실을 알았다. 기본적으로 영토확장 전쟁을 싫어하는 루이 16세에게 아메리카 전쟁에 참여하는 것이 처남의 요청을 거절할 구실이 되었던 것이다.

프랑스는 20년 전 7년 전쟁에서 졌을 때의 오욕을 1783년 2월 9일의 파리 조약으로 씻어냈다. 그러나 그 대가는 컸다. 영국 역사가 도일은 프랑스가 전비로 10억 6,600만 리브르를 썼다고 말한다. 그러나 프랑스가 전비로 쓴 돈은 모두 20억 리브르 정도라는 설이 유력하다. 늘어난 빚을 갚으려고 1782년에 제3차 5퍼센트세를 신설해 전쟁이 끝난 지 3년 뒤까지 걷었다. 그러나 루이 16세가 즉위할 때부터 극복하기 어렵던 재정적자를 메울 길은 점점 더 멀어졌다. 1783년 11월에 재무총감이 된 칼론은 곧바로 돈을 빌릴 궁리를 해야 했다. 그는 1787년까지 모두 6억 5,300만 리브르를 빌렸다.

그런데 국제정세가 변수로 작용했다. 네덜란드가 아메리카에서 발이 묶인 영국의 품을 떠나 프랑스 편을 들었고, 이렇게 해서 프랑스와 네덜란드는 1785년 퐁텐블로 조약을 맺어 동맹을 강화했다. 네덜란드는 애국파가 총독에게 반기를 들었고 곧 내전을 겪을 지경이었는데 프랑스는 애국파를 지지했다. 물론 영국은 전통적으로 총독 편이었다. 게다가 총독의 가문(오라네 가문)은 프러시아와 루마니아의 왕을 많이 배출한 호헨촐러른 가문과 인척관계를 맺고 있었기 때문에 영국과 프러시아가 개입해 총독을 복권시키고 총독은 프랑스와 맺은 퐁텐블로 조약을 폐기했다.

　루이 16세는 국내 명사들의 반발로 재정적자를 극복하지 못했다. 게다가 국제금융시장에서 다른 나라보다 비싼 이자를 주면서 돈을 빌렸다. 7년 전쟁 이전에 프랑스 정부는 빚을 갚는 데 수입의 30퍼센트 정도를 썼지만 아메리카 독립전쟁이 끝난 뒤, 특히 1786년경에는 수입의 50퍼센트 정도를 빚과 이자를 갚는 데 써야 했기 때문이다. 프랑스는 전쟁을 치르면서 해전에서 패배하는 때도 있었지만 대체로 프랑스 해군의 전력을 올바로 시험할 수 있었다. 그러나 프랑스에 나쁜 쪽으로 훨씬 더 많은 결과를 가져다준 전쟁이었다.

4
왕위계승권자의 탄생

　　　　루이 16세가 즉위한 뒤, 그는 선왕 루이 15세의 유품에서 첫째 동생 프로방스 백작의 야심이 드러나 있는 편지를 접하고 충격을 받았다. 루이 16세 부부는 왕조를 이어갈 아기를 낳지 못하는 한 앞날이 불안하다는 사실을 깨달았다. 다행히 왕 부부는 결혼한 지 8년 만에 딸을 낳았다. 그러나 그가 아들을 얻지 못하는 한 프로방스 백작은 1순위 왕위계승권자였다. 게다가 둘째 동생 아르투아 백작이 1775년과 1778년에 아들을 둘이나 낳았기 때문에 왕은 은근히 근심을 안고 살았다.

　멀리 오스트리아에서 루이 16세의 장모인 마리아 테레지아 황제도 근심이 컸다. 그래서 아기를 제 젖으로 키우겠다는 딸 마리 앙투아네트의 편지를 읽고는 펄쩍 뛰었다. 유아사망률이 높은 시대이니만큼 한시바삐 아들을 많이 낳아 왕실을 안전하게 보전해야 하는데 모유를 먹이면 아무래도 다음 임신이 늦어질 것이기 때문이었다.

모든 사람이 다음 아기 소식을 애타게 기다리는데 마침내 1781년 10월 22일에 왕세자가 태어났다. 아들을 애타게 기다리던 루이 16세는 국새경이 공식적으로 성별을 말하자 이루 말할 수 없는 기쁨에 사로잡혀 왕비에게 말했다.

"마담, 당신은 나와 프랑스의 소원을 이루어주셨소. 당신은 왕자를 낳았소."

왕 못지않게 모든 백성도 기뻐했다. 왕비의 침전상궁 마담 캉팡은 이렇게 전한다.

"모든 사람은 통치권의 정통 상속인이 태어난 것을 보고 나라의 번영과 안정을 보장받았다고 생각했다."

왕비는 모든 이의 존경과 사랑을 받았다. 파리 중앙시장의 아낙들이 왕비의 출산을 축하하려고 방문했고 "그 부류의 상인 계층에 걸맞은 예"로써 영접을 받았다. 50여 명이 그 신분으로서는 가장 좋은 옷차림이라 할 수 있는 검은 비단옷을 차려입었고 거의 모두 다이아몬드를 달았다. 시메 공작부인princesse de Chimay이 그중 세 명을 왕비의 침대까지 데려갔다. 한 명이 떠듬거리며 축사를 했다. 그는 원래 아카데미 프랑세즈 회원 라 아르프Jean-François de La Harpe가 쓴 글을 부채에 써가지고 들어가 가끔 훔쳐보면서 말을 이었다. 왕비는 감동했고 왕은 방문자 50여 명에게 음식을 푸짐하게 냈다. 그 밖에도 호기심 때문에 왕자를 보러 방문하는 사람도 많았다.

시중에는 거친 표현이긴 해도 왕자의 탄생을 축하하는 노래가 퍼졌고 왕 부부는 그중 특히 마음에 드는 노래를 함께 흥얼거렸다.

사랑하는 아빠, 두려워하지 마세요

식구를 늘리셔야 해요

하느님이 알아서 해주시겠죠

베르사유 궁을 힘닿는 대로 바글대게 만드세요

여태껏 부르봉 가문에는 100명이 있었을 뿐이죠

(그러니까 많이 낳아도 괜찮아요.)

모두가 나눌 수 있을 만큼

빵과 월계수가 많으니까요.

Ne craignez pas, cher papa,

D'voir augmenter vot'famille,

Le bon Dieu z'y pourvoira:

Fait's'en tant qu'Versailles en fourmille;

'Y eut-il cent Bourbons cheu nous,

'Y a du pain, du laurier pour tous.

이렇게 여느 부부처럼 자식만 낳아도 나라를 안정시키고 존경과 사랑을 듬뿍 받는 왕과 왕비였으며, 이처럼 툭하면 감동하는 사람들이 넘치는 왕국 이었다.

5
다이아몬드 목걸이 사건

로앙 추기경

가톨릭이 국교인 프랑스 왕국에서 8월 15일은 성스러운 날이었다. 그날은 성모 마리아가 지상의 삶을 끝내고 하늘나라로 '들어 올려진' 날이기 때문이다. 여느 해 성모승천일이라면 베르사유 궁에서는 궁중사제장이 정식 복장을 갖추고 왕과 왕비, 온갖 왕족과 정신延臣 앞에서 미사를 올리는 중요한 종교축일이었다. 그러나 1785년 8월 15일은 달랐다. 궁중사제장 로앙 추기경은 정식 복장을 갖추고 미사를 봉헌하기 직전 왕 앞에 불려갔다. 그는 대담한 사기 사건인 '다이아몬드 목걸이 사건'에 얽혀든 이유를 제대로 해명하지 못했기 때문에 당장 체포되었다.

로앙 추기경의 공식 호칭을 보면 그가 얼마나 거물급 인사인지 알 수 있다. 루이 르네 에두아르 드 로앙 게메네 추기경, 신성로마제국의 제후, 알자스 지방 영주, 프랑스 궁중사제장, 성신기사단의 분단장, 스트라스부르 주교, 생바스트 수도원장, 셰즈 디외 수도원장, 켕즈 뱅 왕립병원장, 소르본 학료장, 아카데미 프랑세즈 회원. 그는 1734년 9월 25일에 태어났다. 아버지는 당시 마흔여섯 살인 에르퀼 메리아데크 드 로앙 게메네이며 어머니는 서른 살인 루이즈 가브리엘 드 로앙 수비즈였다. 대귀족 가문은 근친결혼이 많았기 때문에 이들은 교황 클레멘스 11세의 특별허가를 받고 결혼했다. 이들 사이에서 태어난 자녀 여덟 명 가운데 셋째가 이 사건의 주인공 중 하나다.

로앙 추기경은 어떻게 해서 이 사건에 말려들었을까? 그는 세자빈 마리 앙투아네트를 감동시켰지만 곧 세자빈의 눈 밖에 났기 때문에 훗날 왕비의 총애를 받으려고 노력하다가 사기꾼의 덫에 걸려들었다. 이 과정을 잠시 살펴보자.

로앙은 1760년 스물여섯 살 때 삼촌의 주교구인 스트라스부르의 보좌주교가 되었다. 그는 삼촌의 자리를 계승할 권한을 확보했다. 그는 1770년 마리 앙투아네트가 왕세자와 결혼하려고 국경을 넘어 프랑스에 들어갔을 때 스트라스부르 대성당에서 보좌주교의 자격으로 처음 만났다. 로앙의 뒤에는 성당참사회 회원들이 줄지어 서 있었다. 로앙은 숙부인 주교 루이 콩스탕탱에게 조른 끝에 성당 앞뜰에서 자신이 모든 성직자를 대표해 마리 앙투아네트를 맞이할 수 있도록 허락을 받아두었다. 그리고 오스트리아 대공녀가 그의 앞으로 다가오자 로앙은 감동에 찬 연설을 늘어놓았다.

마리 앙투아네트는 로앙이 오스트리아 황제 마리아 테레지아를 높이 칭송하는 얘기를 듣고 감동해서 눈물을 흘렸다. 그러고 나서 1년 뒤 마리 앙투아네트는 로앙의 참모습을 파악했다. 로앙이 비록 나쁜 사람은 아니지만 경박하다는 사실을 파악하고 1771년 6월 21일 어머니에게 편지를 썼다.

"이곳에서는 비엔나 대사로 나갈 사람은 스트라스부르의 보좌주교라고 말합니다. 그는 훌륭한 가문 출신입니다. 그러나 그의 생활은 언제나 보좌주교보다는 병사의 생활을 닮았습니다."

사실상 로앙의 성격은 유쾌하고 상냥했다. 그는 경건한 업무에서 벗어나 사냥터를 누비고 다녔다. 새벽부터 해질 무렵까지 말을 달리고 총을 쏴댔다. 어느 날은 하루 종일 1,328발이나 쐈다. 쉬지 않고 열 시간 동안 사냥을 했다고 칠 때 한 시간에 120발 이상, 따라서 30초마다 한 발을 쏜 셈이다. 어린 마리 앙투아네트가 병사 생활이 더 어울린다고 말한 이유를 알 만하다.

1772년 1월 10일 로앙은 비엔나 황실 주재 프랑스 대사로 임명되었다. 에기용 공작이 슈아죌 공작을 제거하고 이미 대사로 나갈 준비를 하던 브르퇴유 남작을 주저앉힌 덕분에 로앙은 비엔나로 떠났다. 다이아몬드 목걸이 사건이 터졌을 때 궁부대신으로 로앙 추기경을 체포한 주역이 바로 브르퇴유 남작이었으니 사람들은 이 사건을 두고 이러쿵저러쿵 할 말도 많았다. 정식으로 최고위 성직자 복장을 갖추고 성모승천일 기념미사를 집전하러 가는 로앙을 하필이면 수많은 사람이 오가는 거울의 복도에서 체포한 것은 브르퇴유 남작이 10여 년 전 대사직을 잃은 데 대한 분풀이였다는 것이다.

아무튼 로앙 대사는 비엔나 궁전에서 1772년 1월 19일 신임장을 바치고 황제에게 좋은 인상을 심어주었다. 그러나 두 달이 지나면서 좋은 인상을 지켜내지 못했다. 마리아 테레지아 황제는 딸에게 편지를 보내면서 로앙이 상스러운 재담을 늘어놓고 어리석으며 수다스럽다고 말했다. 심지어 "나는 그가 빨리 이곳을 떠나는 것을 보고 싶다"고까지 했다. 마리아 테레지아는 로앙이 비엔나의 풍기를 망쳐놓지나 않을까 언제나 걱정했다. 로앙은 비엔나 상류사회의 인사들을 모아 밤마다 즐거운 잔치를 벌였고 마리아 테레지아는 그때마다 눈살을 찌푸렸다.

로앙이 마리 앙투아네트의 눈 밖에 나는 일이 벌어졌다. 유럽의 모든 대사가 제 나름대로 새로운 정보를 수집해 본국에 보고하듯이 로앙도 동유럽의 정세를 쉬지 않고 베르사유에 보고했다. 그는 비엔나, 베를린, 상트페테르부르크의 3개국 정부가 공모해 폴란드를 분할하려 한다는 소식을 전했다.

"나는 압제에 시달리는 폴란드의 불행을 보면서 마리아 테레지아가 우는 것을 실제로 보았습니다. 그러나 여간해서는 속내를 내비치지 않을 정도로 능숙한 이 여제는 마음대로 눈물을 조절하는 것처럼 보입니다. 한 손에 손수건을 들고 눈물을 훔치지만 다른 손으로는 칼을 들고 폴란드의 세 번째 조각을 가지려고 합니다."

루이 15세의 장인이 다스리던 폴란드는 점점 강해지는 프로이센, 러시아, 오스트리아에 둘러싸여 불행한 처지에 놓였다. 이 세 나라는 폴란드 땅의 절반을 점령하는 협정을 맺었다. 오스트리아는 전통적으로 폴란드의 동맹국인 프랑스가 강력히 반발할까봐 두려웠다. 그러나 루이 15세는 아무런 조치도 취하지 않았다. 멀리 떨어져 있으면서 사실상 언제나 프랑스에 부담만 안겨준 나라를 위해 아주 강한 세 나라와 전쟁을 할 수도 없었기 때문이다. 결국 1772년 폴란드 분할에서 마리아 테레지아는 갈리시아를 얻었다.

베르사유 궁에서 에기용 공작은 로앙이 보낸 편지를 마담 뒤바리에게 보여주었다. 이 두 사람은 함께 슈아죌파를 물리쳤기 때문에 자연히 마리 앙투아네트와 앙숙이었다. 마담 뒤바리는 이 편지를 저녁모임에서 공개적으로 읽고 깔깔댔다. 마리 앙투아네트는 이 일을 알고 몹시 충격을 받았다. 자기가 그렇게 경멸하는 창녀 출신이 자기 어머니를 비웃다니! 그러나 마리 앙투아네트는 아직 세자빈이었고 권력의 실세도 아니었다. 그는 어머니를 위선자로 묘사하며 비웃는 편지를 쓴 로앙을 미워하게 되었다.

게다가 마리 앙투아네트가 로앙을 미워하게 된 다른 이유도 있었다. 하지만 그것은 세자빈의 오해에서 생긴 일이었다. 마리아 테레지아는 딸의 행실을 훤히 알고 있었다. 베르사유 궁에 파견한 대사 메르시 아르장토가 마리 앙투아네트에 대한 보고서를 계속 보냈기 때문에 마리 앙투아네트는 자기 행실을 꾸짖는 어머니 편지를 받고 나면 언제나 누가 그러한 사실을 알렸을까 궁금해 하면서도 자기에게 충직한 오스트리아 대사가 설마 그 장본인일 줄은 상상도 하지 못했다.

오히려 마리 앙투아네트는 로앙 대사의 고모인 마르상 백작부인을 의심했다. 백작부인은 왕자와 공주들의 양육담당자gouverneur des Enfants de France

였다. 백작부인이 로앙에게 마리 앙투아네트의 행실을 알리면 로앙이 그의 어머니께 고자질을 했다고 세자빈은 믿었지만 그것은 오해였다. 그럼에도 세자빈은 로앙 대사가 본국에 귀환한 이후에는 제대로 눈길 한 번 주지 않았고, 그 때문에 로앙은 궁중사제장이 된 뒤에도 왕비의 총애를 구걸하려고 애썼다.

라모트 백작부인

이 사건의 희생자가 로앙 추기경이라면 주모자는 잔 드 생레미 드 발루아로 태어난 라모트 백작부인이었다. 그는 1756년 7월 22일 퐁테트에서 자크 드 생레미 드 발루아의 딸로 태어났다. 이름에서 알 수 있듯이 잔은 루이 16세의 부르봉 가문에 앞서 왕위를 계승했던 발루아 가문의 후손이었다. 잔의 아버지는 1547년에 왕이 된 앙리 2세의 사생아 앙리 드 생레미의 후손이었다. 그는 명색이 귀족이지 사실상 몹시 가난했기 때문에 농가, 헛간, 땅을 문서도 없이 남에게 넘겨주고 1760년에 조상 대대로 살던 퐁테트를 떠나야 했다.

네 살짜리 잔은 부모를 따라 걸어서 파리를 향했다. 165킬로미터를 걸어가 파리 바깥쪽까지 도착했다가 자크가 병에 걸려 죽자 잔의 어머니 생레미 남작부인은 자식들을 데리고 불로뉴에 정착했다. 그곳 사제의 도움으로 근근이 생활했다. 어린 잔은 길에 나가 구걸을 했고 어미는 건강 넘치는 아름다움을 팔다가 근위대 병사 출신 주정뱅이와 눈이 맞았다. 잔은 어미가 시키는 대로 길에서 외쳤다.

"신사숙녀 여러분, 어버이를 잃은 계집아이에게 적선해주세요. 프랑스 왕 발루아의 앙리 2세 직계손에게 적선을."

잔은 어미와 의붓아비에게 학대를 받으면서 구걸을 하다가 어느 날 파리 장관 불랭빌리에 후작부부가 타고 지나가는 마차를 만났다. 남편은 별 관심이 없었지만 후작부인이 잔의 말을 듣고 그 말이 사실이라면 자신이 어머니 노릇을 해주겠다고 말하고 파시의 영지로 향했다. 후작부인은 약속을 지켜 잔의 주변에서 정보를 모은 뒤 잔을 데려갔다. 잔은 어렸지만 똑똑해서 자기 가문의 문장紋章을 틀림없이 기억했다. 잔은 문장 가운데 하늘색 띠 무늬가 있고 황금빛 백합꽃이 들어 있다고 묘사했다. 그것은 발루아 가문의 앙리 2세로부터 남자 후손이 대대로 물려받은 문장이 틀림없었다.

불랭빌리에 후작부인은 잔을 교육시키고 잔의 오빠 자크는 뱃사람 교육을 받도록 해주었다. 천연두가 퍼질 때 후작부인은 잔을 만나지 않았지만 학비와 하숙비를 5년 동안 꼬박꼬박 보내주었다. 1770년에 그는 열네 살짜리 잔을 단골재단사 라마르슈에게 맡겼다. 라마르슈는 잔을 파리의 옷가게 주인 마담 부솔에게 맡겼다. 이해는 잔이 3년간 견습생활을 시작한 해인 동시에 15년 뒤 그가 목걸이 사건으로 피해를 입힐 마리 앙투아네트가 프랑스 왕세자빈이 되는 해였다.

잔은 온갖 궂은일을 다 견디면서 견습기간을 보내면서도 아름다운 자태를 잃지 않고 성장했다. 불랭빌리에 후작부인은 잔이 열여덟 살이 되었을 때 여동생 마리 안과 함께 수녀원에 넣고 가끔 찾아갔다. 그리고 그는 잔의 귀족 작위 심사를 요청해놓았다. 당대의 문장학과 족보학의 대가라 할 오지에 Hozier는 잔의 형제자매들이 왕실의 혈통을 물려받았음을 공식 인정했다. 이렇게 해서 1776년 12월 9일 잔은 왕실 금고에서 은급으로 800리브르를 받을 수 있었다. 그의 오빠와 여동생도 이듬해 6월 27일 각각 800리브르씩 받았다. 오빠 자크, 즉 드 생레미 드 발루아 남작은 해군대위로 복무하고 있었다. 1785년 목걸이 사건이 터졌을 때 자크는 쉬르베이앙트(감시) 호를 지휘하고 있었다.

1779년 수녀가 되는 길을 가던 잔과 동생 마리 안은 고향으로 돌아가겠다고 결심하고 롱샹 수녀원을 빠져나갔다. 그들은 가문의 세습 재산을 일부라도 되찾기로 마음먹었다. 그때 잔은 마드무아젤 드 발루아, 마리 안은 마드무아젤 드 생레미로 불렸다. 그들은 고향에서 가장 허름한 여인숙에 여장을 풀었으나 얼마 지나지 않아 바르 쉬르 로브 영지의 장관, 민형사 재판관, 소금세관장의 부인인 마담 드 쉬르몽의 배려로 그 집에 들어가 1년을 살았다. 그리고 여러 사람 가운데 라모트 부인을 사귀었다. 라모트 부인은 뤼네빌에 주둔한 부르기뇽 연대 소속 헌병 장교의 과부였다. 그의 아들 마르크 앙투안 니콜라 드 라모트는 죽은 아버지와 같은 부대에 근무했는데 쉬르몽 저택에 자주 놀러왔다. 잔과 라모트는 이내 사랑에 빠져 아기가 서자 서둘러 결혼했다. 쌍둥이를 낳았지만 곧 죽었고 그 뒤에는 둘 사이에 자식이 없었다.

니콜라 드 라모트의 숙부는 상인이고 그는 단순히 귀족이었지만 교묘히 백작을 사칭했다. 이렇게 해서 잔 드 생레미 드 발루아는 라모트 백작부인이 되었다. 1780년 결혼한 해에 라모트 백작은 뤼네빌 헌병대에 있었다. 남편이 군에 복무하고 있었기 때문에 아내는 근처 생니콜라 시에 있는 수녀원으로 들어갔다. 거기서 그는 불랭빌리에 후작부인이 스트라스부르에 왔다는 소식을 들었다. 후작부인은 사베른에 있는 로앙 공의 궁전에 머무르면서 병을 잘 고치기로 소문난 칼리오스트로 백작의 치료를 받았다. 라모트 백작부부는 사베른으로 찾아갔고 후작부인은 잔을 다정하게 대했다. 후작부인은 잔을 로앙 추기경에게 소개하면서 얼마나 어렵게 살았는지 설명했다. 로앙 추기경은 파리로 돌아가면 관심을 가지고 돌봐주겠다고 약속했다.

마리 니콜 르게

다이아몬드 목걸이 사건에서 잠시 등장하지만 아주 중요한 들러리 역할은 불행한 여성 마리 니콜 르게의 몫이었다. 마리는 가난한 여인의 삶의 궤적을 그렸다. 그는 파리에서 가난한 지역을 옮겨 다니면서 살았다. 그리고 매매춘의 세계가 있는 팔레 루아얄에 나갔다. 당시 팔레 루아얄에 드나드는 여성은 여러 부류였다. 귀부인이나 부르주아 여성은 오페라를 보려고 드나들었지만 가난한 여성은 남자를 유혹해 돈을 벌려고 드나들었다. 돈을 벌려고 거기 드나드는 여성의 부류는 파리에만 줄잡아 2만 명에 달했다. 2만 명이 모두 거기서 매매춘을 했다는 뜻이 아니라 매매춘의 세계에서 살아가는 여성이 그렇게 많았다는 뜻이다. 아무튼 마리 니콜 르게는 어느 날 거기서 라모트 백작의 눈에 들었다. 라모트 백작부부는 한창 왕비를 사칭하는 사기 사건을 꾸미고 있었는데 르게에게서 마리 앙투아네트의 모습을 발견했다.

라모트 백작은 팔레 루아얄에서 르게를 발견하고 그 뒤를 밟아 집까지 따라갔다. 백작은 르게에게 보호자를 소개해주겠다고 말한 뒤 백작부인을 소개했다. 르게에게는 아직까지 자신이 누구인지 밝히지 않은 채 백작부인은 말했다.

"아가씨, 지금부터 내가 하는 말을 믿으세요. 나는 아주 훌륭한 가문 출신이며 궁정과 아주 가까운 사람이랍니다."

부인은 주머니에서 지갑을 꺼내더니 편지 몇 통을 보여주면서 왕비 마마로부터 받은 편지라고 말했다.

"지금부터 내가 하는 말을 잘 들어요. 왕비 마마는 나를 몹시 믿으십니다. 나는 그분의 손가락처럼 움직입니다. 나는 왕비 마마를 위해 일을 해드릴 사람을 구하고 있어요. 그 일이 무엇인지 때가 되면 말해주지요. 나는 아가씨를 점찍었어요. 만일 아가씨가 그 일을 맡아준다면 1만 5,000리브르를 주겠어요. 그리고 왕비 마마가 따로 선물을 내리실 겁니다."

당시 보통 노동자가 하루 1리브르, 인쇄공이 1.5에서 2리브르를 벌었고 여성 노동자는 남성의 절반 정도만 받던 시절이었으므로 1만 5,000리브르는 기절할 만한 돈이었다.

다음 날 라모트 백작이 마차로 르게를 태우고 베르사유로 갔다. 베르사유 궁의 철책 앞에 라모트 백작부인이 하녀를 데리고 기다렸다. 백작부인은 남편에게 르게를 자기 집으로 안내하라고 부탁하고 사라진 뒤 백작은 부인의 하녀와 르게를 데리고 도핀 거리의 집으로 갔다. 하녀와 르게만 남겨놓고 백작도 사라졌다. 두어 시간이 훨씬 지나서 부부가 나타났다.

"라모트 부인이 왕비 마마께 당신이 도착했다고 알려드리니까 왕비 마마께서는 대단히 기뻐하시며 빨리 내일이 와서 일이 돌아가는 모양을 보고 싶다고 하셨어요."

그러고 나서 백작부인은 르게에게 자신이 발루아 가문 출신이며 공식 이름은 라모트 백작부인이라고 밝히고 왕비 마마께서 그 이름으로 편지를 보내주신다고 말했다. 백작부인은 르게에게도 일정한 신분이 있어야 한다고 말했다. 라모트 백작부부는 곧 그에게 올리바Olivas 남작부인이라는 이름을 주었다. 올리바는 발루아Valois를 가지고 만든 이름이다.

라모트 백작부인은 올리바 남작부인에게 편지 한 통을 주었다. 서명은 없었지만 보통 방법으로 접은 편지였다. 편지 내용이나 누가 썼는지도 알려주지 않은 채 단지 이렇게 말했다.

"오늘 밤 당신을 베르사유 궁의 베누스 숲으로 데려다주겠어요. 당신은 거기서 만날 아주 높은 분께 이 편지를 전해드리세요."

그날 밤 백작부부는 르게, 아니 올리바 남작부인을 베르사유 궁의 정원으로 데려갔다. 부인이 르게에게 장미 한 송이를 주면서 말했다.

"잠시 후에 만날 분에게 이 장미와 편지를 전해드리면서 '이게 무슨 뜻인 줄 알지요?'라고만 하세요. 왕비 마마께서도 근처에서 당신이 그를 만나는 장면을 지켜보실 거예요. 편지와 장미를 전한 뒤에 당신은 왕비 마마를 알현할 겁니다."

올리바 남작부인이 된 창녀 르게는 어둠 속에서 자기 앞에 나타나 머리를 조아리는 사람에게 장미꽃을 주면서 들은 대로 말했다. "당신은 이게 무슨 뜻인 줄 알지요?" 그러나 르게는 하도 긴장해서 편지를 전해주는 것을 깜박 잊었다. 아니 그 생각을 하기도 전에 라모트 부인이 다가서면서 낮고 다급한 소리로 빨리 그 자리를 뜨라고 했다. 르게와 장미꽃을 전해 받은 남자는 헤어졌다. 라모트 백작이 어둠 속에서 나타나 르게를 끌고 그 자리를 떠날 때 르게는 주머니에서 편지를 꺼내 되돌려주었다. 어둠 속에서 창녀를 만나 왕비인 줄 알고 장미꽃을 받은 남자는 바로 궁중사제장인 로앙 추기경이었다.

라모트 백작부인과 로앙 추기경

라모트 백작부인은 자기를 돌보아주던 후작부인이 세상을 떠난 뒤 살길이 막막해졌다. 백작과 결혼할 때 빚을 졌고 백작이 베르사유로 부대를 옮길 때 또 빚을 졌다. 가구 딸린 방을 구해서 생활해야 했기 때문이다. 부부는 당분간 생활비까지 막막한 처지가 되었다. 그러나 궁하면 통한다고 사베른의 로앙 추기경 궁전에서 받은 약속이 생각났다. 라모트 백작부인은 로앙 추기경에게 편지를 썼다. 추기경은 파리의 저택에서 만나자며 날짜를 잡아주었다.

라모트 백작부인은 로앙 추기경에게 자신이 어릴 때부터 겪은 눈물겨운 이야기를 다시 한번 들려주었고 추기경은 흥미롭게 듣고는 이렇게 말했다.

"당신 이야기가 사실이라면 전하께옵서 도와주실 것입니다. 당신 같은 사람을 돕지 않으면 누굴 돕겠습니까?"

추기경이 호의를 보여주자 라모트 백작부인이 발루아 남작 가문의 땅을 되찾고 싶다고 말했다.

"퐁테트, 노에즈, 그 밖의 지역에 발루아 남작 가문의 땅이 흩어져 있습니다. 그 땅을 누구에게도 넘겨준 일이 없는데 남들이 하나둘 차지했어요. 일부는 왕의 영지에 편입돼 있습니다. 그리고 비엔 후작부인이 9만 리브르의 가치가 있는 땅을 상속받았는데 그분이 우리 할머니 엘리자베트 드 비엔이기 때문에 제게 실제 권리가 있습니다."

백작부부는 추기경으로부터 금전상 도움만이 아니라 발루아 가문의 영지를 되찾을 수 있다는 희망도 얻었다. 영지를 되찾으려면 할 일도 많았다. 부부는 추기경을 자주 만나야 했기 때문에 파리에도 거처가 필요했다. 추기경은 부부의 빚을 1만 리브르나 갚아주고 가끔 돈도 주었다. 1781년부터 추기경의 도움을 받은 백작부부는 더 크게 이용하려고 일을 꾸몄고 창녀 르게를 어둠 속에서 마리 앙투아네트로 앞장세워 추기경에게 왕비를 알현했다는 환상을 심어주었다. 추기경은 오스트리아 대사직에서 돌아온 뒤 그렇게도 애타게 눈을 마주치려고 노력했던 왕비를 어둠 속에서 단둘이 만났다는 사실에 라모트 백작부인의 말을 철석같이 믿었다.

라모트 백작부인과 마리 앙투아네트

어느 날 백작부부는 베르사유 궁전으로 들어가기로 결심했다. 돈이 없어서 호화마차를 세내지도 못할 처지였다. 그들은 파리의 생토노레 거리에 있는 포목점에 들어가 비단을 약 30미터 정도 외상으로 끊어가지고 샹젤리제로 나가 삯마차를 구했다. 남편은 삯마차를 타고 비단을 팔러 가서 240리브르를 받고 판 뒤 베르사유로 먼저 떠난 아내와 합류했다.

백작부인에게는 확실한 목표가 있었다. 먼저 가문의 토지를 되찾을 작정이었다. 만일 베르사유 궁에서 인맥을 뚫으면 왕령의 일부가 된 땅도 찾을 수 있을 텐데 이 점에서 로앙 추기경에게는 한계가 있었다. 왕비와 사이가 좋지 않았기 때문에 나설 만한 힘이 없었다. 백작부인은 궁전에서 왕비에게 접근하려고 기회를 노렸다. 정상적인 방법으로는 길이 없음을 알고 새로운 방법을 시도했는데 결국 그 방법이 통했다.

백작부인은 1783년 12월 어느 날 루이 16세의 누이동생 마담 엘리자베트의 시녀들이 일하는 방에서 영양실조로 정신을 잃은 체했다. 엘리자베트 공주의 귀에 그 소문이 들어갔다. 어떤 지체 높은 부인이 부속실에 찾아와 청원서를 제출하려다 굶주림에 쓰러져 죽어간다는 소식을 들은 공주는 몹시 놀라 한편으로는 라모트 백작부인의 청원서를 가져오라고 하고, 또 한편으로는 그 여인을 자기 숙소로 옮기라고 명령했다. 백작부인은 공주의 숙소에서 시녀 데상에게 속삭였다.

"만일 공주님이 내 건강상태를 물으려고 사람을 보내시면 내가 유산을 했고 다섯 번이나 피를 뽑았다고 말해줘요."

라모트 백작부인은 공주의 동정심을 사고 돈도 얻어 썼다. 너그러운 공주는 백작부인의 은급을 800리브르에서 1,500리브르로 올려주기도 했다. 그러나 백작부인은 만족하지 못했다. 왕의 제수인 아르투아 백작부인 앞에서도 기절하는 체했다. 그러나 시선을 끌지 못했다. 이번에는 제대로 '공연'을 계획했다. 1784년 2월 2일, 그는 왕비가 지나가는 길목을 지켰다. 왕비는 날마다 왕과 함께 미사를 드리러 성당으로 가는데 거울의 복도를 지나다녔다. 라모트 백작부인은 왕비가 나타나자 사람들 틈을 헤치고 나가 쓰러졌다. 그러나 왕비는 모르고 지나갔다. 그 뒤 왕비의 침실 창문 아래서 격렬한 발작을 연출했지만 이번에도 관심을 끌지 못했다.

그럼에도 라모트 백작부인은 엘리자베트 공주, 아르투아 백작부인, 심지어 왕비까지 들먹이면서 그들과 친분이 두터운 것처럼 떠들고 다녔다. 그리고 자신에게 호의를 베풀어준 로앙 추기경을 제물로 삼아 한밑천 잡을 궁리를 했다. 그 계획의 일부가 창녀 르게를 올리바 남작부인으로 둔갑시켜 마리 앙투아네트라고 로앙 추기경에게 속여 밀회를 주선한 일이었다.

다이아몬드 목걸이

왕실보석상 뵈메르와 바상주는 루이 15세 치세 말 해군성 재무관이던 보다르 드 생트 잠에게 80만 리브르를 빌렸다. 이 큰돈으로 매우 아름다운 다이아몬드 600개를 모아 목걸이를 만들었다. 그리고 왕의 애첩 뒤바리 백작부인에게 팔려 했다. 그러나 루이 15세가 갑자기 죽는 바람에 일이 꼬이기 시작했다. 장인과 사위로서 동업자인 이들은 점점 이자가 붙어나 압박을 받았다. 루이 16세가 즉위한 뒤 왕비가 보석을 좋아한다는 말을 들은 보석상들은 희망을 품고 왕을 알현했다. 왕은 왕비의 뜻을 물었다. 당시 보석상 마야르와 우아니는 이 목걸이의 가치를 160만 리브르로 감정했다. 왕비는 놀라 한 걸음 뒤로 물러섰다.

왕은 왕비가 원한다면 사줄 뜻이 있었다. 하지만 왕비는 이렇게 말했다.

"우리나라에는 보석보다 배 한 척이 더 필요합니다."

그러나 보석상 뵈메르는 쉽게 포기할 수 없었다. 1777년 뵈메르는 왕비에게 직접 간청했다. 왕비 앞에 무릎을 꿇고 만일 목걸이를 사주지 않으면 물에 빠져 죽어야 할 처지라고 눈물을 흘렸다. 왕비는 매몰차게 다시 거절했다.

뵈메르는 그 뒤 유럽의 여러 왕실과 접촉했지만 목걸이를 팔지 못했다. 에스파냐 왕비, 영국 왕비, 토스카나 대공녀, 심지어 러시아 황녀에게도 의사를 물어보았다. 그리고 나서 결국 프랑스 왕비에게 되돌아왔다. 마침 마리 앙투아네트는 둘째 왕자를 임신했는데 이 왕자가 장차 루이 17세가 될 아기였다. 뵈메르는 이번에는 어떻게든 다이아몬드 목걸이를 왕비에게 팔고 싶어 다리를 놓아줄 사람을 사방팔방으로 찾았다. 마침 파리 고등법원 심리부 검사 루이 프랑수아 아세의 사위 라포르트가 다리를 놓을 수 있음을 알았다.

라포르트는 1784년 11월 29일 라모트 백작부인의 집으로 찾아가 왕비에게 목걸이를 팔도록 다리를 놔달라고 했다. 라모트 백작부인은 호화로운 목걸이에 대한 설명을 듣고 중개수수료 1,000루이(2만 4,000리브르)를 받는 것보다는 직접 목걸이를 가질 궁리를 했다. 이렇게 해서 뵈메르와 바상주는 마리 앙투아네트에게 목걸이를 팔았다고 믿고, 로앙 추기경이 왕비 대신 지불보증을 서고, 실제로는 라모트 백작부부가 목걸이를 가로채는 사건이 일어났다. 마리 앙투아네트를 한 번도 직접 만난 적이 없는 라모트 백작부인은 어둠 속에서 창녀에게 왕비 역할을 맡겨 순진한 로앙 추기경에게 장미꽃을 한 송이 주게 하고 160만 리브르짜리 목걸이를 가로채서 곧바로 해체한 뒤 영국으로 가져다 팔았다.

이 사기 사건에서 가장 큰 피해자는 누구인가? 물론 물질적으로 피해를 입은 사람은 로앙 추기경과 보석상들이지만 왕과 왕비가 치명적으로 명예를 잃었다. 특히 왕비는 프랑스에서 오스트리아의 이익을 대변한다고 비난을 받았으며 왕은 전통적으로 '법의 원천'이었음에도 기득권층의 반발로 자기 의지대로 왕비의 명예를 지켜주지 못했다. 실제로 왕비가 베누스 숲에서 한밤중에 로앙 추기경을 만나지 않았고 다이아몬드 목걸이와 아무런 관계가 없었음에도 세간에서는 왕비의 성생활을 놀리는 인쇄물과 노래가 많이 나왔다. 그리고 루이 16세는 '오쟁이진 남편'이 되었다.

6
명사회와
고등법원의 반발

1776년 10월부터 1781년 5월까지 재무총재 네케르는 5억 3,000만 리브르를 빌렸고, 그 후임자 졸리 드 플뢰리는 2년 동안에 3억 리브르를 빌렸다. 오르메송이 7개월 동안 재무총감으로 일하다가 물러나고 칼론Charles Alexandre de Calonne이 1783년 11월에 취임해 1787년 명사회를 소집할 때까지 8억 리브르 이상 빌렸다. 10년 동안 늘어난 빚은 모두 16억 3,000만 리브르 이상이었다. 아무튼 칼론이 재무총감직을 맡은 지 3년 4개월 사이에 적자는 1억 4,000만 리브르(칼론은 1억 1,000만 리브르라고 발표했지만 명사회에서는 이렇게 추산했다)까지 늘었다. 어떻게 이런 일이 일어났을까?

아메리카 독립전쟁을 후원하면서 거의 20억 리브르나 쓰고 국제금융시장에서 영국보다 불리한 조건으로, 다시 말해 더 높은 이자를 지불하면서 돈을 빌려 쓴 것만 가지고는 설명할 수 없는 부분이 있다. 실제 봉사의 대가로 지불하는 돈보다 기부금, 은급, 상여금이 더 많았고 게다가 이자까지 지불해야 했기 때문에 만성적자를 벗어나기 힘들었다. 왕실 구성원들의 빚도 갚아주고 심지어 거짓으로 생긴 빚까지 국고에서 떠안았다. 더욱이 왕은 랑부이예 궁을 사고 왕비에게 생클루 성을 사주었다. 돈을 마련하려고 왕실의 영지를 저당잡히고 교환하기도 했다.

1786년 재무총감 칼론은 방대한 재정적자를 메울 만한 새로운 수단을 강구할 필요를 느꼈다. 그는 강력하고 근본적인 행동이 필요하다고 결심했다. 그는 전임자들의 개혁안을 종합해 루이 16세에게 새로운 개혁안을 제시하고 승인을 받아냈다. 그 개혁안을 내놓으면 고등법원들이 드세게 반발할 것이 뻔했기 때문에 칼론은 명사회Assemblée des Notables를 소집해 명사들의 동의를 구하려고 했다. 명사회는 1626년에 열린 뒤로 처음 열리게 되었다. 전국신분회가 1615년에 열린 뒤 1789년에 처음 열리듯이 명사회도 160년 만에 열린다는 사실은 그동안 절대군주제가 안정적으로 작동했지만 이제는 막다른 길에 접어들었음을 뜻한다.

1787년 2월 22일, 왕은 명사들 앞에서 회의를 소집한 목적을 설명하면서 새로 세금을 신설하면 여전히 왕국의 신민 가운데 가장 취약한 계층의 부담을 늘릴 것이기 때문에 엄격한 '분배의 정의'를 적용하고 싶다고 말했다. 곧이어 재무총감 칼론은 왕에게 승인받은 개혁안을 제시했다.

"전하께서는 이 모든 폐단을 바로잡으려면 엄격한 분배의 정의 원칙을 좇아야 한다고 결심하셨습니다. 조세의 정의 원칙으로 되돌아가 그 누구도 과도하게 부담해서는 안 되며, 그렇게 해서 서민의 부담을 줄여주려고 결심하셨습니다."

한마디로 칼론이 승인받은 개혁안은 토지세를 신설해 그때까지 세금을 제대로 내지 않던 사람들에게 세금을 걷겠다는 것이었다. 칼론은 명사들의 반발을 막으려고 새로 세금을 낸다 해도 여전히 수많은 특권을 잃지 않을 것임을 강조했다. 칼론은 긴 연설을 다음과 같이 끝맺었다.

"사람들은 우리 군주정의 원칙을 '왕이 원하면, 그것은 법이 원하는 것이다'라고 생각합니다. 그러나 우리 전하의 원칙은 이렇습니다. '신민의 행복이 원하면 그것이 바로 왕이 원하는 것이다.'"

명사회는 곧 7개 분과로 나누어 조금씩 다른 문제를 논의하면서 의견을 모았다. 명사들은 징세구에 모든 신분이 참여하는 지방의회를 신설하겠다는 안을 대체로 환영하면서도 신분의 차이를 두지 않겠다는 생각에는 반대했다. 또한 그들은 분배의 정의 원칙을 적용하는 토지세를 얼마나 언제까지 걷겠다는 것인지 정해놓지 않았기 때문에 반발했다. 전통적으로 세금은 특별히 필요할 때 일정량만 걷는 것이 원칙이었다. 그래서 명사들은 칼론이 일방적으로 발표한 빚과 재정적자의 실태를 확실히 검토할 권리를 앞세우면서 정부를 압박했다. 칼론은 명사들을 설득하지 못하고 심한 반발을 이기지도 못했다. 왕은 칼론을 4월 8일에 해임했다.

칼론의 뒤를 이은 사람은 명사회에서 칼론에게 심하게 반대한 로메니 드 브리엔Loménie de Brienne이었다. 툴루즈의 대주교인 브리엔은 칼론보다 더 유화적인 정책을 썼다. 그는 명사들이 실제로 재정적자가 있는지 검토할 수 있게 허용했다. 그리고 지방의회에서 3신분제를 유지하고 종교인의 영주권을 건드리지 않겠다고 다짐했다. 그러나 그는 전임자가 제시했고 자신이 앞장서서 반대하던 토지세 신설 계획을 내놓으면서 거기다 인지세도 높이겠다고 했다. 명사들은 자신들에게는 새로운 세금을 승인할 권한이 없다고 주장하면서 자신들이 져야 할 짐을 벗어버리려고 노력했다. 브리엔은 5월 25일에 명사회를 해산했다.

이제 브리엔은 곧바로 고등법원의 힘을 빌리려 했다. 파리 고등법원은 6월 17일부터 곡식의 자유거래, 부역의 경감, 지방의회 설치에 관한 법을 모두 등기해주었다. 그러나 인지세법에 대해서는 상소를 올려 반박하고 토지세 신설은 거부하면서 세금문제에 대해 동의를 얻으려면 전국신분회를 소집해야 한다고 주장했다. 8월 6일에 왕은 베르사유에서 친림법정을 열었다. 그는 모자를 쓰고 앉아서 국새경이 회의를 연다고 말하자 곧 모자를 벗었다가 다시 쓴 뒤 입을 열었다. 모자를 쓰는 행위는 특별한 의미를 가졌음을 알 수 있다. 왕이나 의장이 모자를 쓰면 회의 참석자는 아무리 심한 설전을 벌이다가도 모두 토론을 중단하고 그의 말을 들어야 했다.

"여러분, 나의 고등법원이 내 권력을 의심해서는 안 되며 내가 고등법원에 맡긴 임무에 대해서도 의심해서는 안 됩니다. (……) 그럼에도 내 고등법원 때문에 나는 오늘 국가의 안녕이라는 가장 최초의 법을 지켜야 하는 의무를 이행해야만 하게 되었습니다. 이제 국새경이 내 의지가 무엇인지 여러분에게 알려주도록 하시오."

파리 고등법원은 친림법정을 무효라고 선언하는 한편, 영국으로 도망친 칼론에 대한 조사를 시작했다. 8월 14일에 왕은 파리 고등법원 법관들을 트루아로 귀양 보냈다. 다른 고등법원들이 파리 고등법원을 지지했다. 파리 고등법원은 9월 19일에 파리로 되돌아갔다. 브리엔은 할 수 없이 돈을 빌리기로 했으나 이때에도 고등법원의 동의를 얻어야 했다. 파리 고등법원은 정부가 전국신분회를 소집한다고 약속한다면 협상할 의도가 있다고 말했다. 브리엔은 5년 동안 1억 2,000만 리브르를 꾸도록 동의해달라고 요구하고 전국신분회를 늦어도 1792년 이전에 소집하겠다고 약속했다.

11월 19일에 파리 고등법원에서 이 협상안을 공식적으로 다루기로 했으나 왕이 직접 참석해 회의를 주재했다. 왕이 변칙적으로 친림법정을 열고 법관들의 의견을 먼저 물어보지도 않은 채 돈을 빌리는 칙령을 반포하라고 강요하자 왕의 사촌 오를레앙 공작이 항의했다.

"전하, 그것은 불법입니다."

왕은 단호하게 말했다.

"아니, 그건 합법이오. 왜냐하면 내가 원하니까!"

왕은 자신에게 반발한 오를레앙 공작을 비예르 코트레로 귀양 보냈고 법관 몇 명을 감옥에 보냈다. 파리 고등법원은 왕에게 계속 저항했다. 1788년 1월 14일, 그들은 봉인장을 비난하고 개인의 자유를 자연권이라고 선언했다. 그리고 4월 13일, 마침내 고등법원은 강력한 상소를 올리기로 결정했다. 왕은 4월 17일에 입법권이 자신에게 속했음을 선언했다. 고등법원은 왕이 자신들에게 극단적인 조치를 내릴 계획을 세운다는 사실을 알고, 5월 3일에 왕국의 기본법을 엄숙히 선언했다.

프랑스는 왕이 법으로 통치하는 군주국가다. 이 법 가운데 기본적인 내용은 다음과 같다.

왕 가문은 장자상속법의 순서를 좇아 남성이 남성에게 왕위계승권을 물려주며 여성과 여성의 후손을 제외한다.

국민은 정기적으로 소집하고 구성하는 전국신분회를 통해 왕에게 보조금을 인정해줄 권리를 자유롭게 행사한다.

모든 지방은 그 나름의 관습법과 조약의 권리를 가진다.

모든 법관은 종신직이다.

각 지방 법원은 모두 왕의 의지의 표현을 증명할 권리를 가진다. 그리고 만일 그 의지가 지방의 고유한 법과 국가의 기본법과 일치할 때만 등기할 권리를 가진다.

각 시민은 법이 정한 판사가 아니라면 그 어떤 이유로든 소환되지 않을 권리가 있다.

각 시민은 즉시 정당한 재판을 받는 경우를 제외하고는 그 어떤 명령으로든 체포할 수 없다.

5월 4일과 5일 사이의 밤, 왕은 이 문안을 작성한 판사인 구알라르 드 몽사베르Goislard de Montsabert와 뒤발 데프레메닐Duval d'Eprémesnil을 체포하라고 명령을 내렸다. 이들은 경찰의 손아귀를 벗어나 파리 고등법원 건물로 피신했다. 그러나 왕은 군대로 고등법원을 포위하고 판사 두 명을 잡아갔다. 5월 8일에 왕은 친림법정을 열어 6개 칙령을 강제로 등록시켰다. 형사범을 처형하기 전에 고문을 폐지하는 긍정적인 칙령과 함께 말을 듣지 않는 파리 고등법원의 관직보유자를 축소하는 칙령, 전원법정cour plénière을 다시 설치하는 칙령을 포함했다. 전원법정이란 왕족과 대귀족, 대법관, 국새경을 포함해 친림법정에 배석할 수 있는 모든 관리, 파리와 지방의 모든 최고법원 판사가 함께 참여하는 법정이다. 전원법정은 고등법원보다 왕에게 훨씬 우호적인 성격을 보여주었다. 루이 16세는 파리 고등법원의 정치적 기능을 빼앗아 전원법정으로 넘겼는데 그중 제일 중요한 것이 칙령등기권이었다.

지방의 모든 고등법원과 하위법원이 단결하여 이 칙령에 대해 그 어느 때보다 더 거세게 반발했다. 가톨릭 종교인들도 신교도에게 민사적 권한을 주는 칙령에 불만을 가지고 비판적인 세력으로 바뀌었으며 6개 칙령을 비판했다. 파리를 비롯해 여러 곳에서 폭동이 일어났다. 특히 6월 7일 토요일 아침, 그르노블에서 격렬한 폭동이 일어났다. 그곳 고등법원 판사들은 5월 8일의 칙령을 등기부에 기재하지 않고 저항했다. 왕은 그들을 귀양 보내라고 명령했다. 그러나 그곳 주민과 산동네 주민들이 판사들을 데려가려는 군인들에게 저항했다. 어떤 이는 지붕에 올라가 기왓장을 뜯어 던지고 용감한 아낙들도 군인들의 앞길을 막았다. 이것이 바로 '그르노블의 기왓장 사건'이다.

이미 1787년 말부터 지방의회가 활동을 시작했다 할지라도 여론을 만족시키지 못하던 차에 이 지방(도피네 지방)의 세 신분 대표가 비질 성에 모였다. 이들은 도피네 지방신분회를 부활시켰다. 1788년 7월 21일, 이 신분회에서 귀족은 부르주아 계층과 힘을 합쳐 전통적으로 신분회가 세금의 신설에 찬반투표를 할 권리를 가진다고 주장하면서 전국신분회를 소집하라고 촉구했다. 이때 무니에와 바르나브Barnave가 지도자로 떠올랐다.

그러는 동안 국고가 텅 비었다. 설상가상으로 7월 13일에 갑자기 폭풍이 몰아치고 포도알만한 우박이 떨어져 사람과 동물을 죽이고 북부와 파리 주변 지역의 농사를 망쳐놓았다. 이렇게 해서 단기 채무에도 큰 타격을 입었다. 당장 2,400만 리브르가 있어야 나라 살림에 숨통이 트였다. 그러나 작물피해 때문에 1789년의 예상수입이 제대로 들어올지 의심스러운 상황에서 선뜻 그만한 금액을 떠안을 사람이 나타나지 않았다. 그때까지 전국신분회의 절차 문제에 대한 정보를 수집하던 브리엔은 마침내 항복했다. 그는 7월 5일에 다음과 같이 칙령을 발표했다.

전하는 작년 11월 왕국의 전국신분회를 소집하려는 의지를 밝히셨고, 곧 모든 조사를 실시하여 규정에 맞고 백성에게 유익한 신분회를 소집할 수 있도록 준비하라고 명령하셨다. 그리하여 전하는 예전에 전국신분회를 조직하는 방법, 회의방식과 기능에 대한 세부사항을 자세히 알려줄 만한 보고서가 있다면 샅샅이 조사하도록 명령하셨다.

그날 이후 프랑스에는 사실상 검열이 폐지된 것 같았다. 모든 사람이 전국신분회에 대해 자유롭게 의견을 말해도 좋다고 생각했기 때문이다.

이런 상황에서 브리엔은 8월 8일, 전국신분회를 1789년 5월 1일에 소집한다고 발표했다. 8월 16일, 모든 지불을 정지하고 증시가 무너졌다. 그리고 8월 25일에 브리엔은 재무총감직에서 물러났다. 정치문제를 교묘히 건드리지 않으면서 인기를 끌던 네케르가 다시 재무총재로 돌아갔다. 고등법원도 제자리로 되돌아가 모든 특권을 되찾았다. 네케르는 사법개혁을 추진하던 라무아뇽을 해임하고 고등법원에 유화정책을 썼다. 파리 고등법원은 9월 23일에 7개 사항을 결정했다.

1. 전국신분회는 1789년 1월부터 모이기를 원한다.
2. 그러므로 고등법원의 모든 법관은 모두 전처럼 맡은 직책을 계속 수행해야 한다.
3. 또한 사법 분야에는 아무것도 달라진 것이 없다. 말하자면 지난 5월 달 이전과 달라진 것이 없다.
4. 그럼에도 이 시기에 설치된 모든 재판소에서 내린 민형사상의 판결을 그대로 집행해야 한다.

5. 그렇다고 해서 그 원고나 피고의 어느 편도 그 판결에 대해 아무런 반박도 할 수 없다는 뜻은 아니다.

6. 이 동안 나온 모든 칙령의 집행에 관해서 검찰총장과 검찰관들은 절대 침묵해야 한다.

7. 이 결정에 맞지 않는 모든 사항은 이 순간부터 무효다.

파리 고등법원은 9월 25일, 1789년 1월부터 대표를 뽑아 구성할 전국신분회는 1614년과 같은 수와 형식으로 모일 것임을 분명히 했다. 제3신분 사람들은 이러한 결정을 보면서 특권층이 자기 이익을 조금도 희생하지 않겠다는 뜻으로 해석했다. 그리하여 지난 몇 달 동안 고등법원 인사들을 지지하던 대중은 그들에게 등을 돌렸다. 이제 귀족과 귀족주의자들이 한편이 되고 그 반대편에 이른바 '애국자들'이 뭉쳤다. 경제적 위기가 정치적 위기와 사회적 위기로 급격히 발전했다.

네케르는 1788년 11월에 제2차 명사회를 소집했다. 명사들은 전국신분회 소집방식과 절차를 다루면서 제3신분의 요구를 거절했다. 제3신분은 제1신분과 제2신분의 대표수를 합친 수만큼이라도 대표수를 늘려달라고 요구했고, 게다가 대표자수가 늘어도 신분별 투표를 개인별 투표로 바꾸지 않으면 아무런 의미가 없기 때문에 개인별 투표방식을 도입하라고 요구했던 것이다. 인구의 98퍼센트인 제3신분은 인구에 비례해 대표를 뽑자는 것이 아니라 단지 3신분제의 한도 안에서 제3신분이 차지하는 몫을 늘려달라고 요구했을 뿐이지만, 14세기 초부터 1614년 마지막으로 열린 전국신분회의 틀에서 볼 때 그들의 요구는 혁명적이었다.

이제 루이 16세는 누구 편을 들 것인가? 명사회를 이끌어간 왕족 가운데 오를레앙 공작과 프로방스 백작은 서명하지 않았지만 나머지 왕족은 왕에게 상소문을 올려 귀족을 희생시키지 말아달라고 부탁했다.

전하, 지금 전하는 존경받고 있습니다만 (……) 정부의 원칙에 혁명(큰 변화)이 일어날 태세입니다. 혁명은 인간 정신의 혼란을 통해 성취될 것입니다. 여태껏 신성하게 생각하고 수세기 동안 군주정을 번성하게 만들어준 제도가 모두 의심받고, 심지어 부당하다고 비난받습니다. (……) 이 상소문에 서명한 왕족은 전국신분회의 구성을 혁신할 때의 부당함과 위험성을 또다시 말씀드리고 싶지 않습니다. (……) 더욱 직접적인 불행이 닥칠 것입니다. 오랫동안 화합이 깨지지 않던 왕국에서 분열이라는 말을 입에 담아야 한다는 사실이 고통스럽습니다. 그럼에도 우리는 첫 두 신분이 어떠한 변화를 겪는다면 분열을 기대할 수밖에 없습니다. (……) 그러나 전하께서 어떠한 방해도 받지 않고 당신의 의지를 행사하신다 할 지라도 전하의 고귀하고 정당하고 온유한 정신이 과연 왕과 국가에 그 많은 피를 흘렸던 용감하고 전통적으로 존경받던 귀족의 희생과 치욕에 동의하실 수 있겠습니까?

왕족이 귀족을 대변할 때 네케르는 루이 16세에게 제3신분의 편을 들어 주도록 권유했다. 1788년 12월 27일, 루이 16세는 양쪽을 아우르는 결론을 내렸다. 그는 제3신분의 대표수를 두 배로 늘려주면서도 신분별 투표나 개인별 투표에 대해서는 아무런 의견을 내놓지 않았다. 1789년 5월에 베르사유 궁으로 갈 제3신분의 대표수는 이처럼 분명히 늘어났지만 전통적인 투표방식을 지키는 한 모든 사람은 아무것도 달라진 것이 없다고 생각했다. 그러나 제3신분이 하나를 얻었고 175년 만에 농민부터 도시민까지 모두 선거에 관심을 가지게 되었다는 사실은 분명히 '혁명(큰 변화)'이었고, 그 결과는 당시로서는 아무도 예측하지 못한 '프랑스 혁명'을 낳았다.

지금까지 보았듯이 명사회는 군주정이 결정적으로 몰락하는 첫걸음이었다. 1787년 봄까지 프랑스 왕국의 재정상태는 거의 비밀이었다. 수세기 동안 왕이 임명하는 소수가 재정정책을 쥐고 흔들었으며 대중의 동의나 검사를 받지 않았다. 영국은 이미 폭넓은 통제체제를 마련했지만 프랑스는 그렇지 못했다. 그러므로 명사회에서 재정상태를 검토하는 것은 루이 16세가 절대군주권을 놓치고 있음을 뜻했다. 그리고 루이 16세가 툭하면 친림법정을 열어 자기 의지를 강요했다는 것은 고등법원이 그의 뜻에 고분고분 따르지 않았음을 보여준다. 절대군주정의 뿌리가 흔들리는 동안 루이 16세도 사실상 심신이 몹시 피로한 상태였다. 경제적 위기, 정치적 위기, 사회적 위기가 함께 작용하면서 그를 괴롭혔기 때문이며 거기서 문화적 변화가 중요한 몫을 했으니 그것은 바로 '여론'이었다.

7
여론

산업혁명이 일어나기 전의 전통사회도 다중매체의 사회였다. 서로 마주 보면서 말하는 입말의 세계에 머무른 사람이 여전히 다수였지만, 국가와 종교인이 학교를 운영한 덕에 글을 읽을 줄

아는 사람이 늘어났다. 남녀의 차이를 고려하지 않고 글을 읽을 줄 아는 사람은 18세기에 전체 인구의 거의 절반까지 늘어났다. 파리의 경우는 특별해서 거의 90퍼센트가 글을 읽을 줄 알았다. 10퍼센트 정도는 파리에서 일자리를 구하려고 몰려든 외지인이었다. 예를 들어 오베르뉴 사람들은 물지게를 지거나 도끼로 장작을 패고 입에 풀칠을 했는데 이들은 거의 모두 문맹이었다. 글을 읽을 줄 아는 사람이 늘어나고 글과 친숙한 사람도 전보다 더 늘어나면서 의사소통 방식은 더욱 다양해졌다. 편지글이나 일기 같은 사적인 글쓰기뿐만 아니라 대중을 향해 자기 생각을 논리적으로 정리하여 밝히는 차원의 글쓰기까지 다양한 차원을 구별할 수 있게 되었다.

파리라는 제한된 장소를 중심으로 사람들이 읽을거리에는 무엇이 있었는지 알아보자. 파리 사람들은 누구나 파리의 거리에서 일상적인 궤적을 남겼다. 사교계 사람들은 마차를 타고 하루에 한 스무 집 정도를 돌아다니고 방문한 집에서 허탕을 치면 문패에 자신이 다녀간 흔적을 남겼다. 일반 직업인은 집에서 자기 일터로 나갔다가 되돌아가면서 자기가 살아가는 공간을 익혔고 거기서 중요한 역할을 하는 것이 간판이었다. 그러므로 파리의 공간에서 중요한 이정표 역할을 하는 것은 무엇보다도 간판과 문패였다. 18세기 말에야 겨우 중요한 건물에 주소가 생기기 시작했기 때문에 장인이나 상인에게 간판은 자신을 알리는 가장 중요한 장비였다.

파리 주민이 날마다 삶의 궤적을 그리면서 간판을 늘 접하고 다녔듯이 그들은 사람의 통행이 잦은 곳을 지날 때 앙시앵레짐 시대의 의사소통 그물에서 중요한 역할을 한 노래를 만날 수 있었다. 노래는 전통적으로 서적행상인이 팔러 다니던 아가cantiques와 관련을 맺고 있었다. 그것은 그리스도교 신앙을 더욱 두텁게 만들어주고 기본적인 종교문화의 한 부분을 노래로써 몸에 배게 만드는 수단이었다. 애처로운 노래(애가complaintes)도 역시 우화의 내용이나 현실을 생각나게 만드는 수단으로서 제 나름대로 공식적인 정치선전과 함께 중요한 역할을 했다. 예를 들어 1780년경 파리에서 아메리카 전쟁에 참가할 군인을 뽑을 때 그 전쟁을 찬양하는 노래를 들려주었다.

노래는 현실도피와 긴장완화의 수단이기도 했다. 그것은 일상적인 것을 주제로 삼거나 노동을 쉽게 만들어주고 집안일을 박자에 맞춰 신나게 처리할 수 있게 만들어주었다. 이같이 집안, 작업장, 거리, 네거리, 다리 위, 모든 곳에서 들리는 노래는 거리의 장사꾼이 파는 상품이었다. 모로 르 쥔Moreau le Jeune은 단상에 서서 바이올린을 어깨에 대고 오른손에 팔고자 하는 노래를 펼쳐 들고 있는 장사꾼을 그렸다. 군중 앞에 선 장사꾼이 허리에 찬 주머니에는 손님에게 팔 가사와 악보가 들어 있다. 장사꾼은 자기 뒤 벽에 그림을 붙여놓았는데 그것은 노래의 내용을 표현한 그림이었다. 장사꾼은 대중의 눈을 끌 수 있는 장소라면 어디건 자리를 잡았다. 파리를 둘러싼 신작로, 퐁뇌프, 그 밖의 여러 광장에서는 그들의 노래를 들을 수 있었다.

파리 주민이 거리에서 쉽게 만나는 글 가운데 벽보와 광고 또는 포고령도 있었다. 특히 포고령은 왕이나 고등법원의 결정을 널리 알리려는 것으로서 나팔소리와 함께 사람들의 주의를 끌고 사람들에게 큰 소리로 읽어준 뒤 벽에 붙이는 것이었다.

이제 민중이 집에 가지고 있었던 읽을거리로 눈을 돌릴 차례다. 먼저 그림을 들 수 있다. 특히 그림은 도시문화의 특성 가운데 하나였다. 민중은 책속에 들어 있는 그림이나 개별적인 그림을 접할 수 있었다. 1780년에 임금노동자의 35퍼센트만이 책을 가지고 있었던 데 비해 60퍼센트나 그림을 소유하고 있었다는 사실을 보면서 우리는 민중이 그림과 아주 친숙했음을 알 수 있다.

낱장으로 된 그림은 가정에서 볼 수 있는 종교적인 일을 표현했다. 목판으로 찍어낸 그림에는 수호성인, 순교자, 성모가 가장 많이 등장하는 주제였지만 시간이 흐를수록 주제는 다양해졌다. 생자크 거리에 늘어선 판화제작자들은 전년도에 일어난 사건을 비롯해 여러 가지 풍경, 인물, 신화의 장면을 벽에 걸 수 있는 그림으로 제작해 싼값에 팔았다. 그들은 거장의 그림을 판화로 제작하기도 했다. 그러나 그들의 그림이 특권층의 저택에 걸리는 경우가 있었다 해도 그들은 될수록 절대다수가 원래 식자층에 속했던 문화를 접할 수 있게 만들려고 노력했다.

파리 민중의 집에서 만날 수 있는 책 형태의 인쇄물에는 어떤 것이 있는가? 문화사가 로슈는 파리 민중의 집에서 만날 수 있는 책은 별로 많지 않았다고 했다. 1700년경 임금노동자가 죽은 뒤에 작성한 재산목록의 13퍼센트, 하인의 경우는 30퍼센트가 책에 대해 말했다. 1750년부터 1759년 사이 임금노동자의 재산목록 800가지에서도 여전히 13퍼센트, 하인의 재산목록 200가지에서는 20퍼센트만이 책에 대해 말했다. 그리고 1780년경에는 각각 35퍼센트와 40퍼센트로 늘어났다. 그리하여 그 시대의 증인 루이 세바스티앵 메르시에는 파리인의 독서에 대해 이렇게 말했다.

오늘날 파리에서는 100년 전에 읽었던 양보다 10배는 더 읽고 있는 것이 사실이다. 어떤 장소, 즉 길모퉁이의 구멍가게나 때로는 노천에서도 볼 수 있는 수많은 서적상이 헌책이나 끊임없이 발간되는 신간 서적 등을 팔고 되파는 행위를 보면 그것을 알 수 있다.

지금까지 간단히 보았듯이 18세기 프랑스 사회가 비록 오늘날보다 단순한 차원에 머물러 있었다 해도 다양한 매체가 존재했음을 부인할 수 없다. 간판, 그림, 인쇄물, 노래만 가지고도 충분하지 않을까? 더군다나 합법적인 경로로 보급된 신문이나 책 같은 문화매체에다 그 크기를 정확히 측정할 수 없는 불법매체를 더한다면, 혁명 전의 프랑스 사회는 그 나름대로 커다란 역동성을 갖고 있었음을 짐작할 수 있다. 불법문화에는 악담mauvais discours, 유언비어, 풍자노래라는 입말의 차원에서부터 수기신문nouvelles à la main, 편지 따위의 손으로 쓴 글, 그리고 미풍양속을 해치는 내용을 담은 그림이나 글을 담았기 때문에 은밀히 유통해야 했던 각종 인쇄물이 들어 있었다. 민중의 대부분이 비록 글말을 생산하지 못했고 주로 입말의 세계에 머물러 있었다 할지라도 그들은 돈벌이 수단으로 수기신문이나 인쇄물을 유통시키는 데 참여할 수 있었다. 18세기는 다양한 매체를 활용해 여론을 조성할 수 있는 시대였기 때문에 민중의 역할이 더욱 커졌다고 볼 수 있다.

18세기 중반 이후에 더욱 많이 나온 인쇄물 가운데 특히 '첩자espion'나 '일화anecdotes' 같은 낱말이 들어 있는 작품을 보면 궁정에서 있었던 개인적인 대화까지도 세상에 널리 퍼지고 있었음을 알 수 있다. 이미 앞에서 보았듯이(제2부 제2장) 우리가 피당사 드 메로베르가 쓴 것으로 알고 있는 『뒤바리 백작부인에 관한 일화』는 그 대표적인 보기라 할 수 있다. 1773년 3월 20일의 일화에서는 며칠 전에 있었던 일을 보고한다. 여느 때처럼 루이 15세는 스스로 커피를 끓이고 있었다. 왕이 잠시 한눈을 파는 사이에 커피가 끓어 넘치자 뒤바리 부인이 왕에게 소리쳤다. "헤이, 프랑스, 그대 커피가 탈영하고 있어!"

뒤바리 부인이 비천한 출신으로서 이른바 거리에서 왕의 침대로 고속승진한 여성임은 천하가 다 아는 사실이었지만 왕의 처소에서 일어나는 사적인 대화까지 심술궂은 신하의 입을 거쳐 세상으로 퍼져나갔던 것이다. 이러한 사실을 보면서 우리는 당시 사회가 그 나름대로 정보의 소통이 원활한 사회였음을 알 수 있다. 선술집에 모인 민중의 입과 귀가 이러한 이야기를 주고받지 못했을 리 없다. 특히 사적인 영역의 사건이라 할지라도 공론의 영역으로 떠오르는 사건은 많았다. 우리는 대표적인 보기로서 왕비의 '다이아몬드 목걸이 사건'을 들 수 있을 것이다.

앙시앵레짐 시대 프랑스에서 모든 인쇄물의 텍스트는 사전검열의 대상이었다. 그것은 원칙이었다. 그러나 인쇄물이 검열을 거치지 않고서도 합법적으로 유통될 수 있는 경우가 있었다. 역설적으로 파리 고등법원은 작가들에게 공공연히 유죄판결을 내리면서도 한편으로는 자유를 조금씩 나눠주고 있었기 때문이다. 고등법원 판사에게 청원서를 제출하는 변호사는 그들이 맡은 사건 개요서를 인쇄해 검열관의 사전검열을 받지 않은 채 대중에게 팔 수 있었다. 이 점에서 그들은 영국의 저자와 같은 지위를 누렸다. 모든 사건은 이제 길모퉁이, 카페, 살롱에서 대중의 이야깃거리가 되었다. 고등법원의 변호사들은 이처럼 자신의 주장을 대중의 판단에 맡겼고 대중의 지지 분위기를 얻어가지고 법정으로 돌아갔다. 개요서는 원칙적으로 판사만이 볼 수 있는 것이었지만 사실상 시중에 널리 유통되었으며 '목걸이 사건'에 관한 개요서도 이렇게 해서 세상의 관심을 끌었다.

사건을 주도한 잔 드 라모트를 위해 변호사 두아요가 쓴 첫 번째 개요서는 4,000부를 발행했는데 1785년 11월에 다 배포되었다. 이듬해 3월까지 사건의 조역에 지나지 않는 피고에 대해 쓴 개요서도 수만 부나 팔렸다. 재판이 무르익는 5월까지는 개요서가 날마다 하나둘씩 나왔다. 다른 피고의 개요서는 편당 1리브르에 팔렸고 당대의 명변호사인 타르제가 로앙 추기경을 위해 쓴 첫 개요서의 수서본은 출판되기까지 몇 달 동안 36리브르에 팔렸지만 잔 드 라모트를 위한 소송 개요서는 지지자를 모으기 위해 무료로 나눠주었다. 이렇게 팸플릿 문학에 속하게 된 소송 개요서가 나오는 날이면 변호사와 의뢰인의 집 근처로 사람들이 몰려들었다. 변호사 틸로리에가 칼리오스트로를 위해 첫 번째 개요서를 발행하는 날, 경찰은 그 집 문 앞에 보초를 여덟이나 세워 군중을 해산시켜야 했다.

이처럼 사사로운 사건도 여론의 관심사가 된 사회는 로버트 단턴Robert Darnton이 분석했던 것처럼 특정한 장소나 사회 계층에서 일어난 사건이 입소문에서 수기신문, 경찰보고서같이 손으로 쓴 글 속에 고정된 뒤 팸플릿, 신문, '일화' 같은 책에 이르기까지 모든 매체 속에서 언급되면서 증폭되고 새로운 사건을 낳는 데까지 연결되는 복잡한 사회였다. 사건 소식이 입말부터 가장 복잡한 형식을 갖춘 책까지 이 매체에서 저 매체로 옮겨가는 과정에는 시장, 공공장소, 카페, 공원, 살롱, 개인의 친목단체, 인쇄소, 서점, 도서관, 독서클럽, 공권력이 모두 관계했다. 이러한 과정에서 모든 사람이 공유할 수 있는 정보를 민중도 접할 수 있었음이 분명하다.

이러한 점에서 민담에 가까운 『착한 미제르 이야기』Histoire du bonhomme Misère』는 한번쯤 눈여겨볼 만하다. '착한 미제르le bonhomme Misère(가난)'는 아마도 민중의 상징이었을지 모른다. 어느 날 미제르의 집에 폴과 피에르라는 손님이 왔다. 미제르는 부잣집에서도 재워주지 않는 손님을 흔쾌히 맞이했다. 이튿날 손님은 미제르에게 소원을 들어주겠다고 했다. 미제르는 맛좋은 배가 주렁주렁 열리는 배나무 한 그루를 갖고 있었다. 그런데 도둑이 배를 훔쳐가기 때문에 생활이 더욱 어려웠다. 그래서 미제르는 누구든지 배나무에 올라가면 자기가 허락하기까지 다시는 내려오지 못하게 해달라고 부탁했다. 그 뒤 도둑이 몰래 배나무에 올라가 꼼짝도 할 수 없자 소리쳐 울부짖었고 이웃 사람이 애처로워서 도와주려다가 나무에 붙어버렸다. 미제르는 이웃 사람의 말을 믿고 순순히 내려주었고 도둑에게는 다시는 그러지 않겠다는 다짐을 받고 내려주었다. 그 뒤 죽음이 미제르를 데리러 왔다가 미제르의 꾀에 걸려 배나무에 올라갔으며 꼼짝없이 붙어버렸다. 죽음은 미제르에게 사정을 했다. 마침내 죽음은 미제르에게 이 세상이 끝난 뒤에 다시 오겠다고 약속한 뒤에야 배나무에서 내려올 수 있었다.

이 이야기는 가난(미제르)이 어떻게 생겼고, 어떻게 끝나는지 보여준다. '미제르'의 유일한 재산은 자연이 주는 선물인데 아무나 훔쳐가기 때문에 가난하며, '죽음'도 이 세상이 끝날 때까지 미제르, 즉 가난을 데려가지 못한다. 이 이야기가 정확히 언제부터 생겼는지 알 수 없지만 이 작품은 18세기에만 여남은 개 도시에서 14개 판본에 수백만 권이 발간되었을 정도로 큰 성공을 거두었다. 이 이야기를 읽는 민중은 무슨 생각을 했을까? 민중은 남에게 자기 물건을 도둑맞기 때문에 가난하지만 어려운 사람에게 잠자리를 제공할 정도로 선량하다. 그러므로 민중은 이 세상이 끝날 때까지 영원히 가난하게 살지 모른다. 이 이야기에서 주목할 만한 점이 있다면 그것은 민중을 보호해줄 공권력이 등장하지 않는다는 사실이다. 오직 가난이라는 주인공이 스스로를 지켜야 할 뿐이다. 비록 가난하다 할지라도 그는 정의와 도덕의 기준을 스스로 구현하고 있다. 미제르는 도둑과 이웃 사람을 구별하고 벌을 받아 마땅한 사람에게만 벌을 준다.

앙시앵레짐 말기의 사회에서 경제적 어려움이 있을 때 민중이 들고일어났지만 그들이 무조건 약탈자 노릇을 하지 않았던 데서 이러한 이야기의 얼개를 이해할 수 있지 않을까? 예를 들어 1775년 밀가루 전쟁에서 잡힌 바티스트 콜리에(60세)는 무게 4리브르짜리 빵값으로 8수만 지불했기 때문에 심문을 받았다. 비록 빵집 주인은 정상적인 값을 내야 한다고 하지만 그는 왕이 정한 값만 지불하면 된다고 생각했기 때문이다. 자크 르 마르샹(23세)은 무게 6리브르짜리 빵을 사면서 16수를 원하는 주인에게 12수만 지불했다. 이 사건에서 중요한 점은 또 있다. 5월 2일에 베르사유에서 왕이 무게 1리브르당 2수로 빵값을 결정했다는 소식을 5월 3일에 20여 킬로미터 떨어진 곳에서 빵집을 공격하던 시위대가 알았다는 사실이다. 물론 왕은 전날 곧바로 자기 결정을 취소했지만 민중은 자기에게 유리한 이야기를 골라서 듣고 자기 뜻대로 값을 매겼던 것이다.

18세기 말, 특히 파리 같은 대도시에서 문화는 다른 도시에 비해 훨씬 빨리 전파되었다. 베르사유에서 일어나는 일이라 할지라도 입소문으로 하루 안에 파리에 퍼져나가고 그것은 파리 민중에게까지도 시간이 흐를수록 보편화한 편지글이나 수기신문, 정보를 수집하던 경찰 끄나풀의 보고서에 선별적으로 실려 고정되었으며 일화를 모은 책이나 정쟁을 위한 팸플릿에 실려 보급되고 있었다.

18세기 중엽의 굵직한 사건, 이를 테면 장세니스트와 파리 고등법원이 예수회를 두둔하던 궁중 일파(왕세자를 중심으로 한 경건파)와 벌인 싸움, 다미엥의 루이 15세 시해 사건, 7년 전쟁, 『정신론』과 『백과사전』이 빚은 물의, 부르타뉴 사건, 모푸 정변, 루이 15세 사망과 루이 16세 즉위, 밀가루 전쟁, 아메리카 독립전쟁, 목걸이 사건, 그 뒤 몇 가지 개혁을 강요하기 위한 명사회 소집과 군주정의 좌절, 이러한 사건을 자신의 기득권을 지키는 데 이용하기 위해 문인, 고등법원 인사, 귀족, 명사들은 될수록 모든 매체를 동원했다. 그리고 각종 정보를 실어 나르는 모든 매체의 그물 끝에 민중이 닿아 있었다.

8
시에예스 신부의
『제3신분이란 무엇인가?』

시에예스Emmanuel Joseph Sieyès(1748~
1836)는 세리인 동시에 우체국장의 아들로 태어나 군인이 되려 했지만 아버
지의 뜻을 좇아 종교인이 되었다. 생쉴피스 신학원에 머물 때 소명이 부족하
다는 이유로 신부서품을 받지 못했다. 이후 1772년 생피르맹 신학교에서 사
제직을 받고 곧 샤르트르 주교의 보좌주교가 되었다. 새로운 사상에 물든 그
는 1788년 11월 『특권론Essai sur les privilèges』, 곧이어 『1789년 프랑스 대
표들이 이용할 수 있는 실행 방안 고찰Vues sur les moyens d'exécution dont les
représentants de la France pourront disposer en 1789』, 그리고 제2차 명사회가 열
리는 동안 『제3신분이란 무엇인가?』를 써서 1789년 1월에 발간했다. 특히
마지막 저작 덕에 유명해진 그는 전국신분회에 종교인 대표로 나가지 못한
대신 그해 5월 19일에 파리에서 제3신분의 마지막, 즉 스무 번째 대표로 뽑
혔다.

시에예스는 혁명 초기에 전국신분회를 '국민의회Assemblée nationale'라
는 대의기관으로 만드는 데 결정적인 역할을 했다. 그러나 그는 진보적인 듯
하면서도 보수적인 성향을 함께 보여주었다. 훗날 로베스피에르Robespierre
는 그를 "혁명의 창녀"라고 비난했는데, 그가 평원파(또는 늪지파)에서 눈치
나 보는 인물이 되었다는 뜻이었다. 예를 들어 그는 1792년 국민공회가 루이
16세를 재판할 수 없다고 주장했음에도 루이 16세의 사형에 찬성하고 집행
유예에 반대해 사람들을 놀라게 했다. 프랑스 혁명사가 퓌레는 그가 프랑스

혁명의 가장 위대한 행동가는 아니라 할지라도 가장 심오한 정치사상가였고 1788년 겨울부터 잇달아 작품을 내놓으면서 프랑스 혁명의 시작을 알렸다고 평가했다.

시에예스는 『특권론』에서 귀족과 특권계급에 대한 증오심을 표현했다. 그는 특권이란 사회의 법적 이상이 타락한 결과 생기는 것이며, 따라서 특권을 누리는 사람들은 공동체의 구성원이 될 수 없다고 분명히 못 박았다. 이처럼 특권층은 모든 사회를 움직이는 추진력이라 할 명예까지 독점해버린다. 그리하여 다른 구성원들의 사기를 꺾는다. 특권층은 명예로운 일의 사회적 보상인 돈까지 독점하기 때문이다. 그런데 특권층은 궁정에 붙어 기생충 노릇이나 하면서 명예와 돈을 홀로 차지하기 때문에 가장 큰 범죄자라 할 수 있다. 만일 그의 『특권론』에 다른 제목을 달라면 『귀족 또는 특권층이란 무엇인가?』라 할 수 있을 것이다.

『1789년 프랑스 대표들이 이용할 수 있는 실행 방안 고찰』은 전국신분회가 국민의회로 변화해야 한다고 주장하는 논문이다. 시에예스는 특권사회를 이성의 법정으로 불러내 비판했듯이 이 작품에서도 사람만이 이성을 가지고 있으며 이성은 사람에게 가장 이로운 것이 무엇인지 가르쳐준다고 말문을 열었다. 그리고 전국신분회는 입법권을 가지며 그 권력을 자유롭게 행사해야 하고 무슨 결정을 내리든 상설기구가 되어야 한다고 주장한다. 이 상설기구는 직접민주주의보다 대의민주주의를 구현할 것이다. 국민은 대표를 뽑아 자기 권리를 위임하기 때문에 대표를 뽑는 과정을 될수록 간소하게 해야 모든 권리의 원천인 국민과 그 대표 사이가 멀어지지 않을 것이다. 혁명이 일어나기 전에 시에예스는 앞으로 다루어야 할 문제를 이렇게 크게 부각시켰다.

그러고 나서 시에예스는 진정한 국민이라 할 『제3신분이란 무엇인가?』

를 내놓았다. 이 저작은 1789년 초 베스트셀러로서 사람들에게 큰 영향을 끼쳤다. 시에예스는 이 책을 크게 6장으로 구성했다. 그는 첫 세 장에서 기본적으로 세 가지를 차례로 묻고 답한다.

1. 제3신분이란 무엇인가?—전부다.

2. 제3신분은 지금까지 정치질서에서 무엇이었나?—아무것도 아니었다.

3. 제3신분은 무엇을 바라는가?—무엇인가 되고자 한다.

그다음 그는 세 가지 질문에 대한 답이 정당한지 논증한다. 그리하여 다음 세 장에서 다음과 같은 내용을 담는다.

4. 대신들이 하고자 했던 것, 특권층이 제3신분을 위해 제안했던 것.

5. 사람들이 마땅히 해야 했던 일.

6. 끝으로 제3신분이 자기에게 걸맞은 위치를 차지하려면 반드시 해야 할 일.

먼저 제1장, "제3신분은 완전한 국민이다"에서 국민이 존재하고 번성하려면 사적인 일과 공적인 일이 모두 필요한데, 먼저 사적인 일을 네 가지로 분류할 수 있다고 말한다. 제1차 산업에 종사하는 사람으로서 주로 농민, 제2차 산업 종사자인 일꾼(1차적인 물질을 가공하는 사람), 그리고 생산과 소비 사이에서 또는 수많은 차원의 생산활동 사이에서 활동하는 중간자들(도매업자, 상인), 끝으로 다른 사람들에게 직접적으로 유익하거나 즐거운 일을 하는 사람들이 있다. 마지막 부류에는 가장 저명한 과학자, 철학자, 교수, 자유직업인, 그리고 가장 하층의 하인까지 포함된다. 이들이 사회를 지탱하는 일을 한다. 그런데 이들은 누구인가? 제3신분이다. 시에예스는 이 저작에서 중농주의 철학과 영국의 정치경제학에 기대어 "사회란 구성원의 경제활동으로 지탱되는 동시에 재화의 생산으로 문명을 발전시키는 곳"임을 분명히 하면서 제3신분이 바로 그 주역이라고 강조했다.

공적인 일도 역시 현 상태에서 볼 때 무관, 법관, 종교인, 행정관의 네 부류로 나눌 수 있다. 제3신분이 국민의 95퍼센트를 차지한다는 사실을 알아보려고 이 네 부류를 속속들이 누비고 다닐 필요는 없다. 특권층이 공공봉사에 유익하다고 말하는 것은 허상일 뿐이다. 단지 특권층이 네 부류의 공직 가운데 가장 중요한 직책을 독점했기 때문에 제3신분의 존재를 가릴 뿐이다. 그러므로 누가 감히 제3신분이 완전한 국민을 형성하는 모든 요소를 갖추지 못했다고 말할 수 있으랴?

"제3신분은 강건한 인간(남자)이지만 한 팔이 아직 사슬에 묶여 있는 사람이다. 만일 특권층을 제거한다면 국민은 전보다 못한 존재이기는커녕 더 나은 존재가 될 것이다. 그러므로 제3신분이란 무엇인가? 전부다. 그러나 구속받고 압제에 시달리는 전부다. 만일 특권층이 없다면 그는 무엇이 될 것인가? 전부가 된다. 자유롭고 번성하는 전부가. 제3신분이 없이는 그 어떤 일도 할 수 없다. 그러나 다른 존재들(제1신분, 제2신분, 특권층)이 없어도 무한히 발전할 것이다."

더욱이 종교인은 신분이라기보다 직업인일 뿐이므로 사회에는 귀족과 평민만 존재한다. 그런데 국민의 모든 기본 요소 가운데 귀족의 카스트를 어디다 놓는다는 것은 불가능하다. 카스트, 그렇다, 이것이 정확한 표현이다. 이 말은 아무런 기능이나 유익한 면도 없이 그저 존재한다는 이유만으로 특권을 누리는 계급을 뜻한다. 이러한 관점으로 볼 때 세상에는 특권을 누리는 카스트만 있다. 그리고 그들이 바로 귀족이다. 그들은 국민과 동떨어진 사람들이다. 그러므로 가짜 국민이다. 그들은 스스로 존재하지 못하고 마치 기생

식물처럼 국민에 붙어서 존재할 뿐이다. 그들은 식물에 붙어서 진을 빨아먹고 결국 말라죽게 하는 혹 같은 존재다. 종교인, 법관, 무관, 행정관은 국민의 명령을 받은 계급이다. 그럼에도 어째서 그들에게 프랑스 귀족주의의 책임을 지우면서 비난하는가? 귀족의 카스트가 그 네 계급의 좋은 자리를 모두 독점했기 때문이다. 게다가 그 자리를 세습하고 사회적 법의 정신이 아니라 사사로운 이익에 이용하기 때문이다. 시에예스는 국민이란 공동의 법을 지키며 함께 살고 똑같은 입법기관을 가진 연합체인데 귀족과 특권층은 법을 지키지 않기 때문에 국민이 될 수 없다고 분명히 말한다.

제2장에서 시에예스는 "제3신분은 지금까지 무엇이었나?"라고 질문한 뒤에 단호히 "아무것도 아니었다"고 말한다. 그리고 프랑크족이 골 지방을 정복하고 지배층이 되는 과정을 논증한다. 순수한 국민은 오직 골족과 로마인의 후예로만 이루어졌다고 생각할 수 있다. 정복은 모든 관계를 뒤흔들어 놓았다. 태생적인 귀족은 정복자들의 편으로 넘어갔다. 이제 그것을 반대편으로 되돌려야 한다. 제3신분이 정복자가 되어 귀족으로 거듭나야 한다. 제3신분은 여태껏 전국신분회에서 진정한 대표를 갖지 못했다. 그러므로 그들의 정치권리는 아무것도 아니었다.

시에예스는 이제 제3장에서 제3신분이 "무엇이 되고자" 하는 이유를 설명한다. 인민은 무엇이 되고자 한다. 그들은

1. 전국신분회에서 대표를 갖고 싶어한다. 다시 말해 자신들의 신분에서 나온 대표로서 자신들의 염원을 해석해줄 사람, 자신들의 이익을 지켜줄 사람을 원한다.

2. 다른 두 신분 대표들과 같은 수의 대표를 원한다. 그러나 만일 각 신분이 따로 의사를 결정한다면, 신분별로 투표한다면, 대표수가 늘어도 소용없

다. 따라서

3. 신분별 투표가 아니라 개인별 투표를 원한다.

1788년 12월 27일, 왕은 1번의 요구를 거절했다. 사실 이 요구는 혁명적인 것이었다. 시에예스의 생각에 제3신분은 국민 그 자체이기 때문에 그들만의 의회를 가져야 했다. 왕이 그 요구를 들어주었다면 혁명의 모습은 달라졌을 것이다. 또한 왕이 그 제안을 거절했기 때문에 제3신분의 대표는 제3신분이 아니어도 될 수 있는 길이 남았다. 그리고 왕은 2번의 요구를 들어주었지만 3번은 아무런 설명도 하지 않고 넘어갔다. 그러나 시에예스가 제시한 세 가지 요구는 함께 의미를 지닌다. 제3신분의 소박한 의도는 전국신분회에서 특권층과 똑같은 영향력을 갖는 것이다. 그래야만 무엇이 되고자 바랄 수 있지 않겠는가?

시에예스가 계산한 종교인은 모두 총 8만 1,400명, 귀족은 11만 명, 전국민은 2,500~2,600만 명이다. 종교인과 귀족을 합쳐도 기껏해야 20만 명 정도다. 그럼에도 이들이 전국신분회에서 신분별 투표를 한다면 두 표를 가지고 제3신분의 한 표를 누를 수 있다. 그러므로 제3신분의 대표수를 두 배로 늘려준다 해도 개인별 투표를 할 수 없다면 아무런 의미가 없다. 시에예스는 개인별 투표 문제를 세 가지로 접근했다.

1. 제3신분의 정신으로,

2. 특권층의 이익의 관점으로,

3. 훌륭한 원리를 좇아서.

첫째 문제는 더 말할 필요가 없다. 둘째 문제에서 특권층은 제3신분이 자신과 똑같이 영향력을 행사할까봐 두려워하면서 그 같은 현실을 위헌이라고 말한다. 이제 시에예스는 셋째 문제를 본격적으로 논의하기 전에 먼저 지적할 것이 있다고 하면서 제4장으로 넘어간다.

시에예스는 "정부가 시도한 것, 특권층이 제3신분을 위해 제안한 것"을 제4장에서 얘기한다. 먼저 정부가 시도한 것에 대하여. 칼론은 제3신분의 자발적인 동의가 없이는 아무런 폐단도 고칠 수 없다는 사실을 알고 지방의회 설립안을 제안했다. 그런데도 1787년 명사들은 왕보다는 자기네 특권을 지켰다. 또 1788년 명사들은 국민보다는 자기네 특권을 지켰다. 그러므로 왕은 특권에 젖은 명사보다는 계몽주의에 물든 명사들의 의견을 들어야 했다.

시에예스는 이제 마땅히 해야 할 일, 좇아야 할 원칙이 무엇인지 설명한다. 모든 국민이 자유로운 나라에서 자유롭게 살아야 한다. 헌법에 관련된 쟁소를 끝내는 방법은 명사들에게 의존하기보다 국민에게 의존하는 데 있다. 만일 우리에게 헌법이 없다면 헌법을 제정해야 한다. 국민만이 그 권리를 가지고 있다. 그런데 일부 사람들이 주장하듯이 만일 프랑스에 헌법이 있다면, 그리고 헌법 때문에 국민의회가 세 신분으로 나뉜다면, 이 세 신분 가운데 한 신분의 주장이 너무 강할 때 문제가 생긴다. 더욱이 세 신분이 서로 다른 주장을 할 때 누가 결정권을 가질 것인가?

우리는 언제나 윤리를 바탕으로 생각해야 한다. 윤리가 모든 사람과 사사로운 이익과 공동체의 관계 또는 사회적 이익의 관계를 규정하는 원리가 되어야 하기 때문이다. 우리가 마땅히 해야 할 일을 일러주는 것은 오직 윤리다. 오직 윤리만이 그것을 해줄 수 있다. 그러므로 우리는 언제나 간단한 원리로 되돌아가야 한다. 윤리야말로 그 어떤 천재의 노력보다 더 강력하다. 이처럼 윤리를 바탕으로 모든 문제를 검토해야 한다.

특히 국민은 정치사회를 형성하는 세 시기를 거치면서 탄생한다. 첫 시기는 뿔뿔이 흩어져 살다가 하나로 뭉치는 시기로서 이때 개인적 의지가 작용하지만 그들은 이미 국민을 이루며 모든 권리를 갖고 행사할 수 있다. 둘째 시기는 공동의지가 작용하는 시기다. 하나로 뭉친 사람들은 연합체에 일관성을 주고 연합체의 목표를 달성하기를 바란다. 그들은 공공의 필요성과 그것을 달성하는 수단을 상의한다. 여기서 우리는 권력이 공중le public에게 속해 있음을 본다. 개인의 의지가 언제나 공권력의 근원이며 공권력의 근본적인 요소를 구성한다. 그러므로 개인 의지를 따로 고려한다면 그들의 권력은 무효nul다. 공권력은 오직 전체 속에 있다. 공동체에는 공동의지가 필요하다. 의지를 통일하지 않고서는 공동체가 바람직하고 효력 있는 전체를 만들어낼 수 없다. 설사 전체tout를 만들어낸다 할지라도 그것은 (통일된 의지가 없다면) 공동의지에 속한 권리를 하나도 갖지 못한다.

　이제 시간이 흘러 연합한 사람들이 너무 수가 늘어나고 너무 넓은 데 퍼져 살기 때문에 공동의지를 스스로 행사하기 어려운 때가 된다. 그들은 이제 어떻게 할 것인가? 그들은 필요한 것을 분리해 공공사업을 관리하고 필요한 일을 해야 한다. 이렇게 국민의 의지의 일부, 따라서 권력의 일부를 떼어내 그들 가운데 특정인에게 맡겨서 행사하게 한다. 이제 셋째 시기에 접어든다. 셋째 시기는 대리정부의 시기époque d'un gouvernement exercé par procuration다. 대리정부를 만든다고 하더라도 공동체는 자기 의지의 권리를 하나도 잃지 않는다. 그 권리는 남에게 넘길 수 없는 것이기 때문이다. 그러므로 입법기관 같은 대표들의 단체는 그 권리를 완전히 행사할 수 없다. 공동체는 그들에게 질서를 유지하는 데 필요한 만큼만 권력의 일부를 맡기기 때문이다. 실제의 공동의지가 작용하는 것이 아니라 이제부터 대의적인 공동의지가 작용할 뿐이다. 한마디로 대의적 공동의지는 전권적인 의지나 무한한 의지가 아니다.

그래서 대표들은 그 의지를 자기 의지처럼 사용할 수 없다. 남의 권리이기 때문이다. 공동의 의지는 대의적 공동의지 속에 위임된 것이다.

"첫 시기, 국민은 국민의 모든 권리를 가진다. 둘째 시기, 국민은 그 권리들을 행사한다. 셋째 시기, 국민은 대표에게 그 권리를 행사하게 만든다. 위임받은 권리를 사용하여 대표는 질서와 공동체를 유지하는 데 필요한 모든 일을 한다. 이처럼 간단한 연상작용의 테두리를 벗어나면 그 뒤부터는 모순에 모순을 만날 뿐이다. (……) 정부는 헌법으로 구성될 때에만 실제 권력을 행사한다. 그것은 법을 충실히 지킬 때에만 합법적이다. 그러나 국민의 의지는 그 자체로 언제나 합법적이다. 그것은 모든 합법성의 원천이기 때문이다."

시에예스에게 국민은 추상적인 개념이 아니었다. 국민은 4만 개 교구에 사는 모든 주민, 국가에 속한 모든 이를 아우르는 개념이었다. 전국신분회가 모인다 해도 헌법에 대해서는 아무런 결정권이 없다. 그 권한은 오직 국민에게만 속한다. 거듭 얘기하지만 국민만이 모든 형태와 조건을 초월해 독립하는 존재다. 그러므로 전국신분회가 모인 뒤에 해야 할 일은 따로 있다. 다시 말해 전국신분회는 국민의 대의기관으로 거듭 태어나야 진정 의미 있는 일을 할 수 있을 것이다. 1789년 1월의 시점에서 볼 때 세 신분이 대신들의 전제정에 맞서려고 뭉쳐야 할 때는 지났다. 이제부터라도 제3신분과 귀족의 투쟁을 시작해 끝장을 봐야 한다. 옛날 제3신분은 농노였고 귀족은 전부였다. 오늘날은 제3신분이 전부고 귀족은 한낱 말뿐이다. 그럼에도 이 말에 불법적으로 그리고 오로지 그릇된 여론의 영향으로 새롭기는 하나 참고 넘어가줄 수 없는 귀족정이 결합되었다. 이러한 상황에서 제3신분이 국민에게 유익한 방식으로 자신의 정치적 권리를 손에 넣기를 바란다면 무슨 일을 해야 하는가?

시에예스는 제3신분이 따로 모여야 하고 절대로 귀족이나 종교인과 경쟁하지 말아야 하며 그들과 신분별 투표건 개인별 투표를 하지 말라고 주장한다. 그는 제3신분의 의회와 나머지 두 신분의 의회 사이에 큰 차이가 있음을 주목하라고 말한다. 제3신분의 의회는 2,500만 명을 대표하고 국민의 이익을 위해 회의하지만 나머지는 겨우 20만 명을 대표하는 사람들이며 오직 자기네 특권만 생각하기 때문이다. 수많은 사람이 제3신분만으로 전국신분회를 구성할 수 없다고 말하는데 시에예스는 제3신분만으로 국민의회를 구성하면 될 테니까 차라리 잘되었으며 아쉬울 것이 하나도 없다고 말한다. 종교인의 대표와 귀족의 대표는 국민의 대표와 아무런 공통점을 갖지 못한다. 따라서 전국신분회에서 세 신분이 하나로 결합하는 것은 불가능하다. 함께 투표할 수도 없는 그들이 신분별 투표건 개인별 투표를 할 수 없는 것은 자명하다. 다음과 같은 이유를 생각할 수 있기 때문이다.

"만일 각 신분이 일정 비율로 참여해 일반의지를 형성한다면 그것은 '하나une'가 될 수 없다."

만일 두 신분이 전체의 이익과 관련한 사안을 결정하게 허용한다면 무슨 결과가 나올까? 첫 번째로 생각할 수 있는 결과로서 신분별 투표일 경우, 시민 2,500만 명은 전체의 이익을 위해 아무것도 결정하지 못할 것이다. 그들은 10만이나 20만의 특권층 사람들을 만족시킬 수 없기 때문이다. 또는 100명 이상의 의지는 단 한 사람의 의지 앞에서 금지당하고 무효화할 것이기 때문이다. 두 번째로 생각할 수 있는 결과로서 만일 특권층과 비특권층의 똑같은 수가 개인별 투표를 한다면 언제나 20만 명의 의지가 2,500만 명의 의지와 겨룰 것이다. 2,500만 명의 대표도 20만 명의 대표와 같은 수이기 때문이다. 더욱이 의회를 소수의 이익을 결정하는 방식으로 구성한다면 그 의회는 얼마나 괴물 같을까? 그 의회는 거꾸로 뒤집어진 모습이 아니겠는가? 시에예스는 다시 한번 강조한다. "다수의 의견 속에서만 공동의 의지volonté commune를 확인해야 하며", "프랑스에서 제3신분의 대표는 진정 국민의 의지를 대표한다. 그들은 국민 전체의 이름으로 말할 수 있다." 결국 시에예스가 주장하는 내용은 한마디로 이것이다.

"제3신분의 이익을 좇아 결국 국민의회를 구성하는 일을 진지하게 다루는 공적 토론으로 나아가야 한다."

시에예스는 1788년 말부터 1789년 초까지 세 작품을 잇달아 발표해 먼저 왕정의 타락을 비판했다. 왕정은 게르만족 정복자들이 원래 주인을 노예로 만들면서 출발했으며 수많은 특권층을 만들어 명예와 돈을 독점하게 만들었기 때문에 타락했다. 특히 특권층은 진정한 생산자의 피를 빨아먹으면서도 국민의 한 부분이 아니라 국민의 바깥에 있는 기생충이다. 더욱이 왕정은 특권층의 노예가 되었고, 그리하여 대신들이 왕정을 농단해 국가를 파산 상태로 몰아갔다. 이제 진정한 국민인 제3신분이 자기 존재 이유를 깨닫고 공동의지를 발견하고 그것을 바탕으로 새로운 관계, 새로운 헌법을 스스로 마련해야 한다. 진정한 생산자와 소비자들이 스스로 대표를 뽑아 만든 법률을 함께 지키면서 살아가는 사회야말로 시에예스가 만들고 싶은 것이었으며 1789년 전국신분회가 국민의 대표기관인 국민의회로 탈바꿈해야 할 이유였다. 시에예스의 저작이 1789년 초의 베스트셀러가 되었다는 사실은 프랑스 왕국이 탈바꿈하기를 바라는 사람이 많았음을 간접적으로 증명한다. 그러나 '읽기'가 반드시 '행위'로 연결되지는 않기 때문에 이러한 현상을 가지고 우리가 아는 혁명의 과정을 예언하는 것은 시대착오다. 그럼에도 시에예스가 전국신분회 의원이 되어 활약한다는 사실을 가볍게 보아 넘겨서는 안 된다.

9
전국신분회 선거

1788년 8월 8일, 루이 16세는 국무대신 일곱 명과 함께 1789년 5월 1일에 전국신분회를 소집하기로 결정했다. 1614년에 열린 뒤 175년 만의 일이었기 때문에 전국신분회의 형식과 진행과정에 대해 경험한 사람은 아무도 없었다. 고위성직자와 귀족은 그동안 절대군주제 때문에 잃었던 지위를 되찾으려고 생각했고, 제3신분은 국민의 절대다수라는 사실을 자각하고 그에 걸맞은 역할을 맡으려고 생각했다. 그러나 특권층은 제3신분의 발전을 인정해주지 않았다. 9월 로메니 드 브리엔이 제3신분의 대표수 문제를 파리 고등법원에 물었을 때 고등법원은 1614년의 형식을 유지해야 한다고 답변했다. 여기서 분명히 밝혀둘 일이 있다. 브리엔은 8월 25일에 사임했고 루이 16세는 곧 네케르를 그의 후임으로 임명했다. 그러나 루이 16세는 브리엔을 11월 27일까지 곁에 두었다. 네케르는 1788년 8월 26일부터 1789년 7월 11일까지 국무대신으로 일했다. 1614년의 형식이란 제3신분은 제1신분, 제2신분과 같은 수로 대표를 보내고 신분별로 회의를 하며 한 표로 의사를 표시할 수 있다는 내용이었다. 그동안 고등법원을 믿었던 제3신분은 크게 실망했다.

11월 6일부터 12월 12일까지 열린 제2차 명사회에서도 파리 고등법원의 결정을 지지했다. 제3신분은 30인 위원회를 만들어 대응했다. 그들은 시민권과 조세상의 평등을 주장하고 제3신분 대표수를 두 배로 늘리는 한편 개인별 투표를 하자는 운동을 시작했다. 파리 고등법원은 더는 우물쭈물하기도 어려운 처지에 놓여 12월 5일에 제3신분 대표수를 두 배로 늘린다고 결정했다. 그들은 제3신분의 대표수가 아무리 많아도 결국 한 표일 뿐이기 때문에 별문제가 없다고 생각했던 것인가? 사실 이론상 제3신분은 얻은 것이 없었다. 그러나 막상 다섯 달 뒤에 모이자 수의 힘이 나타나기 시작하는 데 깜짝 놀라게 될 것이다. 그동안 시에예스의 정치논문인 『제3신분이란 무엇인가?』가 나오고 1월 24일에 선거법이 나왔음에 주목해야 한다. 전자는 국민의식을 드높이고 후자는 실제로 농촌부터 도시까지 프랑스 왕국 전체를 정치화시켜주었기 때문이다.

1789년 1월 24일, 왕은 전국신분회 소집을 공식적으로 알리는 편지와 함께 '전국신분회 선거규칙le Règlement royal'을 반포했다.

"전하는 왕국 방방곡곡의 모든 백성이 누구나 자기 희망과 주장을 전해주기 바란다."

이렇게 해서 사람들은 인쇄출판의 자유가 되살아났다고 해석했다. 법률가, 하위직 종교인, 부르주아 중간 계층의 글이 마구 쏟아졌다. 그 겨울은 혹독하게 추웠기 때문에 가난한 사람은 더욱 살기 어렵게 되었으며 빵값이 치솟으면서 일자리 없는 서민 노동자들이 여기저기서 들고일어났다. 왕의 편지는 이러한 상황에서 언론의 자유까지 보장해주는 듯했기 때문에 정치와 사회를 분석하고 비판하는 글을 마구 쏟아내는 계기를 주었다. 시에예스의 『제3신분이란 무엇인가?』, 로베스피에르의 『아라스 지방민에게 고함Appel à la nation artésienne』, 카미유 데물랭의 『자유로운 프랑스La France libre』, 변호사 타르제의 『전국신분회에 보내는 편지Lettre aux Etats généraux』가 이즈음에 나왔다.

1614년에는 각 선거구마다 같은 수로 대표를 뽑았다. 선거구는 행정단

위이자 사법단위인 바이아주bailliage나 세네쇼세sénéchaussée였다. 그런데 1789년에는 인구비례 원칙을 도입했고 귀족은 대표를 한 단계 선거로 뽑았으며 성직자는 일부를 한 단계 선거, 또 일부를 여러 단계 선거로 뽑았다. 귀족은 각 선거구의 중심지에 모여 선거인 회의를 구성했다. 성직록이나 귀족령을 소유한 고위성직자들도 귀족처럼 선거인 회의를 구성했다. 그러나 하위성직자, 말하자면 모든 교구 사제들도 선거인 회의에 참여할 수 있었다. 제3신분은 어디서나 여러 단계로 대표를 뽑았다. 귀족과 성직자는 각각 대표를 뽑을 때 진정서cahier de doléances도 작성했다. 진정서는 선거인 회의에서 대표에게 주는 지침서였다. 전통적으로 진정서는 왕이 해결해주기를 바라는 내용을 담았다.

제3신분의 경우, 프랑스인이거나 귀화인 가운데 25세 이상 남성 주민(가장)으로 세금을 내는 사람에게 투표권을 주었다. 파리의 경우 4월 23일의 규칙에서 세금 6리브르를 낼 수 있는 사람이 투표권을 가졌다. 파리의 3일치 임금은 여느 곳의 두 배였고 이렇게 해서 가장의 거의 절반이 투표를 하지 못했다. 도시에서 선거인은 먼저 동업자조합별로 모이거나 거주지별로 모였다. 장인 동업자조합은 100명까지 한 명, 100명 이상 두 명, 200명 이상 세 명의 방식으로 대표를 뽑았다. 상인과 선주의 동업자조합, 그 밖에 같은 직업을 가진 시민연합체에서는 100명까지 두 명, 100명 이상 네 명, 200명 이상 여섯 명의 방식으로 대표를 뽑았다. 어떤 단체에도 속하지 않은 도시민은 시청에 모여 100명까지 두 명, 100명 이상 네 명, 200명 이상 여섯 명의 방식으로 대표를 뽑았다. 이렇게 뽑힌 사람들이 도시의 제3신분 선거인 회의를 구성했다. 그리고 이 선거인 회의에서 바이아주의 제3신분 대표를 선출할 선거인을 뽑았다. 농촌에서는 주민들이 각 교구 회의에 모여 200가구당 두 명씩 뽑아 바이아주 선거인 회의에 대표로 보냈다. 1789년 프랑스 왕국의 바이아주와 세네쇼세는 약 400개였다.

각 단위로 대표를 뽑을 때마다 진정서를 작성했다. 알렉시스 드 토크빌 Alexis de Tocqueville은 진정서를 "옛 프랑스 사회의 유언장이자 그 희구에 대한 최상의 표현이며 그 마지막 몸짓의 진솔한 표명"이라고 평가했다.* 1789년 왕국 전체에서 진정서를 거의 6만 개나 작성했다. 진정서는 각 지역의 현실을 반영하지만 때로는 모범적인 진정서를 베낀 것이기도 했다. 파리 고등법원의 진보적인 변호사 아드리엥 뒤포르가 1788년에 조직한 '30인 협회Société des Trente'나 왕족인 오를레앙 공작이 모범 진정서를 널리 퍼뜨렸다. 느무르에서는 뒤퐁, 렌에서는 랑쥐네, 리옴에서는 말루에가 쓴 진정서를 바탕으로 삼았다. 낭시에서는 모범 진정서가 11개나 있었다. 33개 교구가 그중에서 하나를 본받았고 12개 교구는 하나나 둘을 뒤섞어 자기 진정서로 만들었다. 이렇게 단계적으로 추리고 모아서 전국신분회 의원이 베르사유로 가져갈 최종적인 진정서를 만들었는데 그 수는 모두 615개였으며 그중에서 523개가 남아 있다. 제3신분의 진정서는 대체로 모범 진정서를 참고했으며 부르주아 계층의 이해관계를 반영했다. 귀족과 성직자의 진정서는 직접 작성한 것이었고 아주 일부는 사제나 교회공동체가 작성한 것이었다.

모든 신분의 진정서는 하나같이 왕이 전국신분회를 소집해주어 고맙다고 강조했다. 그리고 믿음직스러운 '아버지' 왕이 생활조건을 모두 바꿔주기를 바랐다. 그러면서도 왕권을 제한하고 싶어했다. 그리고 사법제도를 간소

---

* 『앙시앵 레짐과 프랑스혁명』, 이용재 옮김, 박영률출판사, 2006 참조.

화하고 조세제도를 완전히 개혁해달라고 호소했다. 헌법을 제정하고 국민의 대표를 뽑아 세금을 신설하는 데 동의하고 법률을 만들며 대표를 뽑아 지방 신분회를 구성해 지방행정을 맡기자고 제안했다. 진정서는 사회적 차원에서 더욱 다양한 목소리를 담았다. 시골 마을의 진정서는 그 지방 영주나 다른 권력자와 빚는 갈등의 내력을 보여주었다. 영주권이나 그때까지 남아 있던 봉건적 권리를 완전히 폐지해달라고 요청하는 진정서는 드물었지만 한두 가지를 집중적으로 비판하는 경우는 많았다. 영주의 시설물 독점권, 사냥의 권리, 비둘기 사육권은 공공의 적이었다. 이처럼 봉건적 잔재 가운데 하나나 둘을 공격하면서 또 한편 귀족의 우월한 지위를 보여주는 표시도 없애기를 바랐다. 종교적 차원에서는 수도성직자와 고위직 성직자를 비판하고 십일조도 비판했다. 그러나 십일조의 원칙을 공격하기보다 너무 과중한 부담을 줄여달라고 했다.

종교인의 진정서는 하위직 성직자의 목소리를 많이 반영해 생계비를 지급받는 교구 사제들의 생활을 개선해주기를 바랐다. 십일조를 걷는 종교인이나 성직록을 받는 종교인이 많게는 수십만 리브르를 받는 것과 달리 생계비를 받는 사제는 1년에 750리브르를 받았다. 하루 1리브르를 받는 평민 노동자가 1년에 겨우 300리브르로 한 식구의 의식주를 해결했던 것과 비교할 때 혼자서 750리브르를 받는다면 월등히 나은 조건이었지만 그들 나름대로 자기 처지를 못마땅히 여겼던 것이다. 귀족도 제3신분처럼 절대왕권을 제한하고 싶어했고 헌법을 요구했으며 지방의회의 손에 행정을 맡기기를 원했다. 귀족의 진정서에는 자유를 옹호하는 태도가 나타나긴 해도 평등, 특히 조세의 평등에는 완전히 동의하지 않았다. 귀족은 평민처럼 도로부역, 민병대, 군인숙박의 의무를 지지 않으려고 했다. 그리고 귀족의 표시와 상징을 그대로 유지하기를 바랐다.

　전국신분회 대표 선거 결과 종교인은 291명을 뽑았는데 그중 개혁을 바라는 하위직 종교인이 200명 이상이었다. 개혁을 바라지 않는 고위직 종교인으로는 엑스의 주교 부아즐랭Monseigneur Boisgelin, 보르도의 대주교 샹피옹 드 시세Champion de Cicé, 오툉의 주교 탈레랑 페리고르Talleyrand-Périgord, 원장신부 모리abbé Maury, 원장신부 몽테스키우abbé de Montesquiou가 있었다. 그러나 그레구아르 신부abbé Grégoire는 개혁파로서 이름을 떨쳤다. 그는 재단사의 아들로서 낭시의 예수교 중등학교를 다니고 그곳 선생이 되었다가 앙베르메닐의 사제가 되었다. 그는 『유대인의 육체적·도덕적 갱생론Essai sur la régénération physique et morale des Juifs』이라는 저작으로 1788년 메스 아카데미의 상을 받으면서 이름을 날렸고 이듬해 낭시 바이아주의 종교인 대표로 뽑혔다. 그는 전국신분회에서 하위직 성직자들을 제3신분 대표와 연결하는 역할을 맡았고 제헌의회에서 민주파 의원으로서 자연권을 옹호하는 데 한몫했다.

　귀족 대표 270명은 대체로 특권을 유지하려는 성향을 보여주었다. 그러나 대영주 가운데 자유주의 사상에 물든 사람도 있었다. 그들은 계몽주의를 보호하거나 따르며 아메리카 독립전쟁에 자발적으로 참여하기도 했으며, 제3신분과 공통의 명분을 지키려고 노력했다. 두 대륙의 영웅 라파예트는 리옴Riom에서 겨우 대표가 된 뒤 혁명 초기 국민방위군 사령관으로 활약했고, 노아유 백작의 아들인 노아유 자작vicomte de Noailles은 8월 4일부터 11일 사이 봉건적 권리를 폐지하는 데 앞장섰으며, 클레르몽 토네르 백작comte de Clermont-Tonnerre은 루소와 백과사전파의 친구였고 시에예스와 활약하면서 영국식 입헌군주제를 지지했다. 그는 모Meaux의 귀족 진정서를 작성하고 파리 귀족의 대표로 뽑혔다. 라 로슈푸코 공작은 베르사유 궁부의 의상담당대신으로서 7월 14일 밤 루이 16세에게 바스티유 정복 소식을 전하면서 '혁명'이 일어났다고 말한 사람이다. 그는 클레르몽 앙 보베지 바이아주의 귀족 대표로 뽑혀 전국신분회로 가서 새로운 사상과 군주정을 조화시키려고 노력했다. 에기용 공작은 아장Agen 세네쇼세의 귀족 대표로 뽑힌 뒤 8월 4일 밤 노아유 자작이 개인적인 예속상태를 아무런 대가 없이 폐지하자고 제안하자 연단으로 올라가 봉건적 권리를 아주 헐값에 상환하자고 제안했다. 왕 다음으로 부자였던 그는 부자들의 권리를 거의 전부 헐값에 포기하자고 제안해 왕정주의자들의 적대감을 불러일으켰다.

제3신분 대표는 578명으로 선거유세 기간에 아주 중요한 역할을 맡은 변호사 출신이 거의 200명이나 뽑혔다. 1788년에 지방신분회를 열었던 그르노블에서는 무니에와 바르나브, 샤르트르에서는 페티옹Pétion, 렌에서는 르 샤플리에Le Chapelier, 아라스에서는 로베스피에르를 대표로 뽑았다. 상인, 은행가, 생산업자는 거의 100명이었고 농촌의 대표 가운데 50여 명은 부유한 지주였다. 도시의 장인은 한 명도 대표가 되지 못했다.

진짜 경작인, 다시 말해 농부는 단 한 사람만 대표로 뽑혔다. 그는 4월 13일에 렌에서 뽑힌 미셸 제라르Michel Gérard라는 농민이었다. 그는 비교적 안락하게 살았고 교육도 받았으며 렌의 농학회에 드나들면서 농민의 처지를 개선하려는 의식을 길렀다. 프랑스 혁명기의 화가이며 국민공회 의원이던 다비드가 1791년에 그린 〈죄드폼의 맹세Le serment du Jeu de Paume〉(베르사유 궁 소장)에서 오른편 의자에 올라선 크랑세Edmond Dubois Crancé의 바로 앞에 가발을 쓰지 않고 두 손을 모은 채 서 있는 제라르의 모습을 볼 수 있다. 그의 뒤에는 미라보와 로베스피에르가 서 있다. 왕 앞에 전국신분회 의원들이 앉아 있는 그림에서도 제3신분 속에서 대머리를 드러낸 채 두 손을 모으고 앉아 있는 그의 모습을 쉽게 찾을 수 있다(2권 도판 참조). 1789년 5월 2일, 제라르는 예복을 갖춰 입지 못한 채 베르사유 궁에 들어갔는데 루이 16세가 그를 보고 다정하게 인사를 건넸다. 그 뒤 '제라르 영감père Gérard'의 모습은 뭇사람의 시선을 끌었고 아주 유명해졌다.

제3신분 대표 중에는 천문학자 바이이Bailly, 저술가 볼네Volney, 중농주의 경제학자 뒤퐁 드 느무르, 그리고 님의 대표로는 신교도 목사 라보 생테티엔Rabaut Saint-Étienne도 뽑혔다. 끝으로 제1신분과 제2신분을 버리거나 거기서 버림받은 사람들이 제3신분 대표로 나서기도 했다. 미라보 백작은 엑스와 마르세유의 대표로, 시에예스 신부는 파리의 대표로 전국신분회로 나아갔고 혁명 초기에 개혁을 바라는 모든 이의 눈길을 사로잡았다.

퓌레는 전국신분회 대표를 뽑는 선거는 앙시앵레짐의 끝인 동시에 혁명의 시작이었다고 말한다. 물론 앙시앵레짐과 혁명을 분리하는 문턱을 정확히 어느 시점이라고 말하기는 어렵다. 그럼에도 우리는 전국신분회 대표를 뽑는 유세 기간에 프랑스인들이 갑자기 정치화하는 모습을 볼 수 있다. 왕국의 모든 곳에서 오랫동안 의식의 밑바닥에 가라앉았던, 때로는 거의 무의식에 가까울 만큼 잊고 지냈던 불만을 구체적인 언어로 되살려내면서 프랑스인은 자유와 평등을 어느 정도 회복할 수 있으리라고 희망했다. 여러 가지 상황이 맞물려 있을 때 전국신분회 대표 선거를 치렀기 때문에 모든 사람이 처음 겪으면서도 온갖 희망을 걸 수 있었다. 정부의 재정상태가 바닥을 치고 임시방편도 없는 상태에서 굶주리는 민중이 들고일어나는데 명사들과 고등법원은 왕을 도와주기는커녕 힘을 합쳐 왕의 권한을 제한하려고 노력했기 때문에 왕은 전국신분회를 소집하라는 여론에 따를 수밖에 없었다. 더욱이

1788년부터 1789년의 겨울은 혹독히 추웠다. 천재와 인재가 겹치는 때 전국 신분회 선거가 모든 프랑스인을 정치화시켰고 그때부터 앙시앵레짐의 정치·사회·경제·문화적 체제는 걷잡을 수 없이 완전히 새로운 방향으로 굴러가기 시작했다.

10
레베이용 벽지공장
노동자 폭동

1788년 봄에는 홍수가 났고 파리에서는 5월 4, 5, 6, 9일에 계속 폭동이 일어났다. 파리 중앙시장의 생선장수 아낙들과 일자리를 잃은 노동자뿐만 아니라 법원 서기, 사무원, 고등법원과 관련된 변호사까지 폭동에 참여했다. 한여름에는 가물다가 아기 주먹만한 우박이 떨어져 그나마 애써 가꾼 작물을 망쳐버렸다. 1788년 겨울에는 눈이 두 달이나 계속 내렸다. 병에 담은 포도주가 얼고 시계추도 얼어서 움직이지 않을 만큼 추웠다. 사람이 죽어도 땅을 파서 묻지 못했다. 남프랑스에서는 과실나무와 포도나무가 얼었다. 보르도 같은 곳에서는 공공광장에 불을 피워 가난한 사람들이 얼어 죽지 않게 보살폈다. 강의 얼음을 깨고 물길을 만들어 석탄을 수송해야 했다. 1789년 1월 11일, 네케르는 곡식이 부족하다는 사실을 깨닫고 외국에서 14만 톤 이상 사들였다. 그러나 그것은 근본적인 해결책이라 하기 어려웠다. 빵값이 치솟고 가난한 사람들은 더욱 살기 어려워졌다. 정치화한 노동자들, 이미 여러 번 시위와 폭동에 참여하거나 겪은 노동자들은 조그만 소문에도 민감하게 반응했다.

4월 28일에 파리의 동쪽 바스티유 근처 포부르 생탕투안에서는 혹독한 겨울을 굶주리면서 견뎌나던 노동자들이 며칠 전부터 나돌던 소문에 흥분해 떼를 지어 레베이용Réveillon의 공장으로 몰려갔다. 레베이용은 장사꾼으로 돈을 번 뒤 벽지공장을 세워 노동자 400명을 고용할 정도로 성공했다. 벽지공장을 더 잘 운영하려면 종이를 공급하는 일이 중요했으므로 그는 종이공장까지 인수했다. 노동자를 심하게 다루면서도 겉으로는 인자하다는 평을 들었다. 그는 4월 23일에 생트 마르그리트 구역의 전국신분회 선거모임에서 노동자 임금이 하루 15수면 충분하다고 주장했다는 혐의를 받았다. 이 소문에 격분한 노동자들이 그의 공장으로 몰려갔다. 그들은 레베이용의 허수아비를 들고 다니다가 모욕하고 그레브 광장에서 불태웠다.

노동자들은 왜 이렇게 격분했을까? 그들은 전반적으로 국가를 번영시키는 데 한몫하면서도 부를 제대로 분배하지 못하는 제도의 희생자였으며 대대로 굶주림의 공포에 시달리면서 살았다. 숙련노동자가 하루 40수(2리브르)를 벌고, 방직공이 하루 20수를 벌고, 노동자 하루 평균임금이 15수이던 시대에 평상시 빵값은 약 반 킬로그램에 2수였다. 에르네 라브루스Ernest Labrousse는 18세기 초(1726~1741)부터 혁명 전(1785~1789)까지 노동자의 구매력이 11퍼센트나 떨어졌다고 밝혔다. 이 같은 상황에서 배부른 공장주가 굶주림과 혹독한 추위를 견디며 오직 전국신분회에 희망을 걸고 있는 노동자들을 멸시하는 말을 했으니 노동자들의 분노가 얼마나 컸겠는가?

이 소요사태에 대해 영국 대사관은 본국에 상세히 보고했다. 외국인이 보고 들은 내용으로 당시 파리 민중의 소요사태를 살피는 것도 재미있다.

(1789년 4월 30일) 며칠 전부터 파리에는 심각한 폭동이 일어났다. 월요

일 저녁 6시쯤 벽지공장의 노동자들이 모여 레베이용의 허수아비를 태우려 했다. 그들은 레베이용에게 빵값이 올랐으니 임금을 올려달라고 했지만 레베이용이 선거모임에서 노동자는 하루 15수면 충분히 살 수 있다고 말했다는 소문을 들었기 때문이다. 그러나 프랑스 근위대와 스위스 근위대가 나타나 그들을 해산시켰기 때문에 그들은 물질적 손해를 입히지 않고 해산했다.

이튿날 아침, 폭도가 훨씬 더 많이 모였다. 그들은 몽둥이를 들고 포부르 생탕투안 거리를 몰려다니면서 앞길을 막는 사람을 위협했다. 그날은 마침 뱅센 숲에서 경마가 있었기 때문에 신분이 높은 사람들이 눈에 띄었다. 노동자들은 길을 막고 그들이 제3신분의 편이라고 분명히 말해야 보내주었다.

당국은 군대를 배치했고 2시경 군중을 향해 총을 쏘라고 명령했다. 이렇게 해서 사상자가 생겼다. 그러나 민중은 초석 제조인 앙리오의 집으로 쳐들어갔다. 앙리오는 레베이용의 친구이자 이웃이다. 민중은 앙리오의 집에서 닥치는 대로 물건을 꺼내 대문 앞에 쌓아놓고 불을 질렀다. 군인들은 이 일에 참여한 사람들을 죽이거나 잡아갔다. 다행히 지붕으로 도망친 사람들은 기왓장을 벗겨 군인들에게 던졌다. 군인들도 여럿 다쳤다.

사방에서 군인들이 계속해서 더 많이 도착했다. 기병대와 보병대는 저녁 6시부터 밤 10시까지 군중에게 총을 쏴댔다. 이렇게 해서 간신히 그들을 해산시키고 평온을 되찾았다. 군인이 폭도를 300~400명이나 죽였다는 소문이 나돌았다. 폭도 12명이 잡히고, 그중 2명은 어젯저녁 처형되었다. 그들을 구하려는 사람은 아무도 없었다.

파리 인근의 군부대에 파리 근처로 모이라고 명령하고 파리에 부대를 더 많이 배치했다. 그동안 소요사태의 중심지는 포부르 생탕투안으로 한정되었으나 부랑자들이 일부 포부르 생제르맹으로 빠져나가 행진했고 마차를 세워 통행세를 받으면서 빵값이 하도 비싸 어쩔 수 없다고 말했다. 이 부랑자들은 포부르 생탕투안의 노동자들과 아무런 관계가 없는 사람들이었으며 더는 지나친 행동을 하지는 않았다.

레베이용 벽지공장 노동자 폭동은 1789년 혹독한 겨울을 나면서 실업자가 8만 명으로 늘어나고 레베이용이나 앙리오 같은 공장주들은 노동자의 임금을 깎으려고 하는 상황에서 일어난 일종의 노사분규였다. 이 사건으로 몇 명이 죽고 다쳤는지 정확히 알기란 어렵다. 사람마다 달리 증언하기 때문이다. 귀족 의원인 실르리 후작은 600명이 죽었다고 말하고 서적상 아르디는 900명이 죽었다고 말한다. 샤틀레 재판소 검사들은 공식적으로 희생자를 축소하려는 의도를 보여주는지 겨우 25명이 죽고 22명이 다쳤다고 썼다. 전국신분회 대표가 5월 1일에 베르사유로 모이고 5월 5일에 회의를 시작하기까지 겨우 며칠을 남기고 일어난 이 사건에 겁을 먹은 레베이용은 자발적으로 바스티유 감옥으로 들어가 목숨을 구했다. 그는 앙시앵레짐 시대 마지막으로 바스티유 감옥에 갇힌 사람이 되었다. 그는 바스티유에서 한 달간 살면서 자기 집을 공격하도록 만든 사람은 어떤 성직자라고 고발했다. 그러나 놀라운 일은 폭도가 자기 집으로 쳐들어가 닥치는 대로 물건을 부술지언정 아무것도 훔쳐가지는 않았다고 확인했다.

정부가 폭도로 규정한 사람들은 자신의 행동을 어떻게 평가했던가? 그들은 함께 싸우다 죽거나 다친 사람들을 가리켜 '조국의 수호자Défenseurs de la patrie'라 불렀다. 본격적으로 국민주권을 되찾는 투쟁이 시작되기 전, 전국신분회를 소집한다는 왕령이 나올 때부터 애국파가 형성되기 시작했는데 레베이용 벽지공장을 공격한 사람들도 조국을 지키려고 봉기했다고 자기네 행동을 정당화했던 것이다. 민중은 혁명이 일어나기 전에 이미 언어를 급진화하고 거기에 새로운 의미를 주어 쓰기 시작했다. 의견을 자유롭게 말하기 시작하면 행동도 자유로워지게 마련이다. 이제 전국신분회가 열리면서 급격한 변화가 시작되는 과정을 2권에서 본격적으로 살펴보자.

1789년 5월 5일 전국신분회 개최(모네 그림, 엘망 판화, BNF 소장).

베르사유의 제헌의회 활동.

제헌의회에 모인 의원들이 자신이 누리던 특권을 모두 내려놓자고 제안한 사람에게 박수로 화답한 뒤
각자 특권을 포기한다. 단 몇 시간 안에 앙시앵레짐의 건물이 무너지고 오직 환호성만 들린다.
그러나 몇몇 의원들은 겁을 먹고 의회에서 자리를 뜬다.

마리 드 메디시스의 대관식(루벤스 그림).

루이 16세의 축성식.

왕들의 축성식과 대관식이 거행되던 랭스 대성당.

1789년 7월 14일의 바스티유 정복(장 피에르 우엘 그림, BNF 소장).

루이 16세의 축성식과 대관식

절대왕정 시대는 연극처럼 흘러갔고 과시적인 요소를 강조했다. 특히 왕의 신성성을 강조하는 의식이 발달했다. 왕은 교회의 맏아들이었기 때문에 신성한 몸을 가졌다. 그는 대관식을 하기 전 축성식으로 거룩한 존재가 되었다. 그러므로 축성식과 대관식을 거행하지 않고 왕이 되지 못한다는 법은 없었지만 그 식을 언젠가 반드시 치러야 했다. 루이 16세는 1775년 밀가루 전쟁이 끝난 뒤 축성식을 치렀다. 밀가루 전쟁이 끝났기 때문에 그 식을 거행했던 것이 아니라 이미 날을 잡아놓은 상태에서 밀가루 전쟁이 일어났던 것이다. 그날은 1775년 6월 11일, 오순절이 끝나고 맞은 첫 일요일로 성 삼위일체 주일이다. 『백과사전』에서 올바로 지적했듯이 왕은 출생과 계승권으로 권좌에 오를 뿐이지만 이 경건한 예식을 대중에게 보여주는 이유는 교육에 있었다. 왕은 하느님의 기름을 몸에 발라 신성한 존재가 되었으므로 그 어떤 위해도 가해서는 안 된다는 사실을 가르쳐주려는 것이 그 교육의 목적이었다. 그러므로 진보적인 사상가는 축성식이나 대관식이 과연 필요한지 물었다. 튀르고가 임명한 콩도르세도 "쓸데없이 막대한 지출을 할" 필요가 있느냐고 물었다.

튀르고도 축성식의 실효성을 의심했지만 자리가 자리인지라 자기를 중용한 루이 16세를 위해 식을 치르는 방향으로 준비를 하면서 식만 끝나면 어떻게든 개혁을 단행해 지출을 줄이고 재정적자를 막으려는 계획을 세워놓고 있었다. 1770년 왕세자의 결혼식을 준비했던 파피용 드 라 페르테가 또다시 대관식을 준비하느라 바빴다. 그는 사람을 시켜 축성식의 무대가 될 랭스 대성당을 자로 재도록 했다. 밑그림을 그리려면 정확한 치수를 알아야 했기 때문이다. 1775년 12월 대관식 예산을 76만 리브르로 추산했다(오늘날 우리 돈으로 110억 원 이상).

14세기 이후 축성식을 하지 않아도 왕이 되는 데는 별문제가 없었다. 사실 루이 16세도 왕이 된 지 1년이 지난 뒤에 축성식을 하려고 랭스에 가지 않았던가? 그럼에도 사람들은 축성식을 거행하지 않으면 완전한 왕이 되지 못한다고 생각했다. 그 의식은 쓸모 있고 필요한 장치였다. 왕을 신성한 존재로 만들어주고 절대주의의 상징을 모든 사람에게 각인시켜주는 행사라는 점을 빼고서도 그것은 왕국의 통합에도 이바지했다.

모든 것이 연극처럼 반복되는 일상에서 평생 한 번 볼까 말까 한 왕이 장거리 여행을 하면서 펼치는 위엄 있고 장엄하고 화려하고 풍요로운 광경은 농민과 도시민으로 하여금 잠시나마 고단한 일상을 잊게 해주고 감동까지 안겨주기에 충분했다. 딱히 팔 것이나 살 것이 없는 농민도 장날이 되면 근처의 장으로 가서 사람들 사이를 돌아다니며 하루를 보내던 시절, 왕의 행차를 구경한다는 것 자체가 얼마나 축복받은 일이었겠는가? 이제부터 축성식과 대관식을 준비하고 치르는 과정을 당시 사료를 가지고 재구성해본다.

독자에 따라서는 이쯤에서 심호흡이 한번 필요할 수도 있겠다. 특히 가톨릭 문화에 친숙하지 않은 독자일수록 다음에 이어지는 축성식 과정이 꽤나 지루하게 여겨질 법하다. 성당에서 치르는 결혼식에 한 번이라도 가본 사람은 잘 알리라. 마냥 이어지는 기도와 끝없이 일어났다 앉았다를 반복해야 하는 결혼식 과정의 괴로움을. 그러나 당시의 축성식은 현대의 성당 결혼식에 비할 바가 아니다. 굳이 이 긴 과정을 소개하는 까닭은 이 과정이 역사적으로 얼마나 중요한지, 당시 사람들이 어떤 마음으로 이 의식을 거행했는지 한번 자세히 들여다볼 필요가 있다고 보기 때문이다.

축성식이 제아무리 진을 빼는 일이라 해도 저 하늘에 뜬 해만큼 영원할 수는 없었다. 하지를 열흘 정도 앞둔 6월 11일, 해가 뜰 때 시작해 해가 지기 전에 끝났다. 그 중요했던 하루의 긴 과정을 따라가보자.

축성식 준비

왕은 축성식과 대관식 날짜를 결정한 뒤 랭스의 대주교 공작 앞으로 그 사실을 알린다. 그리고 같은 내용의 편지를 랭스 시장에게도 보낸다. 랭스 시장과 주민이 왕의 입성식과 환영식을 준비하도록 하려는 뜻이다. 이때부터 랭스 시 전체가 축성식을 빛낼 무대로 변한다. 사람들은 거리를 장식하고 성문을 장엄하게 장식한다. 축성식과 대관식에 맞는 표장과 명구를 다양하게 이용한다. 특히 왕을 영접할 장소, 왕이 연설할 장소를 더욱 화려하고 위엄 있고 장엄하게 꾸민다.

대성당 안에는 옥좌와 함께 수많은 수행원과 사절이 앉을 의자도 마련한다. 대귀족, 대사, 추기경, 고위성직자, 대신, 고위관직이 서열대로 앉는다. 왕이 묵을 주교청에는 가장 아름다운 가구를 설치한다. 그리고 파리 북쪽 생드니 교회에서 보관하던 왕실의 보물도 랭스로 옮긴다. 왕의 근위대, 호송대, 의상담당관, 시종, 식사관은 모두 자기 직책에 맞는 명령을 잘 받들어 베르사유에서 출발해 랭스에 며칠 동안 머물다가 되돌아갈 때까지 안전, 편안함, 화려함, 풍요로움을 과시하는 일을 소홀히 해서는 안 된다.

랭스 대성당 장식과 자리 배치

축성식의 주무대가 될 대성당은 화려하게 꾸민다. 성가대석Choeur, 중앙 복도와 양쪽 복도에 왕을 상징하는 호화로운 장식융단을 걸고 제단으로 올라가는 층계와 중심부 바닥에는 터키산 양탄자를 깐다. 대제단에는 축성식 전날 밤에 찬란한 장식품을 단다. 제단 위에는 황금으로 만든 커다란 예배당을 놓고 루이 14세와 루이 15세가 각각 선사한 성유물을 두 개 놓는다. 제단 앞에는 랭스 대주교가 앉을 의자를 놓고 황금실로 백합꽃을 뿌린 듯이 수놓은 보라색 빌로드를 덮는다. 다른 종교인들이 앉을 긴 의자나 등받이가 없는 자리도 똑같은 천을 씌운다.

대주교의 자리에서 여덟 자 떨어진 곳에 사방 여덟 자의 단을 바닥에서 한 자 정도 띄워 설치하고 거기에도 역시 백합꽃을 화려하게 수놓은 보라색 빌로드를 덮는다. 단 위에 기도대를 설치해 장식융단을 덮고 안락의자에는 방석 두 개를 깔아놓고 그 위에 왕을 위해 큰 닫집을 설치한 뒤 똑같은 천으로 덮는다. 한가운데, 그러니까 축성식을 집전하는 대주교의 자리와 기도대 사이에는 긴 방석을 깔아 왕이 랭스 대주교와 함께 무릎을 꿇고 연도를 들을 수 있도록 한다.

왕의 의자 뒤 다섯 자 떨어진 곳에는 프랑스 대원수의 자리를 놓고 그보다 세 자 뒤에는 대법관의 자리를 놓는다. 대법관이 없는 경우에는 국새경이 거기 앉는다. 그 뒤에는 시종장의 의자를 놓는다. 종교인과 함께 각부 대신, 국무비서, 고등법원의 주요 법관도 긴 의자에 걸터앉는다. 그들과 같은 쪽에 바닥에서 열두 자 높이에 기도실 형태로 연단을 만들어 왕비의 자리를 준비한다. 왕비를 따라다니는 왕족 여성이나 시녀들의 자리도 그 곁에 단을 만들어서 마련한다.

그들의 맞은편, 그러니까 제단의 왼편에는 바닥에서 높이 반 자 정도의 발판을 설치한 뒤 가장 중요한 대귀족으로 부르고뉴 공의 자리를 마련한다. 거기에 잇달아 속인 대귀족의 긴 의자를 놓고 그 뒤에 원수급 인물과 대영주들의 자리를 마련한다. 그 뒤에는 국무비서, 더욱 뒤에는 궁부의 관리들을 앉힌다. 그리고 기둥 사이에는 바닥에서 열두 자 높이에 단을 만들어 교황청 특사, 각국 대사, 외국의 사절을 앉힌다.

이러한 공간배치만 봐도 왕을 정점으로 한 앙시앵레짐 사회가 보인다. 종교적으로 기독교를 국교로 삼고 왕의 뿌리가 법보다는 칼에 있었음을 서열화했다. 먼 옛날 왕은 정복자의 우두머리였으니 무관 출신을 가장 가까이 거느리는 것이 당연했다. 문관은 국가가 점점 복잡하게 발달하면서 지위를 굳혔기 때문에 서열이 대원수의 뒤였던 것이다.

제단을 설치한 무대의 중심에 왕이 교회를 대표하는 대주교를 마주 보면서 조금 더 높은 곳에 자리를 잡는다. 제단의 오른편에는 대귀족 종교인이 앉고 그들의 긴 의자 뒤에는 추기경이 줄지어 앉는 긴 의자를 놓는다. 왕처럼 등받이와 팔걸이를 갖춘 안락의자는 단 두 개뿐이고 등받이와 팔걸이가 없지만 개별 의자에 앉을 수 있는 사람은 겨우 몇 명, 나머지는 긴 의자에 단체로 앉아야 한다. 설교단의 높은 곳은 대성당 참사회원의 자리지만 오른쪽의 첫 네 자리는 공물을 바칠 기사 네 명의 자리로, 또 왼쪽의 첫 네 자리는 성유병la sainte Ampoule을 모실 신하 네 명의 자리로 각각 남겨둔다.

참사회원석의 한가운데 있는 입구의 한편에는 중앙홀로 올라가는 층계 두 개를 설치한다. 너비 여섯 자짜리로 같은 높이의 층계에는 양탄자를 깔고 그 위에 황금빛 천을 덮고 한가운데에는 백합꽃을 수놓은 보라색 빌로드를 덮는다. 그 밖에도 대제단의 앞뒤, 옥좌의 좌우, 중앙홀과 양쪽 복도, 참사회원석, 대제단의 뒤편까지 필요한 곳에는 단을 쌓아 자리를 만들고 장식한다. 음악대는 참사회원석의 왼쪽 아래에 배치한다. 축성식을 주관하는 랭스 대주교가 거느리는 추기경과 주교들의 장식품을 놓는 상도 빠짐없이 마련한다.

왕의 장신구

성 루이Saint Louis(루이 9세, 1214~1270)는 모든 장신구를 궁정에 보관하던 전통을 깼다. 그는 성인으로 추대받을 정도로 믿음이 깊었기 때문에 드니 성인Saint Denis과 그 밖의 프랑스 수호성인들을 존경하는 마음으로 왕실의 보물을 생드니 수도원에 맡겼다. 드니 성인은 3세기 파리 주교였다. 그는 250년경 로마제국이 한창 기독교를 박해할 때 칼로 머리를 잘려 순교했다. 그가 순교한 언덕은 그 뒤 '순교자의 언덕(몽마르트르)'이 되었다. 『황금전기Legenda Aurea』는 그가 일어나 잘린 머리를 옆에 끼고 북쪽으로 약 6킬로미터를 가서 머리를 로마 귀족 여성에게 맡긴 뒤 벌판에 쓰러졌다고 전한다. 사람들은 그곳에 수도원을 세우고 그를 기려 생드니 수도원이라 했다. 파리 노트르담 대성당 입구의 왼쪽 문가 돋을새김에서 자기 머리를 들고 있는 성인이 바로 그다. 그 뒤 왕들은 필요할 때마다 거기서 보물을 꺼내다 썼다. 전쟁이 일어나면 왕은 생드니 성당으로 가서 하느님과 조상에게 기도를 올리고 깃발을 꺼내 전장으로 갔다. 축성식과 대관식 때는 다른 보물을 가져갔다.

먼저 왕관이 제일 중요한 장신구였다. 순금으로 만든 관에는 큰 루비, 사파이어, 에메랄드를 여러 개 박았다. 이렇게 만든 왕관은 너무 무겁기 때문에 늘 쓸 수 없었고 단지 대관식을 거행할 때만 썼다. 금관과 금도금한 은관을 두 개 만들어두고 보통 미사를 올릴 때나 잔치 때에 썼다.

왕홀은 길이 여섯 자였다. 샤를마뉴가 사자 두 마리와 독수리 두 마리를 거느리고 옥좌에 앉은 모습을 돋을새김해놓았다. 그의 손에는 지구가 들려 있다. 이것은 그림으로 그를 표현하던 방식을 그대로 따랐다. 황금으로 만들고 동양의 진주를 박아 꾸몄다.

왕홀이 오른손에 드는 물건이라면 정의의 손la main de Justice(라틴어로 Virga virtutis atque aequitatis)은 왼손에 드는 물건으로서 1쿠데(팔꿈치에서 손끝까지 길이로 약 50센티미터) 정도의 황금막대기다. 끝에는 상아로 손을 조각해 붙였는데 엄지와 검지, 가운뎃손가락을 펴고 나머지 두 손가락을 접은 모양이다. 엄지는 왕, 검지는 이성, 가운뎃손가락은 자비심을 표현하고 나머지 두 손가락은 가톨릭교를 뜻했다. 곧게 편 세 손가락은 삼위일체를 뜻했다.

황금박차도 아름답게 만들었다. 하늘빛 유리를 박고 황금색 나리꽃과 석류석으로 장식했으며 사자머리 모양의 고리쇠를 갖추었다. 왕의 외투를 고정시키는 마름모꼴의 죔쇠는 황금으로 만들어 값진 보석으로 장식했다. 칼(에페)은 특별히 '성 베드로의 칼Epée de Saint Pierre'이라 했고, 주로 잔칫날에만 사용했기 때문에 '즐거운 칼Epée joyeuse'이라 부르기도 했다. 칼의 손잡이, 칼받이, 칼집의 윗부분은 모두 황금으로 만들어 값진 보석으로 장식했다. 칼집은 보라색 빌로드를 씌우고 진주를 박아 화려하게 만들었다.

끝으로 축성식에 적합한 기도문을 담은 기도서가 있었다. 표지는 은으로 만들어 도금한 뒤 값진 장식을 달았다. 이렇게 일곱 가지 보물(왕관, 칼, 왕홀, 정의의 손, 박차, 죔쇠, 기도서)은 교황 레오 3세가 800년 크리스마스에 샤를마뉴를 로마에서 축성하고 로마인의 황제로 인정해줄 때 선물한 것이라 한다. 이러한 보물은 그대로 사용했지만 장화나 샌들, 긴 겉옷(튜닉), 예복, 외투 같은 물건은 축성식 때마다 새로 장만했다. 그러나 될수록 옛 모양은 바꾸지 않았다.

랭스로 가는 길

왕은 축성식 전날(6월 10일) 랭스에 도착하도록 베르사유나 파리에서 6월 7일에 출발했다. 그는 왕비, 형제, 왕족, 대귀족과 함께 길을 떠났다. 근위대, 헌병대, 기마대, 총기병대가 행렬을 호위했다. 근위대가 왕이 탄 마차를 앞서 나가고 헌병대가 마차의 뒤를 따랐다. 그리고 수많은 호화마차에 왕실 가족, 왕족, 대신, 대귀족들이 나눠 타고 여행에 참가했다. 이 행사에 동원된 말은 모두 2만 필이었다. 왕이 베르사유나 파리에서 랭스까지 거치는 길은 그의 행차를 보려는 사람들로 붐볐다. 그들은 계속 환호하면서 왕의 앞길—랭스까지의 여행길뿐만 아니라 왕이 다스리는 왕국의 운명—을 하느님이 축복해주기를 진심으로 축원했다.

사실 왕을 직접 본다는 것 자체가 놀라운 효과를 가진 시대였다. 조금 과장해서 말한다면 반란을 일으킨 사람도 왕을 직접 만나면 다소곳해질 정도로 다른 마음을 먹을 수 없는 시대였다. 물론 왕이 그를 직접 만날 이유는 없었겠지만. 아무튼 길에서 왕의 행차를 직접 보거나 그 이야기를 들은 사람들은 왕의 축성식이 앞으로 가장 길고 가장 영광스러운 치세를 약속하는 시작이기를 바랐다.

왕은 첫날 밤 다마르탱까지 가서 잤다. 이곳은 오늘날 센에마른Seine-et-Marne의 모Meaux 근처에 있는 중세 백작령이다. 대귀족 몽모랑시 가문의 소유였다가 루이 13세가 1632년 앙리 드 몽모랑시의 반역죄를 물어 백작령의 작위를 빼앗고 콩데 가문에 준 영지다. 이곳에서 자고 난 왕은 다음 목적지인 비예르 코트레에 있는 오를레앙 공작의 성까지 가서 잤다.

셋째 날은 수아송으로 갔다. 보통 오후 세 시에 도착하면 일드프랑스의 군장관이 이 도시의 시장단을 대표해 왕을 맞이했다. 왕이 임명한 군장관이

시를 대표해 도시의 열쇠를 바친 뒤 도시의 행정관들이 서열을 좇아 환영사를 했다. 왕 일행은 수아송에서 동남쪽 방향을 잡아 랭스까지 가는 중간의 핌 Fismes에서 잤다. 핌은 랭스 주교구에 속한 샹파뉴의 작은 마을이었다. 이 마을은 방 200개짜리 여관으로 바뀌었다. 마리 앙투아네트는 왕보다 늦게 달밤에 도착했다. 이튿날 왕은 오후 2시경 랭스에 도착했다.

파리에서 서북쪽으로 129킬로미터 떨어진 곳까지 이렇게 나흘이나 걸렸다! 마르세유에서 파리까지 장군의 전령이 나흘 밤낮을 달려 도착하던 시대였으니 랭스까지는 반나절이면 갈 수 있는 거리였지만 이때는 굳이 빨리 움직일 필요는 없었다. 랭스까지 행차하는 과정이 '밀가루 전쟁'의 기억을 지우고 나라를 통합시키는 과정이었기 때문이다.

랭스에 도착하다

마침내 루이 16세는 1775년 6월 10일 랭스에 도착했다. 랭스에서 멀지 않은 곳에 먼저 도착해 진을 치고 있던 궁부 소속의 부대가 전투진용을 갖추고 왕이 도착하기를 기다리다가 그의 뒤를 따라 랭스 시로 들어갔다. 샹파뉴 군장관이 랭스 시 입구에 나와 있었다. 도시의 행정관들도 있었지만 군장관이 대표로 왕에게 열쇠를 바쳤다. 왕은 이제 예식의 순서를 좇아 입성식을 거행했다.

그곳까지 왕을 따라간 화승총 부대와 근위대의 경기병 부대가 맨 앞에 서고 왕의 마차, 대신들, 시종장, 궁부의 주요 관리, 시종이 탄 마차가 줄지어 따르고 근위대의 경기병 네 명이 진짜 왕이 탄 행진용 마차를 호위했다. 그 마차에는 왕과 함께 왕족이 탔다. 근위대장이 말을 타고 그 마차의 문을 지키며 따라가고 그의 뒤로 제복을 갖춰 입은 시종 스물네 명이 걸어서 따라갔다.

근위대의 파수대장이 줄곧 왕을 따라다녔고 지역 헌병대장, 정예기마대와 근위대 네 개 부대, 화승총 부대 두 개 부대, 경기병, 그리고 근위대 헌병들이 행렬을 지어 나갔다. 샹파뉴 군장관과 그 지방의 장군이 왕의 마차 근처를 지키면서 말을 몰았다. 의전책임자들도 자기 자리를 지키면서 의식을 지켜보았다.

왕이 개선문을 지나 포부르 드 벨faubourg de Vesle로 나아갔다. 그곳에는 프랑스와 스위스 합동근위대가 미리 기다리면서 축성식을 거행할 성당l'Eglise Métropolitaine 문까지 무기를 들고 울타리를 쳤다. 왕은 성당 문 앞에서 내렸다. 이 입성식을 거행하는 동안 계속 나팔을 불고 랭스 시의 모든 종을 치고 축포도 여러 방 쏘았다.

대성당 도착

랭스의 대주교 공작인 샤를 앙투안 드 라 로슈 에몽Charles Antoine de la Roche-Aymon이 성당참사회원, 수아송, 랑, 보베, 샬롱, 누아용, 아미엥, 상리스의 주교들과 대주교구 소속 주교들을 거느리고 대성당 문 앞에서 왕을 맞이했다. 그들은 모두 예복을 갖춰 입고 관을 썼다. 왕은 교회 문 앞에서 무릎을 꿇고 성당참사회원이 들고 있는 복음서에 입을 맞추었다. 랭스 대주교가 왕을 환영하는 연설을 하고 성가대장이 노래를 불렀다.

내 너희에게 사자를 보내 지켜주게 하리라.

너희가 내 말을 듣고 따른다면, 내 너희의 적들을 적으로 삼으리라.

너희를 괴롭히는 자들을 괴롭히리니, 내 사자가 너희 앞길을 인도하리니.

이스라엘 백성들아, 너희 내 목소리를 듣고, 다른 신을 섬기지 말지어다,

이방인의 신을 찬미하지 말지어다. 내 너희의 주이니

너희 내 말을 들으라.

그리고 모든 종교인이 순서대로 열을 지어 설교단으로 들어갔다. 왕은 주교들의 뒤를 따라 설교단 한가운데 닫집 아래 설치한 기도대로 갔다. 거기서 '테 데움Te Deum' 감사예배 노래를 음악대가 반주에 맞춰 부르는 소리를 들었다. 밖에서는 랭스 포병대의 축포소리가 들렸다. 노래하는 사이, 사람들은 랭스 교회에 보내는 왕의 선물을 들고 들어섰다. 시종장인 오몽 공작le duc d'Aumont이 그 선물을 왕의 손에 올리면 왕은 그것을 제단 위에 놓아 하느님께 바쳤다.

테 데움 감사예배가 끝난 뒤 대주교가 기도를 올리고 나서 축복했다. 왕은 곧 대주교청으로 가서 랭스의 모든 종교인의 인사를 받고 연장자의 환영사를 들었다. 랭스 시정부도 선물을 바치고 랭스 대학교는 총장의 이름으로 인사했다. 그 지역 법원과 징세구 재판소 법관들도 인사했다. 그들이 왕에게 가져다 바친 선물에는 그 지방에서 나는 포도주와 과일이 들어 있었다.

공주들(왕의 누이동생인 마담 클로틸드와 마담 엘리자베트)은 왕의 행렬에서 헤어져 랭스 시정부의 영접을 받고 예포소리를 들으면서 도시로 들어갔다. 왕비는 신분을 감춘 채 밤에 랭스에 도착해 벨 거리의 앙드리외의 집 창가에 자리를 잡고 왕이 지나가는 것을 보았다고 한다.

축성식 전날 밤

6월 10일 토요일 오후, 왕은 왕족과 궁정 식구를 모두 이끌고 대성당으

로 가서 저녁기도(만과)를 올렸다. 문간에서 랭스 대주교 공작이 의관을 갖추고 성당참사회와 함께 왕을 맞이했다. 수아송, 랑, 보베, 샬롱, 누아용, 아미엥, 상리스의 주교들과 대주교구 소속 주교들이 모두 참여했다. 그는 낮에 거기 처음 도착했을 때처럼 설교단 한가운데 닫집 아래 설치한 기도대로 가고 왕족과 대귀족이 그의 양편에 자리 잡았다. 고위관리들은 왕의 의자 뒤로 갔다. 궁중사제장이 기도대의 오른편, 축성식에 초대받은 추기경들이 왼편에 섰다. 이들은 모두 법복(하얀 로셰툼과 빨간 망토)을 갖춰 입었다.

궁중사제장 뒤에는 그 지역 보시분배 사제 두 명이 섰다. 대주교와 주교들도 축성식에 초대받아 제단의 오른쪽에 섰다. 제단의 왼편은 궁중의 대귀족들 차지였다. 랭스 대주교는 오른쪽 높은 곳에 설치한 성직자석 첫 자리로 가고 수아송, 보베, 누아용, 상리스 주교 넷이 그 곁에, 랑, 샬롱, 아미엥의 주교 셋은 왼쪽으로 갔다. 나머지 자리는 성당참사회원들이, 그리고 낮은 성직자석은 대성당의 대행 사제들이 차지했다.

이렇게 모두 자리를 잡으면 랭스 대주교가 저녁기도를 올렸다. 왕의 악대와 대성당의 악대가 반주했다. 기도를 올린 뒤 주교 한 사람이 축성식의 강론을 했다. 설교가 끝난 뒤 왕은 들어갈 때와 정반대의 절차를 지켜 대성당을 떠났다. 대주교청으로 돌아간 왕은 고해를 하고 마음을 추스렸다.

축성식 날 아침 | 왕을 찾으러 왔습니다

6월 11일 축성식 날은 아침부터 바빴다. 모든 종교인과 귀족이 제자리를 차지하고 무대에 올라가 자기가 맡은 역할을 준비했다. 그러나 주인공이 참석해야 그들의 존재 이유가 생겼다. 아침 6시에 참사회원들이 대성당으로 들어가 높은 성직자석을 메웠다. 그러나 첫 네 자리는 비워놓았다. 생드니 수도원장, 재무관, 선임 종교인들이 수도원에 보관된 보물창고에서 왕의 장신구를 가져오고 제단의 한편에 자리 잡은 뒤 왕의 대관식 때 장신구를 건넬 채비를 했다. 이제 첫 기도를 시작했다. 그동안 대주교 공작이 도착했다. 그는 제의실로 들어가 의관을 갖추었다.

성가대 선창자와 선창자 대리가 저마다 은제 막대기를 들고 제단으로 갔다. 또 연도를 읊을 주교 네 명, 아미엥 주교와 부주교, 수아송 주교와 부주교가 모두 의관을 갖추고 제단으로 가면 그때 제의실에서 대주교 공작이 나와 참사회원 두 사람을 데리고 제단으로 갔다. 대주교는 제단에 예를 갖춘 뒤 설교단을 향해 자리에 앉았다. 왕의 기도대와 마주 보도록 그의 의자를 놓았다. 모든 주교가 서열을 따라 제단의 오른편에 차례로 앉았다. 프랑스 궁중사제장과 추기경, 대주교, 주교들이 차례로 앉았다. 왕실참사회원들, 고등법원 심리부 판사들이 종교인의 아래편에 자리 잡았다. 이들 뒤로 국무비서 여섯 명이 각자 수행원을 거느리고 앉았다.

의전담당관이 안내한 대귀족 종교인들은 제단 근처에 놓은 긴 의자에 앉았다. 긴 의자에는 금실로 백합꽃을 뿌린 듯 수놓은 보라색 빌로드를 덮어놓았다. 대귀족 종교인들은 랭스 대주교 공작을 빼고 랑 주교 공작, 랑그르 주교 공작, 보베 주교 백작, 샬롱 주교 백작, 누아용 주교 백작이었다. 프랑스 대원수 세 명이 대관식에 쓸 왕관, 왕홀, 정의의 손을 가지고 들어간 뒤 속인 왕족의 자리 뒤에 놓은 긴 의자에 앉았다.

국무비서 네 명은 대원수들의 자리 아래편에 따로 놓은 긴 의자에 앉았다. 그 밖의 원수들은 그 뒤에 앉았다. 대귀족들이 그들과 같은 줄에 앉았고, 주요 관리들도 한 무리를 지어 앉았다. 교황 특사와 각국 대사와 모든 사절은 각각 안내를 받아 지정석에 앉았다. 외국의 왕족, 대귀족도 그들과 같은 줄에 앉았다. 왕비와 공주, 시녀들은 제단 오른편에 단을 만든 곳으로 가서 앉았다. 그들은 주교청에서 그곳까지 이어진 통로를 이용해 자리로 갔다. 설교단의 두 기둥 사이에 특별히 설치한 층계식 자리에는 그 밖의 주요 인사들이 앉았다.

이제 7시. 대주교청에서 대귀족들이 도착했다. 그들은 의전담당관의 안내를 받아 자기 자리를 찾았다. 그들은 앉기 전에 제단에 예를 갖추었다. 모든 자리는 종교인 대귀족이 앉는 자리의 맞은편에 똑같이 꾸며놓았다. 그들은 금실로 수놓은 화려한 옷을 입었다. 황금 허리띠를 두르고 종아리까지 내려가는 옷 위에는 보라색 천으로 만들고 흰 담비털로 가장자리를 두른 화려한 공작 망토를 걸쳤다. 견장 또는 둥근 어깨걸이도 흰 담비털로 가장자리를 둘렀다. 그들은 모두 보라색 수자(사틴)로 만든 모자 위에 금테를 두른 공작의 모자를 썼다.

부르고뉴 공작이 으뜸가는 대귀족이었다. 그의 자리는 다른 대귀족의 자리보다 한 단 더 높게 설치했다. 나머지 대귀족의 서열은 노르망디 공작, 아키텐 공작, 툴루즈 백작, 플랑드르 백작, 샹파뉴 백작이었다. 공작과 백작은 각각 서열을 나타내는 모자를 썼다. 그들은 성령기사단Ordre du Saint-Esprit의 훈장목걸이를 달았다. 참고로 부르고뉴, 노르망디, 아키텐의 세 공작과 플랑드르, 샹파뉴, 툴루즈 세 백작의 영지 가운데 플랑드르 백작령만 빼고 모두 왕의 소유가 되었다. 그러므로 그 영지를 대표하는 공작과 백작은 사실상 대귀족 가운데 서열을 따져 그 역을 맡은 사람들이었다.

종교인 왕족이 여섯 명이었기 때문에 거기 걸맞은 속인 대귀족 여섯 명을 대역으로나마 참석시켜 균형을 맞추었던 것이다. 그날 부르고뉴 공작 역할은 왕의 큰 동생 프로방스 백작, 노르망디 공작 역할은 둘째 동생 아르투아 백작, 아키텐 공작 역할은 오를레앙 공, 툴루즈 백작 역할은 샤르트르 공작, 플랑드르 백작 역할은 콩데 공, 샹파뉴 백작 역할은 부르봉 공이 각각 맡았다.

이제 종교인과 속인 대귀족이 모두 자리를 잡은 뒤 그들은 랭스 대주교 공작에게 다가가 랑의 주교 공작, 보베의 주교 백작을 대표로 보내 왕을 모셔 오도록 합의했다. 이 두 사람은 목에 성인들의 유물을 걸고 랭스 대성당 참사 회원들을 데리고 열을 지어 대주교청으로 갔다. 악대도 그들을 따라갔다. 의전담당관, 성가대 선창자와 대리도 함께 갔다. 그들은 성당의 현관부터 대주교청까지 새로 만든 회랑을 따라서 갔다.

대주교청의 중앙홀을 지나 왕의 침실까지 가서 성가대 선창자가 막대기로 문을 두드렸다. 시종장이 문을 열지 않고 물었다.

"무슨 일로 오셨습니까?"

랑의 주교가 대답했다.

"왕을 찾으러 왔습니다."

"왕은 주무십니다."

이번에는 선창자가 막대기로 다시 문을 두드리고 주교가 또다시 왕을 찾으면 시종장은 똑같은 대답을 했다. 마지막으로 랑의 주교가 말했다.

"우리는 하느님이 우리에게 왕으로 보내주신 루이 16세를 찾으러 왔습니다."

그제야 문이 열리고 의전담당관이 랑의 주교와 보베의 주교를 왕에게 안내했다. 왕은 호화로운 침대에 누워 있었다. 그는 금테를 두른 진홍빛 긴 속옷을 입고 그 위에 은색 천으로 만든 긴 옷을 입었다. 머리에는 검은 빌로드로 만들어 다이아몬드 줄, 새 깃털 다발, 깃털 모양의 장식으로 꾸민 챙 없는 모자를 썼다. 랑의 주교는 왕에게 성수를 뿌리고 기도문을 외웠다.

기도합시다.

루이를 당신을 섬기는 왕으로 세워주신 전능하고 영원하신 하느님,

루이가 다스리는 동안 모든 백성을 행복하게 하도록 힘을 주시고,

정의와 진리의 길에서 벗어나지 않게 이끌어주소서.

우리 주 예수 그리스도의 이름으로 비옵나이다.

기도가 끝나면 주교 두 명이 왕을 침대에서 일으켜 세운 뒤 대성당으로 안내했다. 성가대는 〈내 너희에게 사자를 보내 지켜주게 하리라〉를 부르며 열을 지어 나아갔다.

왕이 교회로 가는 행렬은 더욱 장엄해졌다. 대주교청 경비대장이 경비대를 이끌고 종교인 앞에서 길을 열었다. 주교들 다음으로 스위스 근위대 100명이 예복을 차려입고 따라갔다. 근위대장은 은빛 옷을 입고 같은 천으로 만들고 수를 놓은 은빛 멜빵을 했다. 검은 망토의 가장자리는 은빛 천으로 두르고 레이스를 달았다. 견장은 단을 접어 올려 멋을 냈고 검은 빌로드로 만든 챙 없는 모자(토크)에는 깃털 다발을 만들어 장식했다. 오보에와 트럼펫과 북을 든 악대가 근위대를 따라갔다.

그 뒤로 흰 빌로드 옷을 입고 단을 접은 견장에 리본을 단 기수Hérauts d'armes 여섯 명이 흰 빌로드로 만든 챙 없는 모자를 쓰고 따라갔다. 그들은 몸에 꼭 끼는 웃옷 위에 망토를 걸쳤다. 게다가 소매가 짧은 외투는 보라색 빌로드로 만들어 프랑스의 문장을 새기고 손에는 뱀 모양의 지팡이를 들었다.

행사 총책임자와 의전담당관이 화려한 옷을 입고 성령기사단의 기사 네 명을 데리고 앞으로 나아갔다. 기사들은 제물을 들고 가는 임무를 맡았다. 프

랑스 대원수가 속인 왕족 옷을 입고 백작의 관을 쓰고 뒤를 따랐다. 그의 곁에는 왕실 문지기들이 흰 옷을 입고 금빛 나는 은제 권표를 들고 행진했다. 그들은 흰 사틴으로 만든 꽉 끼는 웃옷을 입었는데 소매는 여러 단을 갈라놓아 속이 보이도록 만들었다. 소매가 부푼 셔츠를 입고 흰 사틴으로 만들어 단을 접은 견장을 했다. 빛나는 잿빛 비단 양말에 흰 빌로드 신발을 신었다.

이들이 보이면 그 뒤에는 왕이 있다는 뜻이었다. 그는 오른편에 랑의 주교, 왼편에 보베의 주교를 거느렸다. 시종장Grand-Ecuyer de France(프랑스의 최고 방패잡이)이 뒤를 따랐는데 그는 축성식 동안 왕의 모자를 들고 있을 것이며 외투자락이 끌리지 않게 들어준다. 그의 뒤 오른편에는 스코틀랜드 근위병을 지휘하는 근위대장이, 왼편에는 랭스 지역 수비대장이 평상시의 옷을 입고 따라갔다. 왕을 호위하는 스코틀랜드 근위병 여섯 명은 흰 사틴 옷 위에 수를 놓은 외투를 입고 손에는 미늘창을 들었다.

프랑스 대법관은 진홍색 사틴으로 지은 긴 옷(수단soutane)에 진홍색 망토를 걸치고, 단을 접어 멋을 내고 흰 담비털로 가장자리를 두른 견장까지 달고서 왕의 뒤를 따라갔다. 그가 쓴 대법관 모자는 황금색 천으로 만들어 흰 담비털로 장식했다. 궁부대신은 손에 봉을 들고 오른편에 궁부시종장Grand-Chambellan de France과 왼편에 침전 수석궁내관Premier Gentilhomme de la Chambre을 거느리고 따라갔다. 이 세 사람은 모두 대귀족의 옷을 입고 머리에 백작의 관을 썼다. 그리고 근위대가 행렬의 마침표를 찍었다.

왕이 교회 문 앞에 도착하면 주교청 근위대의 소임이 끝나고 이제는 스위스 근위대가 이중 울타리를 치고 왕을 교회 안으로 안내할 차례였다. 종교인들이 교회 안에 들어서자마자 멈춰 서고 보베의 주교가 기도를 올렸다.

기도합시다.

오, 하느님, 당신의 종이며 당신의 백성의 왕으로 내리신 루이를 보살펴 주소서.

그리하여 그가 자기 백성을 구하고 보호할 수 있게 해주소서.

기도가 끝나면 곧 시편 21장을 노래했다.

여호와여, 왕이 주의 힘으로 말미암아 기뻐하며 주의 구원으로 말미암아 크게 즐거워하리이다

왕의 마음의 소원을 들어주셨으며 그의 입술의 요구를 거절하지 아니 하셨나이다

주의 아름다운 복으로 그를 영접하시고 순금 관을 그의 머리에 씌우셨나이다

왕이 생명을 구하매 주께서 그에게 영원한 생명을 주셨나이다

주의 구원이 그의 영광을 크게 하시고 존귀와 위엄을 그에게 입히시나이다

왕이 영원토록 지극한 복을 받게 하시며 주 앞에서 기쁘고 즐겁게 하시나이다

왕이 여호와를 의지하오니 지존하신 이의 인자함으로 흔들리지 아니하리이다

주의 손이 모든 원수를 찾아냄이여, 주의 오른손이 주를 미워하는 자들을 찾아내리로다

주가 노하실 때에 그들을 풀무불 같게 할 것이라, 여호와께서 진노하사

270

그들을 삼키시리니 불이 그들을 소멸시키리로다

왕이 그들의 후손을 땅에서 멸함이여, 그들의 자손을 사람 중에서 끊으
리로다

비록 그들이 왕을 해하려 하여 음모를 꾸몄으나 이루지 못하도다

왕이 그들로 돌아서게 함이여, 그들의 얼굴을 향하여 활시위를 당기리
로다

여호와여, 주의 능력으로 높임을 받으소서, 우리가 주의 권능을 노래하
고 찬송하게 하소서.

화음을 넣어 이 시편을 노래하는 동안 왕은 종교인들의 안내를 받아 설교
단으로 나아갔다. 곁에는 늘 랑과 보베의 주교들이 따라갔다. 왕은 제단 앞에
서 무릎을 꿇었고 랭스 대주교가 일어나 기도했다.

당신의 종 루이를 왕으로 보내주신 전능하신 하느님,

간절히 바라옵건대 그를 모든 적으로부터 보호하시고

교회의 평화라는 선물로 더욱 강하게 만들어주옵소서.

그에게 은총을 내리사 영원한 평화의 기쁨을 맛보게 하소서.

우리 주님의 이름으로 기도하옵나이다.

기도가 끝나면 왕은 두 주교의 안내를 받아 한가운데 마련된 의자에 앉
았다. 근위대장 두 명이 양쪽에 호위무사로 버티고 섰다. 왕을 호위해 들어간
스위스 근위대장도 자기 자리를 찾았다.

성유병

모든 사람이 자기 신분과 서열에 맞는 자리를 찾아가면 랭스 대주교가 왕에게 성수를 뿌린 뒤 거기 모인 모든 사람에게도 성수를 뿌렸다. 성가대가 〈오소서, 창조주여〉를 노래하면 참사회원들이 세 번째 기도(9시 기도)를 올렸다. 곧 교회 문에 성유병이 도착했다. 샤를마뉴 시대의 랭스 대주교 힝크마르는 클로비스가 세례를 받을 때 흰 비둘기가 하늘에서 성유병을 물어다주었다고 말했다. 바로 그 성유병을 랭스의 생레미 수도원에서 보관하다가 왕의 축성식 때 랭스 대성당으로 가져갔다.

성유병을 옮겨가는 의식도 장엄하고 거룩했다. 생레미 수도원장이 금빛 법복을 입고 왕의 마구간에서 내준 흰말을 타고 성유병을 교회로 가져갔다. 왕실 마구간 소속 마부 둘이 양쪽에서 고삐를 쥐고 그 말을 끌고 갔다. 말에도 화려한 옷을 입히고 장식을 달았다. 이른바 성유병 기사Chevaliers de la Sainte Ampoule 네 명이 흰 사틴 옷에 검은 비단 망토를 걸치고 흰 빌로드 스카프를 두르고 기사십자가를 검은 리본으로 묶어 목에 건 채 수도원장의 머리 위로 닫집을 받쳐 들고 행진했다. 그들 앞에는 수도원 소속의 모든 종교인이 행진했다. 닫집 네 귀퉁이에는 귀족 가운데 추첨으로 뽑아 왕이 특별히 임명한 네 명이 각자 방패잡이 시종을 앞세우고 발걸음을 맞추었다.

대성당 문 앞에 성유병이 왔다는 소식을 들은 대주교는 자신을 도와주는 종교인들과 함께 문까지 마중 나갔다. 대수도원장은 성유병을 대주교에게 건네기 전에 이렇게 말했다.

"예하, 나는 클로비스와 우리의 왕들을 축성할 때 쓰라고 하늘이 내리신 이 값진 보물을 당신의 손에 맡깁니다. 그러나 미리 부탁드리오니 루이 16세의 축성식이 끝나면 부디 옛 전통대로 내게 돌려주시기 바랍니다."

대주교는 거기에 적절한 대답을 하고 성유병을 받았다. 성가대가 이에 보답하는 송가를 불렀다.

오 값진 선물이여! 오 값진 보석이여!
프랑스 왕들을 축성하도록 하늘의 사자가 가져다준 보물이여.
나는 나의 종 다윗을 찾았노라.
나는 그를 성유로 축성했노라.

성가대가 노래를 부르는 동안 대주교는 참사회원들과 함께 식장으로 돌아가 성유병을 제단 위에 놓았다. 왕과 모든 사람이 충심으로 경배했다. 생레미 수도원장과 출납책임자가 예식이 거행되는 동안 제단의 오른쪽에 자리를 잡고 수도원장을 따라온 성유병 기사 네 명은 참사회원석에 앉았다.
성가대의 노래가 끝나면 대주교는 모자를 벗은 뒤 기도를 올렸다.

기도합시다.
주교 레미 성인에게 성유병을 보내주시어 프랑스 왕들을 축성케 하신 전능하고 영원하신 하느님, 오늘 당신의 종인 우리 왕으로 하여금 당신을 늘 섬기게 하옵시고 부디 늘 건강하게 보살펴주옵소서.

기도가 끝난 뒤 참사회원들이 정오의 기도를 시작했다. 이때 랭스 대주교는 제단 뒤로 가서 미사를 올릴 준비를 갖추고 참사회원 열두 명을 데리고 다시 나왔다. 부제 여섯 명은 각자 차부제와 짝을 이루어 나왔다. 대주교는 복사에게 십자가를 들려 앞세우고 참사회원 두 명을 데리고 나왔다. 대주교는 제단과 왕에게 예를 갖춘 뒤 제단 앞의 자기 의자에 앉고 주교 두 명이 그의 양쪽에 앉았다.

왕의 약속과 맹세

대주교가 왕에게 다가가 앞으로 그에게 복종할 프랑스의 모든 교회를 위해 정중히 부탁한다.

"전하께옵서 우리에게, 또 모든 교회에 종교법이 정한 특권과 권리와 사법적 권한을 유지하게 해주시고 왕이 주교와 교회를 보호하듯 우리도 보호해주시기 바랍니다."

이 부탁을 받은 왕은 그 자리에 관을 쓰고 앉은 채 대답했다.

"나는 여러분의 한 사람 한 사람에게, 또 여러분의 모든 교회에 종교법이 정한 특권과 권리와 사법적 권한을 유지하게 해주고 하느님의 도움을 받아 내 힘껏 여러분을 보호하고 지켜주겠소."

왕의 약속이 끝나면 랑 주교와 보베 주교가 왕을 의자에서 일으킨 뒤 전통에 따라 그곳에 모인 모든 사람에게 루이 16세를 왕으로 받아들일지 물었다. 모든 사람이 존경의 침묵으로 동의하면 랭스 대주교는 왕에게 왕국의 맹세를 시켰다. 왕은 자리에 앉아 관을 쓴 채 양손을 복음서 위에 얹고 라틴어로 크게 맹세를 했다.

나는 예수 그리스도의 이름으로 내 기독교 왕국의 백성에게 약속합니다.
기독교의 힘으로 언제나 하느님의 교회를 평화롭게 지켜주겠습니다.
그 어떤 종류의 약탈도 막고 불안하게 만들지 않겠습니다.
재판을 공정하고 자비롭게 하며 모든 관용과 자비의 근원이신 하느님이

나와 여러분에게도 관용과 자비를 베푸시도록 하겠습니다.

내 왕국의 모든 곳에서 교회가 이단으로 규정한 모든 것을 뿌리 뽑겠습니다.

내가 그렇게 할 수 있도록 하느님과 모든 성인이 도와주시길 바랍니다.

교회에 대한 맹세가 끝난 뒤 왕은 성령기사단의 우두머리로서, 또 성 루이 기사단의 우두머리로서 차례로 맹세한 뒤 마지막으로 결투를 금지하는 루이 14세의 왕령을 지키겠다는 맹세를 했다.

왕의 장신구 축복

왕이 맹세하는 동안 왕이 축성받을 때 입을 옷과 장신구를 제단 위에 놓았다. 샤를마뉴의 큰 황제관, 중간 크기의 왕관, 칼, 왕홀, 정의의 손, 박차, 기도서 같은 물건이었다. 왕이 입을 옷은 금으로 수놓은 붉은 사틴의 속옷, 튜닉과 겉옷, 장화, 푸른 빌로드로 만들고 황금으로 백합꽃을 수없이 수놓아 가장자리를 흰 담비털로 두른 망토였다.

왕이 맹세를 마친 뒤 랑과 보베의 주교들의 안내를 받아 제단으로 가면 대주교는 제단을 향했다. 왕의 침전 수석궁내관이 왕의 옷을 차례로 벗기고 나면 왕은 단지 왕관을 쓰고 사틴 속옷만 걸친 채 서 있게 된다. 곧 랭스 대주교가 기도를 올렸다.

"하늘과 땅을 만드신 주님의 이름으로 우리를 구원하소서. 주님의 이름을 거룩하게 하옵시고 대대손손 주님과 성령이 함께하시길 비옵나이다.

기도합시다."

긴 기도가 끝난 뒤 왕은 대주교 의자 앞에 갖다놓은 의자에 앉았다. 시종 장이 왕에게 빌로드 장화를 신겼다. 부르고뉴 공작 역을 맡은 왕의 동생이 그에게 생드니 수도원에서 가져간 황금박차를 달아주었다. 그러고는 곧 박차를 떼어냈다. 왕은 계속 서 있고 대주교는 샤를마뉴의 칼을 칼집에 넣어둔 채로 축복했다.

기도합시다.
주님, 우리의 소원을 들어주소서.
주님의 손으로 당신의 종 루이가 차고 다닐 이 칼을 축복하소서.
이 칼이 교회, 과부, 고아, 주님의 모든 종을 보호하고 불신자들의 악의를 물리치는 데 쓰일 수 있도록 축복하소서.
이 칼이 우리의 왕에게 덫을 놓으려는 못된 자를 두렵게 하도록 해주소서.
우리 주 예수 그리스도의 이름으로 간절히 바라옵나이다.

대주교는 축도를 마치고 나서 칼을 왕의 허리에 채워주고 곧 떼어낸 뒤 이번에는 칼집에서 뽑아 제단에 올려놓고 다시 기도했다.

주님의 축복과 함께 당신에게 바친 이 칼을 받으소서.
그리하여 칼과 성령의 힘으로 당신이 모든 적을 물리치고 이겨 성스러운 교회와 당신에게 맡긴 왕국과 주님의 진영을 지키고 보호하소서.
예수 그리스도, 불굴의 승리자여 도와주소서.
이 칼을 받으소서. 성스러운 사도들의 권위로 신성해진 우리의 손으로 바치옵나이다.

우리가 모든 왕의 허리에 채웠듯이 당신의 허리에 채워드린 이 칼을 받으소서.

이 칼로 성스러운 주님의 교회를 지켜주소서.

선지자 다윗이 시로써 노래한 말씀을 기억하소서.

오, 이스라엘의 보루이신 당신, 칼을 받으소서, 이 칼로 싸우소서.

칼로써 정의를 행하시고, 정의롭지 못한 자들의 턱을 부숴버리소서.

하느님의 성스러운 교회와 하느님의 자식들을 보호하소서.

공공연한 적을 물리치듯 은밀한 적도 그리스도의 이름으로 떨게 하소서.

그리하여 모든 적을 물리치소서.

과부와 고아들을 선량하게 보호하소서.

무질서를 바로잡으소서.

바로잡고 보존하소서.

부당함을 벌하소서.

질서를 되살려 확실하게 다지소서.

이 모든 덕을 실천하사 정의가 지배하게 하시고 영광에 휩싸여

당신이 닮은 분과 함께 마땅히 이 땅을 다스리소서.

세세연년 아버지와 성령과 함께 그분의 이름으로 그렇게 되게 하소서.

대주교는 기도를 마치고 나서 칼집에서 뽑은 칼을 왕의 손에 들려주었다. 성가대가 합창했다.

힘으로 무장하시고 진심 어린 사람이 되소서.

당신의 하느님이신 주님의 법을 지키소서.

주님의 길을 따르소서.

주님의 가르침과 명령과 심판을 명심하소서.

어떤 일이 닥치더라도 하느님이 도와주시길.

왕이 칼끝을 세우고 있는 동안 대주교는 다시 기도했다.

오. 하늘과 땅에서 일어나는 모든 일을 슬기롭게 다스리는 하느님,

진실한 기독교도인 우리 왕에게 호의를 베푸소서.

성령의 칼로써 그를 도와 적을 물리칠 힘을 주소서.

그를 위해 싸워주소서. 그리하여 그들이 완전히 멸망하게 하소서.

왕은 칼에 입을 맞춘 뒤 제단에 올려 하느님께 바쳤다. 대주교는 칼을 다시 잡아 왕의 손에 들려주었다. 왕은 무릎을 꿇고 칼을 받아 대원수의 손에 놓아주었다. 대원수는 축성식과 대관식이 끝날 때까지 칼끝을 세워 들고 서 있었다. 왕은 계속 무릎을 꿇고 있었다. 대주교는 왕을 위해 기도했다.

기도합시다.

주님, 당신의 종 루이가 빛나는 왕의 광채에 휘감겨 있나이다. 부디 굽어

살피소서.

아브라함, 이삭, 야곱을 축복하셨듯이 성령의 은혜를 그에게 충만하게

내리소서.

하느님의 권능을 그에게 심어주소서.

하늘의 이슬과 땅의 기름으로 그의 나라에 밀과 포도주와 기름이 넘치게

하소서.

너그러운 마음으로 그의 땅이 세세연년 온갖 과일로 뒤덮이게 하소서.

그의 백성이 건강하게 하소서.

왕국을 평화롭게 지켜주소서.

왕이 권능으로 우리 왕들의 궁전을 빛으로 휘감게 하소서.

그 빛이 모든 이의 눈을 황홀하게 하소서.

그가 조국을 강력하게 보호하고 성스러운 교회와 수도원의 시름을 없애
주게 하소서.

기도는 왕에게 힘을 주어 교회를 지켜주고 적들을 물리치게 해달라는 말
로 가득 찼다. 더불어 왕위를 물려줄 자손을 많이 낳게 해달라는 말도 잊지 않
았다. 쉽게 끝날 것 같지 않은 기도가 마침내 끝나면 다음 차례가 기다렸다.

성유의 준비

랭스 대주교는 이제 제단 한가운데 생레미 성배의 황금 성반(파테나)을
놓는다. 생레미 대수도원장은 하늘에서 내려준 성유병을 연 뒤 그것을 황금
바늘과 함께 대주교에게 준다. 대주교는 바늘로 이 소중한 기름을 밀 한 알
크기로 찍어내어 성반에 담는다. 그리고 그 성유병을 대수도원장에게 돌려
준 뒤 다른 성유병에서 부은 성유와 황금바늘로 찍어낸 성유를 함께 갠다. 그
동안 성가대가 노래한다.

거룩한 레미 주교는 하늘에서 이 소중한 향유를 받으시어, 프랑크족의
저명한 왕족을 세례 욕조에 넣어 축성하시어, 성령의 선물로 풍요롭게

만드셨도다.
레미 주교 앞에 비둘기가 한 마리 나타나 하늘로부터 이 거룩한 주교에
게 하느님의 향유를 보내심은 신기한 은총이었네.

대주교는 제단을 향해 돌아선 뒤 관을 벗고 생레미에게 먼저 기도하고 하
느님께 기도했다.

복자 레미님이시여, 우리를 위해 기도해주소서.
우리가 예수 그리스도의 약속을 모실 자격을 주옵소서.

기도합시다.
복자 레미를 당신의 백성을 구하도록 이 땅에 보내신 주님, 이 땅에서 우
리를 가르칠 박사를 보내셨듯, 하늘에서 우리 뜻을 전해주실 분도 주시
길, 우리 주 예수 그리스도의 이름으로 비옵나이다.

이 기도가 끝나면 왕은 제단 앞에 깔아놓은 보라색 빌로드로 만든 긴 방석
위에 무릎을 꿇고 엎드렸다. 랭스 대주교는 그의 오른편에 엎드리고 랑과 보
베의 주교들은 왕의 양편에 섰다. 연도를 맡은 주교 네 명이 노래를 시작했다.
"주여, 우리를 불쌍히 여기소서."
성가대가 답가를 불렀다.
"주여, 우리를 불쌍히 여기소서.
예수 그리스도여, 우리를 불쌍히 여기소서."

성모 마리아, 성 미카엘, 성 가브리엘을 차례로 읊어 열두 사도로 넘어간 뒤에도 남녀 성인의 이름을 줄줄이 외운 뒤 하느님에게 여러 가지를 부탁했다. 축성식이 본래 가톨릭교가 만들어낸 의식이었기 때문에 부탁이라 해도 주로 왕이 교회의 권리를 침해하지 않고 잘 지키게 해주고, 왕국의 적들을 물리칠 힘을 왕에게 내려달라는 내용이었다. 길고 긴 부탁이 끝나도 거기서 끝이 아니었다. 그때까지 한 기도를 반드시 들어달라는 부탁을 세 번 잇달아 했다.

이제 랭스 대주교가 일어서서 주교관을 쓴 뒤 왼손에 십자가를 들고 여전히 땅에 엎드린 왕을 향해 다음과 같이 말하면 합창단이 그의 말을 받아 노래한다.

"하느님, 여기 당신의 종이며 우리가 왕관을 씌울 루이를 축복해주소서. 부디 우리의 기도를 들어주소서."

그러면 다시 대주교가 말하고 합창단이 노래한다.

"하느님, 여기 당신의 종이며 우리가 왕관을 씌우고 왕좌에 모실 루이를 축복해주소서. 부디 우리의 기도를 들어주소서."

마지막으로 대주교가 말하고 합창단이 노래한다.

"하느님, 여기 당신의 종이며 우리가 왕관을 씌우고 왕좌에 모시고 축성할 루이를 축복해주소서. 부디 우리의 기도를 들어주소서."

대주교는 다시 먼젓번처럼 연도가 끝날 때까지 왕 옆에 엎드린다. 이번에는 예수 그리스도의 소중한 피로 대신 속죄해서 구해준 기독교 백성을 보호하고 죽어간 모든 신도에게 영생을 주고 이 세상의 모든 죄를 사하고 모든 사람을 불쌍히 여기고 기도를 들어달라고 부탁한다. 다시 제단에 기도하고 왕을 향해 기도하고 끝없이 기도한 뒤에 다음 단계로 넘어갔다.

왕의 축성

랭스 대주교가 머리에 주교관을 쓰고 앉아 목소리를 높여 기도했다.

"하늘에 계신 전능하고 영원하신 하느님, 땅을 창조하신 왕 중 왕이신 우리 주님."

그는 구약성경의 다윗, 사울, 솔로몬 왕까지 말한 뒤 "당신의 종 루이"를 위한 기도를 들어달라고 부탁했다. 대주교가 기도를 계속하는 동안 왕은 무릎을 꿇고 있었다. 대주교는 마치 주교를 축성할 때처럼 생레미의 성배의 황금 성반을 손에 들고 있었다. 성반 위에는 일찍이 개어놓은 성유가 있는데 대주교는 오른손 엄지손가락으로 성유를 찍어 먼저 왕의 정수리 위에서 십자가를 긋고 이렇게 말했다.

"나는 성부, 성자, 성신의 이름으로 이 성유를 가지고 당신을 왕으로 축성합니다."

그는 잇달아 여섯 번을 더 성유를 바르고 성호를 그으면서 같은 말을 했고 그때마다 교회 안에 있던 모든 사람이 "아멘" 했다. 그러고 나면 랑 주교와 보베 주교가 왕의 셔츠와 속옷을 열어젖히고 배에 성유를 발랐다. 다음은 양 어깨 사이에, 오른쪽 어깨와 왼쪽 어깨에, 오른팔의 관절부위 접히는 곳에, 왼편의 관절부위 접히는 곳에 차례로 성유를 발랐다. 그동안 성가대는 노래를 불렀다.

"현자 사독(자독)과 현자 나탄이 시온에서 솔로몬을 축성했도다. 그리고 그에게 다가가 기쁘게 말했도다. 왕이시여, 영원하시기를."

노래가 끝난 뒤 대주교는 계속 관을 쓰고 앉아 그의 앞에 무릎을 꿇고 있는 왕을 위해 기도했다.

그리스도여, 사제, 왕, 현자, 순교자들을 축성하셨듯이 정부를 위해 이 왕을 직접 축성해주소서.

그들은 믿음으로써 모든 왕국을 정복하고 정의의 의무를 완수했으며 주님께서 약속하신 성과를 얻었나이다.

이 신성한 기름이 왕의 머리에 퍼져 그의 영혼과 마음속까지 스며들게 하시옵소서. 그리하여 수많은 훌륭한 왕처럼 승리하고 주님께서 약속하신 대로 성취한 것처럼 그에게도 똑같은 약속을 해주시옵소서.

그리하여 그가 현세에서 행복하게 다스리고 이 땅에서처럼 하늘나라에도 들어가게 하시옵소서.

우리 주, 기쁨의 기름으로 축성되시고 주님의 영광을 나눈 모든 이보다 더 훌륭한 방법으로 축성되시며, 십자가 덕택에 공중의 모든 힘을 이기고, 지옥을 파괴하고, 악마의 왕국을 물리치고, 승리자로 하늘나라에 오르신 예수 그리스도의 이름으로 비옵나이다.

승리와 영광과 권능이 그분과 함께하시고, 그분이 세세연년 성령 안에서 당신과 함께 다스리기를 비옵나이다. 부디 기도를 들어주시옵소서.

기도합시다.

또다시 긴 기도가 이어진 뒤 다시 한번 "기도합시다"와 함께 기도의 말을 늘어놓았다. 이렇게 몸의 일곱 곳에 성유를 바르고 모든 기도를 마친 뒤 랭스 대주교는 랑 주교와 보베 주교의 도움을 받아 왕의 셔츠와 속옷을 황금줄로 여며주었다. 왕이 일어나고 시종장이 왕에게 튜닉과 겉옷과 외투까지 다시 입혀주었다. 보라색 빌로드에 금실로 백합꽃을 뿌린 듯 수놓은 왕의 옷은 차부제, 부제, 사제의 3위의 옷을 상징하기도 했다. 왕은 옷을 입은 뒤 랭스 대주교 앞에 무릎을 꿇었다. 대주교는 머리에 관을 쓰고 성반을 들고 앉아 이번에는 왕의 오른 손바닥에 여덟 번째로, 그리고 왼 손바닥에 아홉 번째로 기름을 발라주면서 기도했다.

"옛날 사무엘이 다윗 왕을 축성한 방식을 좇아 모든 왕과 현자가 바른 성유를 이 두 손에 발랐습니다. 이로써 당신은 하느님이 다스리게 하신 이 왕국의 거룩한 왕이 되셨습니다. 영원히 사시고 다스리시는 하느님이 당신에게 은총을 내리시기를 빕니다."

왕은 무릎을 꿇은 채 두 손을 모아 가슴에 댔다. 대주교는 일어서서 관을 벗고 기도를 올렸다. 외아들을 이 땅에 보내어 죄지은 인간을 대신해 소중한 피를 흘리게 하여 모든 무기를 없애고 모든 왕을 하느님의 의지에 복종시켰듯이 당신의 종 루이를 왕좌에 앉히고 당신을 믿고 따르게 만들어달라는 기도였다. 그리하여 루이가 그의 모든 적보다 우월하도록 힘을 달라는 부탁도 잊지 않았다.

장갑 축복

랭스 대주교가 다시 일어서서 관을 벗고 장갑에 성수를 뿌리면서 축복했다. 그러면서 또 기도를 올렸다. 전능하신 하느님은 당신의 손을 본떠서 인간의 손을 창조하셨고 하나처럼 마음대로 움직여 다양한 쓸모를 가졌으니 잘 보살펴 깨끗하고 순수하게 지켜달라고 기도했다. 그리고 장갑을 축복하여 그것이 보호하는 손이 안팎으로 순수한 일만 할 수 있게 도와달라고 빌었다. 그러고 나서 다시 자리에 앉아 관을 쓰고 장갑을 왕의 손에 끼워주면서 말했다.

"주님, 당신의 종 루이의 손을 하늘에서 새로 보내주신 인간의 순수함으로 감싸주소서. 그리하여 당신이 사랑하시는 야곱이 새끼염소 가죽으로 손을 감싸고, 아버지께 아주 맛난 음식물을 바치고 아버지의 축복을 받은 것처럼 하여주사이다. 여기 주님 앞에 있는 왕도 야곱처럼 주님의 은총을 받을 만한 자격을 갖추었나이다. 우리 주님이신 예수 그리스도가 인간처럼 죄지은 몸으로 성부께 자신을 바쳤듯이 그렇게 하도록 하사이다."

반지의 축복

또다시 일어나 관을 벗은 대주교가 이번에는 왕의 시종장이 왕에게 바치는 반지에 축복했다.

기도합시다.

모든 존재의 시작이고 끝이신 하느님, 인류를 축복해주시고 성령의 은총과 영원한 구원을 주신 하느님, 모든 것을 품으신 하느님, 이 반지 위에 축복을 내리소서.

주님의 종의 영광을 나타내는 증표이듯 그의 덕을 나타내는 증표가 되도록 축복하고 거룩하게 만들어주옵소서.

주님의 종이 언제나 분별력을 갖추게 하소서.

그가 진정한 믿음의 영광으로 빛나게 하소서.

성 삼위의 방패로 무장하여 지지 않는 병사인 그가 악마의 군대를 용감히 무찌르게 하소서.

영혼과 몸의 모든 덕을 갖추게 하소서.

우리 주 예수 그리스도의 이름으로 비옵나이다.

반지를 축복한 뒤 대주교는 다시 앉아 관을 쓰고 왕의 오른손 넷째 손가락에 반지를 끼워주고 말했다.

"이 반지를 받으시오. 이것은 당신의 믿음과 왕의 위신의 증표이고 당신의 힘의 표시이니. 이 반지의 도움으로 당신이 적과 이단을 무찌르고 승리하며, 백성을 하나로 묶고, 가톨릭교 신앙에 늘 머무르기 바랍니다."

그는 다시 관을 벗고 루이가 하느님의 존엄성의 모든 과실을 따고 확실히 은총을 받게 해달라고 간단히 기도했다.

왕홀과 정의의 손

이제 가장 중요한 장신구를 축복할 차례가 왔다. 대주교는 관을 다시 쓰고 제단에서 왕홀을 들어 왕의 손에 놓아주며 말한다.

"왕의 권능의 표시인 이 홀을 받으시오. 올바르고 반듯한 덕의 홀을 가지고 바르게 행동하여 당신과 신성한 교회와 기독교도 백성을 사악한 무리가 해치지 못하게 하시오. 왕의 권위로써 심술궂은 자의 마음을 바로잡고, 선량한 사람들을 평화롭게 지켜서 정의의 길을 걷게 도와주시오. 영원히 다스리실 영광스러운 분의 도움으로 지상의 왕국을 영원한 왕국으로 바꾸시기를."

이렇게 말한 뒤 그는 다시 관을 벗고 기도했다. 하느님의 종 루이가 슬기롭게 권위를 사용하고, 왕권의 명예를 지킬 힘을 갖고, 이 땅의 그 어떤 왕보다 더 존경받고, 왕좌를 확실히 보전하고, 자식들도 훌륭한 기독교도로 만들고, 건강하고 오래 살아 정의가 넘치는 모습을 보고, 영원한 왕국 안에서 영광과 기쁨이 넘치게 해달라고 빌었다. 그리고 나서 대주교는 관을 쓰고 정의의 손을 왕의 왼손에 올려놓으면서 이렇게 말했다.

이 홀을 받으시오. 덕과 형평의 홀은 선량한 사람에게 온화함을 보여주고, 나쁜 사람을 두렵게 하며, 길 잃은 사람을 올바른 길로 들어서게 하며, 쓰러진 사람을 일으키고, 교만한 자를 쩔쩔매게 만들고, 비천한 자를 존중하게 만드는 홀입니다.

우리 주 예수 그리스도는 하늘나라의 문을 당신에게 열어주시려 직접 말씀하셨습니다.

"나는 문이니라. 나를 통해서 안으로 드는 사람은 구원을 받으리라."

그처럼 다윗의 열쇠는 이스라엘의 왕홀입니다. 그것이 열면, 아무도 잠그지 못하고, 그것이 잠그면, 아무도 열지 못합니다. 그것은 어둠 속 죽음의 그늘에 앉은 포로를 감옥에서 꺼내는 왕홀입니다. 선지자 다윗이 "오 하느님, 당신의 옥좌는 영원한 옥좌이며, 당신의 제국의 왕홀은 형평의 홀이니"라고 찬미한 분을 모든 면에서 따르고, "당신은 정의를 사랑하고 불평등을 미워하니, 하느님이 당신을 기쁨의 기름으로 축성하셨도다"라고 말한 그분을 본받으시오.

끝으로 하느님이 수천 년 전부터 그분의 영광을 나눈 모든 사람보다 더 훌륭하게 기름을 발라주신 분을 본받으시오. 그분은 바로 우리 주 예수 그리스도십니다.

이렇게 해서 진정한 뜻의 축성식은 끝났다. 이제 대관식을 거행할 차례다. 사실 축성식을 뜻하는 말 '사크르sacre'에는 대관식이라는 뜻도 있다. 그러나 축성식이 반드시 대관식을 뜻하지는 않는다. 대관식을 뜻하는 축성식은 가톨릭 국가의 군주와 관련된 말이기 때문이다. 아무튼 루이 16세 같은 프랑스 군주의 경우, 축성식은 먼저 왕권이 하느님으로부터 나온다는 이론을 구체적으로 보여주는 의식으로서 신성해진 몸으로 다시 태어난 왕이 세속적 왕국의 우두머리가 되는 대관식으로 이어졌다.

대관식

종교의식이 모두 끝나면 프랑스 대법관, 또는 대법관이 없는 경우에는 그를 대신할 국새경이 제단의 왼쪽(신자석에서 볼 때 복음서를 읽는 자리)에서 왕과 설교단을 향해 있다가 대귀족들을 서열에 맞게 불렀다. 대관식의 순서에 따라 먼저 속인 대귀족을 부르고 나서 종교인 대귀족을 불렀다. 왕자, 공작, 백작의 순서를 지켰다. 그러나 귀족 작위도 중요했지만 귀족령의 서열도 무시하지 않았다. 예를 들어 부르고뉴 공작을 대신하는 아무개 왕족님 또는 공작님 또는 백작님은 나오시오, 노르망디 공작을 대신하는 아무개 왕자님 또는 공작님 또는 백작님은 나오시오…… 같은 식이었다.

이렇게 볼 때 부르고뉴 공작, 노르망디 공작의 순서가 중요하긴 해도 실제로 공작령이 왕령에 합병된 뒤로는 전통을 살리되 그 역할을 맡은 사람이 백작일 경우도 있었으므로 부르고뉴 공작을 대신하는 아무개 백작이 노르망디 공작을 대신하는 아무개 왕자나 공작보다 앞에 나설 수 있었다는 말이다. 이처럼 아키텐 공작, 툴루즈 백작, 플랑드르 백작, 샹파뉴 백작을 차례로 부른 뒤 종교인 대귀족을 불렀다. 랑 주교 공작, 랑그르 주교 공작, 보베 주교 백작, 샬롱 주교 백작, 누아용 주교 백작의 순서로 나서야 했다. 종교인 대귀족 여섯 명 가운데 한 사람이 빠진 이유는 말하지 않아도 알 것이다. 랭스 대주교 공작은 왕의 축성식을 주관하는 종교인이었기 때문이다.

프랑스 대법관이 자리에 서면 랭스 대주교는 제단 위에 놓인 샤를마뉴의 큰 관을 집어 들었다. 그것은 앞서 말했듯이 파리 북쪽의 생드니 수도원에서 가져간 보물이었다. 대주교는 왕의 몸을 건드리지 않고 머리 위에 관을 두 손으로 받쳐 들고 섰다. 그러면 속인과 종교인 대귀족이 대주교를 도와주었다. 대주교는 왕관에 왼손을 댄 채 기도했다.

"하느님께서 당신의 머리에 영광과 정의의 관을 씌워주소서. 당신에게 힘과 용기를 주시어, 영원히 다스리시는 그분의 은총으로 당신의 왕국을 영원히 다스리길 비옵나이다."

이제 대주교는 왕관을 왕의 머리에 씌우면서 다시 기도했다.

성부와 성자와 성신의 이름으로 당신 왕국의 관을 받으소서.

그리하여 인간의 숙적을 물리치고 모든 악에 물들지 않은 채 정의를 열심히 실천하며, 동정심과 형평성을 지켜 판단하여 우리 주 예수 그리스도의 영원한 왕국의 왕관을 받을 만한 성군이 되시옵소서.

당신의 믿음과 용기의 영광스럽고 명예로운 표시인 이 왕관을 받으시고 하느님의 충실한 종이 되시옵소서.

우리가 영혼을 이끄는 동안, 당신은 교회의 적으로부터 우리를 지켜주소서.

우리가 사도와 모든 성인의 일을 하고 사람들을 축복하는 동안, 당신은 우리의 찬송가를 들으면서 당신이 책임진 왕국을 보호하고 하느님의 믿음직한 종이 되소서.

그리하여 소중한 보배만큼 당신을 빛나게 만들 모든 덕목을 갖추고 꿋꿋한 운동선수가 영원한 행복을 얻듯 당신에게 성유를 발라주고 당신을 자신의 대리자로 보시는 우리 구세주 예수 그리스도와 함께 영광스러운 왕국을 다스리소서.

이렇게 왕관을 씌워주고 나서 랭스 대주교는 관을 벗고 선 채로 기도를 올렸다.

기도합시다.

영원하고 모든 덕의 샘이시고 모든 적을 물리치시는 승리자 하느님, 여기 당신의 장엄함 앞에 머리 숙인 종이 있나이다.

그를 축복하소서.

그를 언제나 건강하게 지켜주소서.

영원히 행복하게 하소서.

그가 특별히 구원을 간청할 때나 그렇지 않을 때에도 언제나 그를 돕고 보살펴주소서.

당신의 영광을 그에게 나눠주소서.

그에게 선량한 의지가 넘치게 하소서.

당신의 자비와 선의로 그에게 관을 씌워주시고 당신을 진심으로 섬기게 하소서.

우리 주 예수 그리스도의 이름으로 간절히 비옵나이다.

기도가 끝나면 다시금 언제 끝날지 모를 축복을 하고 또다시 기도했다. 긴 기도가 모두 끝나면 이제 즉위식 차례였다.

왕의 즉위식

랭스 대주교는 왕의 오른팔을 잡은 뒤 자기 지팡이를 드는 사람과 참사회원 두 명을 앞세우고 왕좌로 갔다. 설교단 한가운데 있던 기수 여섯 명이 앞장서서 중앙홀로 내려갔다. 종교인 대귀족은 제단 오른쪽 층계로 올라가고 속인 대귀족은 제단 왼쪽 층계로 올라갔다. 프랑스 대원수는 좌우 두 명을 거느리고 칼을 뽑아 끝을 세운 채 왕 앞에서 걸어갔다. 왕은 샤를마뉴 왕관을 쓰고 양손에 왕홀과 정의의 손을 들었다. 랭스 근위대 대위 두 명이 스코틀랜드 근위대 여섯 명을 앞세워 왕의 양쪽에서 걸어갔다. 왕의 뒤에는 시종장이 외투 끝이 끌리지 않게 받들고 따라갔다.

프랑스 대법관은 홀로 왕의 뒤를 따르고 그 뒤에는 궁부대신이 걸어갔다. 왕은 오른쪽에 궁부시종장과 왼쪽에 침전 수석궁내관을 거느렸다. 스코틀랜드 근위대는 왕좌의 층계 양편에 세 명씩 섰다. 왕은 제단 왼편 층계로 왕좌에 오르고 모든 대귀족이 자신의 서열에 맞는 자리를 찾아 왕좌의 양편으로 나뉘고 그 뒤에도 고위관리들이 자기 자리를 찾았다. 근위대 대위 두 명은 왕좌 곁에 섰다. 랭스 대주교가 왕을 왕좌에 앉히고 나서 다시 그의 오른팔을 잡아 세워 제단을 향하게 한 뒤 기도했다.

지금까지 차지한 자리에서 흔들리지 마시기를.

그 자리는 조상으로부터 정당하게 상속받고, 전능하신 하느님의 권위가 인정하시고, 우리 모든 주교와 하느님의 종들이 당신의 소유임을 인정한 자리이니.

성스러운 제단에 더욱 가까운 곳에 여느 신도보다 종교인이 자리 잡았음을 보셨으니, 그들을 가장 명예롭게 해주고 그들에게 가장 적합한 자리를 지켜주려고 더욱 주의해주시기를.

그리하여 하느님과 인간의 중개자가 당신을 종교인과 백성의 중개자로 만들어주시기를 간절히 바라옵나이다.

대주교는 왕을 옥좌에 앉히고 그의 손을 잡은 뒤 덧붙였다.

하느님께서 당신을 이 옥좌에 흔들리지 않게 앉혀주시기를.
우리 주 예수 그리스도께서 당신이 그와 함께 영원한 왕국에서 다스리게
만드시기를. 모든 왕의 왕이시며 가장 높은 주님, 성부와 성신과 함께 영
원히 사시는 우리 주 예수 그리스도여, 부디 그렇게 이루어지게 하소서.
당신의 손에 힘이 넘치고, 당신의 오른손이 눈부신 업적을 이루기를.
정의와 형평이 당신의 옥좌를 떠받치기를.
주여, 내 기도를 들어주소서,
내가 외치는 소리가 당신께 닿도록 해주옵소서.
주님이 당신과 함께 계시기를
그리고 당신의 정신 속에 계시기를.
기도합시다.

모세가 나이를 먹은 뒤에도 지치지 않고 싸우듯 새 왕을 도와달라는 말로
시작해서 모든 백성을 두려움에서 벗어나게 하고 오직 하느님만 두려워하게
해달라는 말로 끝맺었다.

랭스 대주교는 관을 벗고 나서 왕에게 머리 숙여 인사한 뒤 그에게 입을
맞추고 큰 소리로 세 번 외쳤다.

"왕이여, 영원하시라Vivat Rex in eternum."

곧 모든 대귀족이 대주교가 했던 것처럼 차례로 입을 맞추고 외쳤다. 기
수들이 다시 원래 있던 자리로 올라갔다. 이제 대성당 문을 활짝 열고 백성을
맞았다. 백성은 교회로 들어가 옥좌에 앉은 왕을 직접 보았다. 이 순간, 교회

에 있는 모두가 외쳤다.

"왕 만세Vive le Roi."

이 소리를 신호로 삼은 듯 악대가 음악을 연주했다. 백성이 기뻐서 지르는 소리와 음악소리가 대성당 안을 꽉 채웠다.

한편에서는 새장을 열어 새떼를 날리고 프랑스 근위대와 스위스 근위대가 대성당 밖에서 기다리다가 화승총 세 발을 쐈다. 그동안 기수들은 강단과 중앙홀에 있는 사람들에게 금은 메달을 나눠주었다. 메달은 이날을 기념하려고 특별히 왕의 상반신과 함께 라틴어로 새겨 넣은 것이었다.

"루이 16세, 가장 독실한 기독교도 왕Ludovicus XVI, Rex Christianissimus."

뒷면에는 "천상의 기름으로 축성된 왕Rex coelesti oleo unctus"을 둥근 테를 따라 새기고 무릎 꿇은 왕의 모습과 함께 그 밑에 가로로 축성식 날짜를 새겨 넣었다.

랭스 대주교는 제단으로 가서 '테 데움' 감사 기도문을 외웠다. 기도문의 시작은 성가대 선창자가 알렸고 곧 왕의 악대가 음악을 연주했다. 랭스 시의 모든 종이 일제히 울리고 축포를 쐈다.

'테 데움' 감사 노래가 끝나면 대주교가 미사를 시작했다. 〈주여, 자비를 베푸소서Kyrie〉와 〈지극히 높은 곳에서는 하느님께 영광Gloria in excelsis〉을 부른 뒤 기도를 드렸다. 기도 뒤에 차부제가 된 주교가 관을 벗고 참사회원 두 명과 사도 서한을 읽었다. 층계송을 부른 뒤 부제가 된 주교는 복음서를 읽었다. 이사이에 종교인 대귀족이나 속인 대귀족은 모두 관을 벗었다. 부르고뉴 공작을 대신하는 왕의 동생이 왕관을 벗겨 제기단 위에 놓았다가 복음서 낭독이 끝난 뒤 다시 씌웠다.

그러는 동안 축성식 행사 최고책임자와 그 보조자가 강단 뒷자리에서 내려가 기수들을 앞세우고 강단 중앙으로 가서 제단, 왕, 왕비, 왕족, 대귀족, 각국 대사, 추기경들에게 차례로 인사했다. 또 궁중사제장은 그들의 절을 받은 뒤 자리에서 일어나 왕에게 복음서를 가져다주었고 왕은 거기에 입을 맞추었다. 흰 사틴으로 덮은 복음서를 가져갈 때 행사 최고책임자, 주교 부제와 참사회원 부제를 앞세우고 갔다. 궁중사제장이 추기경이면 붉은 비단옷을, 주교면 보라색 비단옷을 입고 왕에게 나아갔다. 그는 제단 오른편에서 옥좌로 한 단계 나아갈 때마다 한 번씩 모두 세 번 절을 했다.

이제 대주교가 봉헌하고 그동안 악대가 봉헌곡을 연주할 때 기수단장Roi d'Armes은 기수들과 함께 제단의 제기단 위에 놓아두었던 봉헌물을 집어 들어 가장자리에 황금술로 장식한 붉은 비단보에 놓은 뒤 원래 거기까지 그것을 운반해 온 성령기사단의 네 기사에게 주었다. 기수단장은 첫 기사에게 커다란 항아리를 주었다. 이 항아리는 은으로 만들어 금칠을 한 것이었다. 나머지 기수들은 나머지 세 기사에게 차례로 은으로 만든 빵, 금으로 만든 빵, 금으로 수놓은 붉은 빌로드 주머니를 주었다. 이 주머니에는 이미 나눠준 메달과 같은 내용을 새긴 금화 열세 닢이 들어 있었다.

네 기사는 제단으로 올라가면서 층계 아래, 중간, 위에서 각각 예를 올렸다. 왕은 옥좌에서 내려가 제단 쪽으로 갔다. 이때에도 왕은 기수단장, 행사 총책임자와 부책임자, 성령기사단의 네 기사, 프랑스 대법관, 칼을 빼서 끝을 세워 든 대원수, 손에 권표를 든 궁정관리들, 종교인과 속인 대귀족을 거느렸다. 궁부시종장과 침전 수석궁내관은 제자리에서 옥좌를 지켰다. 왕은 제단으로 가서 무릎을 꿇었다. 대주교는 자리에 앉아 있었다. 프랑스 대원수 한 명이 왕홀을, 또 다른 한 명이 정의의 손을 들고 있는 사이에 왕은 돈주머니와 금빵, 은빵을 차례로 받아 랭스 대주교에게 하나씩 건네주면서 손에 입을 맞추었다. 왕은 양손에 왕홀과 정의의 손을 받아들고 왕좌로 돌아갔다.

그 뒤에도 식은 끝나지 않는다. 미사를 올리고 왕이 성체를 모시는 의식까지 거쳐야 비로소 축성식-대관식-즉위식이 모두 끝났다. 왕은 식을 하러 들어갈 때처럼 수많은 사람을 거느리고 대주교청으로 돌아갔다.

대주교청에서는 잔칫상을 다섯이나 차려놓고 기다렸다. 왕이 문을 바라보는 벽난로 앞에 앉고, 나머지 종교인과 속인 대귀족도 서열에 맞는 자리에 앉았다. 잔치를 진행하는 방식도 앙시앵레짐 시대의 사회구조를 그대로 반영했다. 대성당 안에서 축성식을 할 때에는 하늘나라의 주인을 섬기는 의식을 거행했다면 대주교청의 잔치에서는 모든 사람과 순서가 왕을 빛내주도록 예정되었다.

왕은 언제나 중앙에 혼자 앉았다. 왕비는 방 한구석에 특별히 높게 만든 자리에 다른 왕족 여성들과 앉아 왕이 음식을 먹는 모습을 지켜봤다. 오후 3시쯤 왕이 쉬러 침실로 가면, 그때까지 왕을 따라다니던 대귀족들과 보물을 운반하던 성령기사단 단원들, 근위대장, 의전담당관들은 랭스 시청에서 베푸는 연회에 참석했다.

축성식 다음 날 왕은 생레미 대수도원으로 행차해 미사에 참석하고, 축성식 사흘 뒤에는 보통 '백성의 병'이라 하는 연주창 환자를 어루만졌다. 그리고 마지막으로 가장 자비로운 행사가 남았다. 그것은 범죄를 저지르고 감옥에 갇힌 죄인들을 풀어주는 일이었다. 왕은 가장 용서하기 어려운 자들에게도 자비를 베풀었던 것이다. 이 일은 궁중사제장이 책임지고 수행했다.

이렇게 해서 기나긴 행사가 드디어 막을 내렸다. 사실 축성식은 거듭해서 왕의 만수무강과 확고한 통치를 기원하는 말잔치였다. 그러한 말잔치와 연극이 없어도 왕으로서 통치하는 데는 전혀 문제가 없었다. 1775년 축성식을 거행하기 한 달 전 파리와 그 근처에서 밀가루 전쟁이 일어났지만 곧 진압하고 또다시 태평성대가 온 것같이 일상생활이 펼쳐지지 않았던가?

루이 16세가 비록 할아버지의 증조할아버지인 루이 14세만큼 권위 있게 통치하지는 못했다 할지라도 그를 둘러싸고 돌아가는 모든 신분과 제도는 제자리를 지키면서 왕조의 번영을 돕고 있었다. 마치 연극처럼 배우가 늘 똑같은 장면에서 똑같은 대사를 말하듯 앙시앵레짐의 사회는 연극 한 편을 보는 것 같은 모습을 반복해서 보여주었다.

루이 16세는 그러한 이상, 영원히 끝나지 않는 왕조의 상징을 할아버지의 '시계방Cabinet de la pendule'에서 보았다. 그것은 1754년 루이 16세가 태어나던 해에 만든 시계였다. 그 시대의 천문학 지식을 바탕으로 일곱 개 행성이 움직이면서 9999년 12월 31일까지 시간을 표시하도록 만들어 왕조가 영원히 존속하기를 바라는 마음을 담았다. 프랑스의 제3왕조인 위그 카페 왕조의 31대왕 루이 15세의 치세가 40년이 되던 해에 만들었으니, 그런 마음을 담았다고 해석해도 좋으리라. 루이 16세 시대 이전부터 축성식은 없어도 좋을 만큼 절대주의 제도가 튼튼히 뿌리를 내렸지만, 그래도 그것은 그 제도가 작동하는 방식을 구체적으로 보여주는 '행위예술'로서 존재 이유가 있었다.

〈2권에 계속〉

476~751년	프랑크 왕국 제1왕조, 메로빙 왕조
751~843년	제2왕조, 카롤링 왕조
800년	샤를마뉴가 로마인의 황제가 됨
814년	샤를마뉴 황제 사망
843년	베르됭 조약으로 샤를마뉴 제국이 셋으로 나뉨, 프랑스 왕국은 서쪽 부분을 차지
843~987년	로베르 가문과 카롤링 가문이 왕위를 다툼
987년	제3왕조의 시조 위그 카페가 왕으로 선출됨
987~1328년	위그 카페의 직계 후손이 다스림
996년	로베르 2세 즉위
1031년	앙리 1세 즉위
1060년	필리프 1세 즉위
1108년	루이 6세(뚱보) 즉위
1137년	루이 7세 즉위
1180년	필리프 2세(오귀스트) 즉위
1223년	루이 8세 즉위
1226년	루이 9세(성왕) 즉위
1270년	필리프 3세 즉위
1285년	필리프 4세(미남왕) 즉위
1314년	루이 10세 즉위
1316년	필리프 5세 즉위

1322년	샤를 4세 즉위
1328~1589년	위그 카페의 방계 가문인 발루아 가문의 치세
1328년	필리프 6세 즉위
1337년	100년 전쟁 시작
1364년	샤를 5세 즉위
1380년	샤를 6세(미친왕) 즉위
1422년	샤를 7세 즉위
1453년	100년 전쟁 종결
1461년	루이 11세 즉위
1483년	샤를 8세 즉위
1498년	발루아-오를레앙 가문의 루이 12세 즉위
1515년	발루아-앙굴렘 가문의 프랑수아 1세 즉위
1547년	앙리 2세 즉위
1559년	프랑수아 2세 즉위
1560년	샤를 9세 즉위
1572년	성 바돌로메 축일의 학살 발생
1574년	앙리 3세 즉위
1589~1792년	부르봉 가문의 치세
1589년	앙리 4세 즉위
1598년	낭트 칙령 반포
1610년	루이 13세 즉위
1643년	루이 14세 즉위
1682년	베르사유 궁 완공
1715년	루이 15세 즉위
1774년	루이 16세 즉위

◎ 루이 15세 치세

1715년	루이 14세 사망, 증손자 루이 15세 다섯 살에 왕위계승
1715~1723년	필리프 오를레앙 공 섭정
1723~1726년	성년이 된 루이 15세가 친정체제 시작, 부르봉 공작 총리대신 역임
1726년	루이 15세가 플뢰리 추기경에게 전권을 위임
1741~1748년	오스트리아 황위계승 전쟁(1748년 엑스 라 샤펠 조약)
1743년	루이 15세 친정체제
1756~1763년	7년 전쟁(프랑스, 오스트리아, 러시아, 스웨덴이 프로이센, 영국, 하노버를 상대로 전쟁, 1763년 파리 조약)
1757년	다미엥의 루이 15세 살해 미수 슈아죌 내각이 육군과 해군 개혁, 예수회 추방
1770년	왕세자 루이 오귀스트와 오스트리아 대공녀 마리 앙투아네트 결혼 모푸, 테레 신부, 에기용 공작의 '3두정 체제'
1771년	모푸 정변 발생
1774년 5월 10일	루이 15세 사망

◎ 루이 16세 치세

1774년 5월 10일	루이 오귀스트가 루이 16세로 왕위 등극
1775년 4~5월	'밀가루 전쟁' 발발
1775~1783년	아메리카 독립전쟁(1778년 프랑스 참전, 1783년 베르사유 조약) 튀르고, 네케르, 칼론의 재정개혁이 차례로 실패함
1781년 2월	네케르 "정신延臣에게 지급하는 은급의 내용을 왕에게 상세히 알리기 위한 국가재정보고서" 제출

1781년 5월	네케르 해임
1783년 11월 10일	칼론을 재무총감으로 임명
1785년 8월 15일	베르사유 궁중사제장 로앙 추기경 체포(다이아몬드 목걸이 사건)
1786년	칼론이 토지세를 신설하는 "재정적자 개선안" 제안
1787년 2~4월	명사회가 칼론을 해임, 로메니 드 브리엔이 계승
1787~1788년	'애국파'가 등장해 전국신분회가 개최된 뒤 수많은 개혁안을 내놓음
1788년 5월 8~10일	고등법원을 폐지하고 전원법정을 설치하는 라무아뇽 개혁안을 수용하도록 고등법원에 명령
5~7월	전국 고등법원의 반발, 렌과 디종, 포에서 폭동 발생
6월 7일	그르노블의 기왓장 사건 발생
7월 5일	왕이 전국신분회 개최에 대해 공식조사를 명함
7월 21일	그르노블 근처 비질 성에서 도피네 지방신분회 개최
8월 25일	브리엔을 해임하고 네케르를 임명
9월 14일	고등법원 개혁안 폐지, 소비세 재판소장 라무아뇽 퇴임
9월 23일	파리 고등법원 복귀
9월 25일	파리 고등법원, 제3신분 대표수 두 배 증원 거부하고 신분별 투표 고수
11월 6일	제2차 명사회 개최, 제3신분의 요구(대표수 증원과 개인별 투표) 거부
12월 27일	왕이 전국신분회 제3신분 대표수 두 배 증원 결정
1789년 1월 24일	전국신분회 선거법 공포
5월 5일	전국신분회 개최